文化发展论丛 （中国卷）

Culture Development Review: China (2015)

2015

主　编◎江　畅

执行主编◎周海春

副主编◎徐　瑾

湖北大学高等人文研究院　中华文化发展协同创新中心◎编

社会科学文献出版社
SOCIAL SCIENCES ACADEMIC PRESS (CHINA)

目录
CONTENTS

当代中国文化

中国文化的特性

儒学特色与和平意向

宋志明[*]

【摘　要】　儒学立足内在性，关注人性中的光辉面，赞美人性善，肯定
　　　　自我完善有内在根据，主张在人生实践中就达到理想的人生境界。
　　　　儒学仰慕超越性，选择内在超越理路，诉诸哲学价值观。儒学倡导
　　　　修身，主张超凡入圣，积极面对现实，努力提升人生境界，以人本
　　　　主义为导向；儒学主张社会和谐，具有凝聚群体的功用，以淑世主
　　　　义为导向；儒学强调包容性，拒斥排他性，主张"协和万邦""万
　　　　国咸宁"，以和平主义为导向。

【关键词】　儒学　内在性　超越性　世界和平

　　儒学建构的是一种哲学价值观，同宗教价值观形成鲜明的对照。宗教价值观通常着眼于人性中的阴暗面，而不是光辉面，立足于外在性，即从人性之外、从神那里寻求人超越自我的外在根据。儒学价值观则不然。儒学着眼于人性中的光明面，立足于内在性，从人性中寻求自我超越的内在根据。儒学选择内在超越理路，所确立的价值终极目标，不是超世间的神仙、天使、佛，而是在世间的圣人。儒学这种超凡入圣的价值取向，对于维护世界和平来说，不失为一种宝贵资源。

---

　　*　宋志明（1947～），吉林市人，中国人民大学哲学院教授，博士生导师，主要从事中国哲学史研究。

一　注重内在

如果从比较研究的视角看，儒学的第一个特色在于注重内在性。所谓"内在"，就是着眼于人性中的光辉面，肯定人生价值，承认人有自我完善的可能，不到人性之外寻找助力。无论何人，只要努力修身，都可以在人生实践中达到理想的人生境界。儒学讲的是人学，而不是神学。在儒学中，人生论与宇宙观通常合在一起讲，探索现实人生道路同追求理想目标合在一起讲。采用这种讲法，一方面可以认识世界、指导人生，另一方面也可以确定价值取向，找到安身立命之地。安身立命之地不在超验的彼岸世界，就在人生实践之中。儒学既具有现实主义品格，倡导经世致用的入世精神，看重实用理性，又具有理想主义品格，看重价值理性。

没有比较，就没有鉴别。如果我们把儒学价值观同各种宗教价值观比较一下，就可以更清楚地发现儒学关注内在性的特色。以天主教价值观为例，其着眼点显然不是人性中的光辉面，而是阴暗面；其向往的理想境界，在彼岸的天国，而不在此岸的人间；其向往的楷模，不是"人"，而是"神"，即所谓"上帝的选民"。按照《圣经》的说法，人类的始祖夏娃和亚当当初因为偷吃了智慧果，才被上帝逐出伊甸园，因而人生来就有罪，叫作"原罪"。人只有洗清"原罪"，才可能重新返回天国。如此说来，人不可能自行消除身上的阴暗面，必须求助于上帝的恩惠。显然，天主教"超越自我"的价值诉求，出发点不是内在性，而是外在性，即到人性之外、到救世主那里寻找使人得以完善的依据。

以佛教价值观为例，其着眼点也是人性中的阴暗面，而不是人性中的光辉面。按照佛教的说法，人一生下来，就坠入"苦海"之中。佛教"四圣谛"的第一谛就是"苦谛"。人要受生、老、病、死等苦折磨，还要为"八苦""一百一十苦"乃至无量苦的逼迫所扰。这意味着：如果以"做人"为目标，并无价值可言，人生不值得留恋。茫茫苦海，回头是岸，与人生相对的彼岸就是佛国净土。这就是佛教为信徒指示的终极价值目标。按照佛教价值观,人生没有价值,不值得留恋;只有否定人生,皈依佛教,才能摆脱苦难,解除烦恼,跳出六道轮回,证成佛果,进入"涅槃寂静""常乐我净"的极乐世界。

天主教认为人生是"罪",佛教认为人生是"苦",具体说法虽然不同,但至少有一点是共同的:它们都锁定人性中的阴暗面,而漠视人性中的光明面,进而否定人生价值,否定在人生实践中有自我完善的可能性,都主张到人性之外寻找使人完善的路径,即诉诸外在性原则。按照这种宗教价值观,人只能借助于外在力量的拯救,才能达到终极价值目标,才能超越自我。

与宗教价值观不同,儒学价值观作为哲学价值观,诉诸内在性原则,而不是外在性原则。宗教价值观的特色在于揭示人性中的阴暗面,儒学价值观的特色在于肯定人性中的光明面。儒学的这一思想发端于孔子,他把人性中的光明面称为"仁"。他强调,"仁"乃是人的内在品格,乃是人生价值的源头。孔子思想体系以"仁"为核心,一部《论语》中谈到"仁"的地方,有 100 多处。从哲学上看,孔子所说的"仁",正是对人生价值的肯定。有内在的"仁"作为担保,实现人生价值当然不需要外力的提携,只要人自身肯努力就可以了。按照这种思路,价值实现完全是一种自觉自愿的理性选择:"我欲仁,斯仁至矣。"(《论语·述而》)人在修己成仁时,表现出一种主动性,而无须受什么外在神秘力量的规束。"仁"作为人生的最高价值,比人的生命还重要,即便为此献出生命,也在所不辞。孔子把这叫作"杀身成仁",叫作"死守善道"。

在孔子"我欲仁,斯仁至矣"(《论语·述而》)、"性相近也,习相远也"(《论语·阳货》)、"为仁由己"(《论语·颜渊》)等观点的基础上,孟子明确提出性善论,对儒家学理做出系统阐发。所谓"人性善",意思是说,"人之所以为人者"可以归结为一个"善"字,并非认为实然人性皆为善。孟子倡导人性善,只是预设了一种价值理想,强调人应该善。至于实然人性,既有善,也有恶;既有光明面,也有阴暗面。如果现实的人肯接受儒学价值理念,便可以使阴暗面得以抑制,使光明面得以发扬，通过修身的途径实现自我完善。孟子认为，人生来就具有向善的能力，叫作"良能"；生来就具有求善的意识，叫作"良知"。"人之所不学而能者，其良能也；所不学而知者，其良知也。"（《孟子·告子上》）"良知""良能"乃万善之源，由此而形成恻隐之心、羞恶之心、恭敬之心、是非之心"四端"，由"四端"而形成四个基本的道德观念，即仁、义、礼、智。孟子的结论是："仁、义、礼、智非由外铄我也，我固有之。"（《孟子·告子上》）"我固有之"的意思，不是说人一生下来就是善的，只是说接受道德观念的前提，内在于应然人性之中。这正是人性与兽性之间的本质区别之所在。"人之所以异于禽兽者几希，庶民去之，君子存之。"（《孟子·离娄下》）"人之所以异于禽兽者"，有别于"人异于禽兽者"。例如，人二足而无毛，属于现象层面上的"人异于禽兽者"，一眼就可以看出来；至于本质层面的"人之所以异于禽兽者"，就不容易发现了。在孟子看来，只有人才具有求善的价值思维能力，而禽兽根本无法做到。人性善相对于兽性恶而言：但凡是人，必有人性，必有善性。人向善处走，有如水往低处流。从理论上说，正因为人有向善的意向，所以人与人才可以结成社会群体，而不能与无善性可言的畜生结成社会群体。无论多么出色的狗，只能是人的宠物，而不可能成为人类社会成员。判定人性善，不等于否认在人群中会出现害群之马。人们之所以骂这种人是"畜生"，所秉持的理由，就是认为这种人违背了人性善原则。人性善就是"人之所以为人"的道理之所在。这个"善"，乃是价值判断，不是事实判断。人性善意思是说，人应该善，并且经过努力也能做到善；不是说人一生下来，自然而然就能体现善。孟子倡导应然性善论，并非认同实然性善论。

有些论者给孟子戴上"性善论"的帽子，而给荀子戴上"性恶论"的帽子，把二者对立起来，这是一种误解。孟子看到人性中有光明面，并不否认实然人性中还有阴暗面，荀子亦然。荀子没有否认应然人性中有光明面，他将之叫作"人能群""人为贵"，只把实然人性中的阴暗面称为"人之性恶"。荀子思考人性问题，选择两个角度：一个是社会的视角，另一个是个体的视角。从社会的视角看，他对应然人性所做的价值判断，无疑是肯定的，虽然他没有使用"人性善"这个术语，但至少不能归结为"人性恶"；只是从个体的视角看，荀子才做出否定的价值判断，提出"人之性恶"之说。荀子实则以儒家价值尺度评断善恶，认为恪守礼义规范、维护群体性为善，反之，则为恶。如果不以"善"为尺度，"恶"又从何谈起？在荀子看来，人作为个体，不可能生来就懂得礼义规范，生来就会融入群体；个体接受礼义规范、融入群体需要有个学习、训练的过程，故说"人之性恶，其善者伪"（《荀子·性恶》）。这里的"伪"，是"人为"的意思，引申开来就是学习和训练。在个体身上体现出的实然人性，具有两面性，既有社会属性，也有自然属性或动物属性，因此，需要用礼义规范个体的人的行为，改造其动物属性，培育其社会属性。如果不对个体的动物属性加以限制，任其自然发展，便会表现为贪欲："目好色，耳好声，心好利，骨体肤理好愉佚。"（《荀子·性恶》）这正是荀子判断"人之性恶"的理由。在这里，他做出的是假言判断，而不是事实判断。只是说如果个体不接受礼义的约束，便有可能流于恶。关于实然人性，荀子的判断并不是"人性恶"，而是"本始才朴"。实然人性在价值上是中性的。作为个体的人，既可能走向善，也可能流于恶。荀子既不否认应然人性中有光明面，也正视实然人性中有阴暗面。倘若笼而统之地把"性恶论"的帽子扣在荀子头上，显然是厚诬古人。性恶论是一种仇视社会的人性观：既然判断人性恶，我为什么还要与人为伍呢？为什么要融入社会呢？荀子作为儒家大师，怎么可能会有如此荒唐的想法？

在 17 世纪，西方传教士利马窦来到中国布道。他以天主教为文化背景，做比较研究，发现儒学诉诸内在性原则而天主教诉诸外在性原则，二者的确有很大不同。他说："吾窃贵邦儒者，病在此倡言明德之修，而不知人意易疲，不能自勉而修；又不知瞻仰天主，以祈慈父之佑，成德者所以鲜见。"（《天主实义》）利马窦站在西方天主教的立场上，对儒家的内在性原则提出批评，当然是可以理解的。按照天主教教义，仅仅靠人自身的道德修养，不可能达到超越的境界，必须树立对上帝的信仰，借助至高无上的外在力量的推动，方能进入超越境界。利马窦的批评，显然很难获得儒家的认同，不过，他确有所见。他发现儒家价值取向关注内在性的特点，与天主教关注外在性的特点，形成极大的反差。利马窦明确地把二者区别开来，这是一个重要发现。

二　仰慕超越

儒学的第二个特色，在于以自己的方式仰慕超越性，遵循内在超越理路。在儒学中，所谓"内在"，是指肯定人生价值，肯定在人性中存在自我完善的内在根据；所谓"超越"，是指设定作为意义追求或形上追求的价值目标，以此作为衡量自我完善的尺度。儒学信奉"一个世界"的世界观，把超越性同内在性联系在一起，把不同彼岸世界联系在一起。在儒家眼里，自我超越所要达到的目标，并不在神学意义上的彼岸世界，而在哲学意义上的本体，用中国哲学的术语来说，就是道或理。道或理既是宇宙万物的究极本体，也是人生的最高准则。道或理不在宇宙万物之外，也不在人类生活实践之外，这就叫作"体用一源，显微无间"。宗教价值观讲究"超越自我"，而儒学价值观讲究"自我超越"。

儒家内在超越理路由创始人孔子奠立。孔子"不语怪力乱神"，对外在超越话题没有兴趣。弟子向他请教有关死亡的问题，他的答复是："未知生，焉知死？"向他请教有关鬼的问题，他的答复是："未能事人，焉能事鬼？"在他看来，人所要达到的超越目标，仍旧是人，同鬼没有关系。所谓超越，就是自我提升，就是把自己造就成为"真正的人"，也就是圣人。用孔子的话说，叫作"为仁由己"。修己、求仁、成圣，皆出于理性自觉，无须外在力量的约束与强制。他大力倡导"为己之学"，批评"为人之学"，他说："古之学者为己，今之学者为人。"（《论语·宪问》）"为己之学"出于自我完善的内在要求，故而孔子大力提倡；"为人之学"受外在功利目标诱惑，故而孔子表示反对。荀子对孔子这句话的解释是："古之学者为己，今之学者为人。君子之学也，以美其身；小人之学也，以为禽犊。"（《荀子·劝学》）荀子的解释符合孔子的意思。孔子提出儒家的内在性原则，也提出儒家的超越性原则，把超越目标锁定在"道"上。他对"道"十分看重,曾表示:"朝闻道,夕死可矣。"(《论语·里仁》)为了求道,可以舍弃一切,乃至生命。"道"并外在于人,也不具有拯救人的力量,只是自我超越要达到的目标而已。从这个意思上说,"人能弘道,非道弘人"(《论语·卫灵公》)。在孔子那里,实现超越意味着人自我完善,不必同非人的因素相关联。《论语》中有"死生有命,富贵在天"的说法,常常为人们所诟病。其实,这句话的意思无非是说,做人不能以寿命或财富为价值追求的目标,只能以道义为目标。超越的目标在于成为圣人,满足价值实现感,没有任何功利目的。说到底,圣人就是出类拔萃的人,能充分体现人性善。外在超越诉求使人不成其为人,内在超越诉求则使人成为圣人。圣人与凡人同类,任何人都可以超凡入圣。在人的有生之年,就可以实现内在超越,不必等到死亡之后,也不必寄希望于来世。孔子没有"下辈子"的观念,也没有"彼岸"的观念,故而讳谈鬼神之类外在超越的话题。

孔子提出了内在性原则,也提出了超越性原则,至于二者之间的关系,尚且语焉不详。也许是这个缘故,子贡才会有这样的惶惑之感:"夫子之文章,可得而闻也;夫子之言性与天道,不可得而闻也。"(《论语·公冶长》)内在性和超越性关系问题,在孟子那里得到比较妥当的解决。他创立性善论,把二者统一起来了。性善论的出发点在内在性。正因为人性善,所以"人皆可以为尧舜",任何人皆可以成就理想的人格——圣人。性善论的指向则是超越性。孟子立足于内在性原则,进一步探讨超越性原则,设定终极价值目标,找到儒家的安身立命之地。他把传统天命观中人格神意义上的"天"改造为伦理学意义上的"义理之天",给"天"赋予了道德的属性,以此作为超越性原则的形上依据。在他看来,人应当体现的仁、义、忠、信等善良品格,都来自于义理之天。"仁义忠信,乐善不倦,此天爵也。"(《孟子·尽心上》)"仁,天之尊爵也。"(《孟子·公孙丑上》)这意味着,人性善实则源于天性善。在"性善"这一点上,天人合一。所以,每个人只要尽量扩充内在的善心,就可以了解到善的本性;了解了善的本性,也就是了解义理之天的本性,达到超越层面。这就叫作"尽其心者,知其性也;知其性也,则知天矣"(《孟子·尽心上》)。孟子把"上下与天地同流""万物皆备于我"视为人生的最高境界，认为只有进入这种境界才是人生的最大快乐，才是终极价值的实现，即所谓"反身而诚，乐莫大焉"(《孟子·尽心上》)。孟子用天人合一的思路，把内在性与超越性统一起来了。港台新儒家牟宗三把孟子的这一思路概括为"道德形上学"。

在汉唐时代，源于孟子的"道德形上学"并未得到延续。汉儒不再看重义理之天，赋予天以准神学的意涵，奉为监督人事的权威。按照董仲舒的想法，如果君主实行仁政，天应当降下祥瑞，表示奖赏；如果君主有"失政之败"，天应当降下灾害，予以谴责。这种"天人感应"的思路，有明显的"外在超越"的趋势。不过，这种趋势到宋代便得以扭转。宋明理学作为一种新儒学，新就新在化超越为内在，重申孟子讲究"内在超越"的传统。程朱理学和陆王心学两大派，或许在一些问题上存在分歧，但他们在贯彻内在超越路向这一点上却是一致的，只是解释方式有所不同而已。程朱理学的主旨是"性即理"。朱熹认为，天理在逻辑上先于天地万物而有，"未有天地之先，毕竟也只是理。有此理便有此天地，若无此理，便亦无天地，无人无物，都无该载。"(《朱子语类》卷一）天理在逻辑上先于人和万物，却不在人和万物之外。天理虽是超越的，但不是外在的超越，而是内在的超越，所以朱熹又说："性只是理，万理之总名。此理亦只是天地间公共之理，禀得来，便为我所有。""性毕竟无形影，只是心中所有的道理。"(《朱子语类》卷四）从"天理"的超越性入手讲出"道心"内在性。陆王心学的主旨是"心即理"。陆九渊在《与李宰书》中写道："人皆有是心，心皆具是理，心即理也。"在他看来，"万物森然于方寸之间，满心而发，充塞宇宙，无非此理。"(《陆九渊集》卷三十四）他所说的"心"不是指具体存在的个人的心，而是指人的抽象本质，即所谓"本心"。"本心"既是内在的，又是超越的，"本心"与"天理"是同等程度的哲学范畴。王阳明对"心即理"的解释是："心即理也，此心无私欲之蔽，即是天理，不须外面添一分。"(《传习录》）天理是具体存在的个人应当追求的价值目标，达到了这一目标也就成就了圣人。相对于具体存在的个人来说，圣人的境界是超越的。这样一来，陆王心学便从内在性入手讲出了超越性。陆王心学与程朱理学，可以说殊途同归。总的来看，儒家虽一度表现出外在超越的倾向，但其基本路向仍是内在超越。

在中国古代社会，由于遵循内在超越理路，为无神论思想提供了合适的语境。在意识形态领域，尽管宗教神学占有一席之地，在有些朝代、有些地区影响还比较大，但总的来看没有占据主导地位。在中国历史上，大多数皇帝并不指定某一种宗教为国教。尽管中国思想史上也存在哲学与宗教神学融合在一起的情形，但哲学始终保持着独立的品格，没有成为宗教神学的婢女。与西方中世纪哲学的命运相比，这是中国古代哲学的独到之处。中国古代哲学的格局是儒、释、道三家，但总的来看，在古代中国意识形态领域中占据正统地位的学派，毕竟是儒家。佛教和道教两家，尽管在某些方面有优势，但都不能取代儒学而成为意识形态的主体。在古代中国，儒学也被称为"儒教"，而儒、释、道则并称为"三教"。但古人所说的"儒教"，意思是指以儒学对百姓进行道德教化，并没有把儒学等同于宗教。在古代中国，非议孔子被视为违法，至少被视为"名教罪人、士林败类"；而批判宗教神学，则不会受到限制。在古代中国，指斥道教虚妄，力陈佛教荒诞，不会受到谴责。例如，东汉哲学家王充针对谶纬之学，旗帜鲜明地举起"疾虚妄"的大旗；晋朝哲学家范缜盛称"神灭论"，敢于同皇帝大臣们面对面地辩论，并且获得胜利。"宗教裁判"之类的悲剧，可以发生在西方，却不会发生在中国。

三 企盼和平

儒学遵循内在超越理路，提倡人本主义、淑世主义、和平主义三种价值导向。在如何做人的问题上，儒家倡导人本主义，主张推动人格自我完善。相对于神本主义，人本主义以"如何成为真正的人"为主旨。儒学虽认为人有自我完善的可能性，但不认为现实的人都已经达到了完善的地步。对于现实的人来说，仍存在"如何学会做人"的问题。只有对于人来说，才存在"如何学会做人"的问题；至于狗，那自然就是狗。人不能把自己等同于动物，必须以圣人为效法的楷模，学会做一个有意义、有价值的、真正的人。

如何把自己造就成圣人？唯一的途径就是修身。修身必须有所遵循，以"孝悌忠信礼义廉耻"八德约束自己的视听言行。有人把儒学归结为德性伦理学，恐怕不妥。论及儒学，不能只讲德性伦理学而不讲规范伦理学。德性伦理学讲"为仁由己"，讲人性善，讲"做人"的道理，固然重要；规范伦理学讲"约之以礼"，讲"如何做人"的功夫，亦不可或缺。如果只讲"做人"的道理，而不讲"如何做人"的功夫，势必流于空疏，故为先哲所不取。先哲看重"做人"的道理，同样看重"如何做人"的功夫，已经把德性伦理学与规范伦理学有机地结合在一起了。关于"如何做人"，先哲留下许多至理名言。如曾子讲"吾日三省吾身"，提倡"慎独"功夫；《大学》讲"修身为本"，高度重视伦理规范。后儒把"修身为本"的诉求，具体化为八个德目，使之具有可操作性。"八德"为中华民族世世代代所信守，已渗入我们的骨髓中，堪称中华文化的基因。如果有谁胆敢挑战八德，他肯定是千夫所指的败类！八德由家而及国，讲究在家尽孝，在国尽忠，把家国情怀与经邦济世有机结合在一起，形成完整的伦理规范体系。这一体系大体上包含四个层次。

第一个层次是家庭伦理规范。家庭是社会的细胞，也是"如何做人"的起点。修身首先得从恪守家庭伦理规范做起。家庭伦理规范包含纵横两个方面。从纵的维度说，要讲究孝德。一个人来到世上，首先接触到的就是自己的父母。他的伦理训练，从这一刻就开始了。"百善孝为先"，说的就是这个意思。试想：如果一个人连善待父母都做不到，怎么可能善待他人？怎么可能成为有德君子？从横的维度说，要讲究悌德。人懂事以后，接触最多的平辈人，莫过于兄弟姐妹了。人要通过悌德的训练，学会同平辈人交往，迈出人生成长的第二步。

第二个层次是社会伦理规范。社会伦理规范也包含纵横两个方面。从纵的维度说，要讲究忠德。忠德是孝德的延伸，叫作"移孝做忠"。

对于上级或群体,要扮演好自己的社会角色,尽自己应尽的义务。忠德的实质,就是责任担当。从横的维度说,要讲究信德。信德是悌德内涵的推扩,"四海之内皆兄弟也"。你对朋友讲信用,才会赢得朋友对你的信任。在当今时代,忠德的内涵,应该是忠于组织、忠于国家、忠于民族、忠于职守;信德的内涵,应该是诚实守信、尽伦尽职、勇于奉献。

第三个层次讲的是制度约束的必要性。"礼"和"义"都是"仁"的表达方式。孔子把礼同仁联系在一起,他说:"克己复礼为仁,一日克己复礼,天下归仁焉。"(《论语·颜渊》)孟子把义同仁联系在一起,他说:"仁,人之安宅也;义,人之正路也。"(《孟子·离娄上》)礼有具体的条文,是人的行为规范,"不学礼无以立"。恪守礼的规范,化他律为自律,方能显示仁的品格。义是抽象的概括,是仁的综合表现。一个人时时处处皆遵循"义之正路",就叫作大义凛然,他就是堂堂正正的大丈夫。这样的大丈夫,即便在今天,仍然会赢得人们赞赏的目光。

第四个层次讲的是道德底线之所在。"廉"是官德的底线,是对为官者的起码要求。"廉"的反面就是"贪",贪者不配做官。如果连"廉"都做不到,还有什么资格做官?古代讲官德,第一条就是"廉"。"廉"应发自真心,不能装样子作秀。"耻"是民德的底线,是对做人的起码要求。按照性善论,但凡是人,必有善性;完全丧失善性,就配不上人字那两撇。王阳明捉住一个小偷,小偷说我就一点善性也没有。王阳明叫他把衣服脱掉,最后只剩下一个裤衩,小偷说什么也不肯再脱。这时,王阳明对小偷说:"看来'羞恶之心,人皆有之',这话一点也不假。你不是没有良知,而是昧着良知做贼!"现在人们痛斥贪官和人渣"不知羞耻二字",痛斥他们是"衣冠禽兽",理由就是判定他们越出了道德底线,为人类所不齿!

儒学视域中的人,并不是原子式的个体,而是社会群体中的一员。自我完善的目的在于促成社会群体的完善。按照这个逻辑,儒学从人本主义出发,在人际关系方面倡导淑世主义,力求为社会群体的完善和发展提供精神动力。儒学所说"人性善",其实就是以维护社会群体性为善,以破坏社会群体性为恶。儒学特别关注社会秩序的建设,强调个人对于社会的责任，主张提升个人对于社会的使命感。儒学从个人修身讲起，引申出治国平天下的政治哲学。孙中山先生说："中国有一段最有系统的政治哲学，……就是《大学》中所说的'格物、致知、诚意、正心、修身、齐家、治国、平天下'那一段话。把一个人从内发扬到外，由一个人的内部做起，推到平天下止。像这样精微开展的理论，无论外国什么政治家都没有看到，都没有说出，这就是我们政治哲学的知识中独有的宝贝，是应该保存的。"①

本着淑世主义诉求，儒学大力倡导与人为善精神，为实施道德教化、造就礼仪之邦提供了理论依据。在儒学的淑世主义导向中，包含着尊重他人、尊重民意、与人为善、利群利他、忧国忧民、严于律己、推己及人、向往高尚人格等意向，对中华民族的形成发展产生了极大的影响。中华民族之所以形成世界上最大的民族，同儒学倡导的淑世主义有密切的关系。事实证明，儒学为中华民族提供了基本的价值观念，提供了强大的民族凝聚力。儒学这种淑世主义导向，在当今时代仍然可以作为建设和谐社会的理论依据，成为处理人际关系的准则。

儒学把淑世主义导向应用于族际关系或国际关系方面，形成了和平主义导向。在这一点上，儒学为中华民族培养爱好和平的民族精神，提供了良性培养基。儒学讲究包容性，拒斥排他性，主张"协和万邦""万国咸宁"，主张各民族之间和平共处，主张各国家之间和平共处。儒学从修身讲起，推己及人，进而讲到齐家和治国，最后指向"平天下"。儒学发端于中原地区，其创始人为汉族人，但它的受众绝不仅限于汉族，中国的少数民族大都认同儒学。儒学是中华民族的哲学，是中国各个兄弟民族共同拥有的精神财富。在中国古代，多次发生少数民族入主中原的情形，可是掌握了全国政权以后，都接受儒学的价值理念。众所周知，程朱理学在封建社会后期占据思想领域中的统治地位，之所以会如此，同元、清两朝少数民族统治者采取的扶植政策有密切的关系。儒学立足于内在性，而不是外在性，只以自身的理论魅力吸引受众，绝不借用外

---

① 《孙中山全集》第1卷，中华书局，1979，第684页。

力、暴力向受众灌输。在儒学传向东亚的历史上，从未发生"一手拿经书，一手拿利剑"的情形。中华民族历来宽容对待其他民族，信奉与人为善的宗旨。儒学"协和万邦""万国咸宁"的理念是东亚各国和睦共处的精神基础，得到普遍的认可。东亚各国之所以乐于接受儒学的价值学说，恐怕首先看中了儒学与人为善、注重教化、凝聚群体的精神。在东亚各国，社会道德观念恐怕主要是靠立足于内在性的儒学来维系的，而不是靠立足于外在性的某种宗教来维系的。儒学这种和平主义的取向，在历史上曾成为东亚各国的共识，在当今时代则可以成为世界各国的共识。罗素赞许中华民族是"骄傲得不愿意打仗的民族"，对儒学维护和平的意向表示了充分的肯定。儒学的这种意向仍然具有现代意义，可以为维护世界和平提供思想支撑。

中华伦理文明绵延发展原因论

王泽应[*]

【摘　要】　中华伦理文明之所以能够成为世界史上连续性文明的典范，原因是多方面的，其中损益性的文明路径和旧邦新命的价值追求，中华美德的涵育与陶铸，中华道统的建构、拱立与护卫，以及儒墨道法和儒释道伦理思想的相融互补是其根本原因，它们共同支撑并促进着中华伦理文明的传承发展。

【关键词】　中华伦理文明　绵延发展　原因

梁启超在《中国道德之大原》一文中指出，我中华文明有"为他族所莫能逮"的优异之点，并指出："数千年前与我并建之国，至今无一存者。或阅百数十者而灭，或阅千数百岁而灭。中间迭兴迭仆，不可数计。其赫然有名于时者，率皆新造耳。而吾独自羲轩肇构以来，继继绳绳，不失旧物，以迄于兹，自非有一种善美之精神，深入乎全国人之心中，而主宰之纲维之者。"[①] 中华伦理文明自从伏羲、黄帝肇造以来，始终能够在继承的基础上创新，充满着"旧邦新命"的价值基质，"继继

---

　*　王泽应（1956～），湖南祁东人，现为湖南师范大学核心价值观研究院和道德文化研究中心教授，中国特色社会主义道德文化协同创新中心首席专家，博士生导师，主要研究方向为中国马克思主义伦理思想、中国伦理思想史和经济伦理学。

　①　梁启超：《中国道德之大原》，载王德峰编选《梁启超文选》，上海远东出版社，2011，第126页。

绳绳，不失旧物"。正是这种在传承中发展、在发展中传承的文化接力确保了中华文明的一脉相承，使其成为世界史上连续性文明的典范。

中华道德文化之所以在历史的风云变幻中始终能够立稳脚跟，并且能够一次次地化险为夷，转危为安，不断地实现衰而复兴，蹶而复振，有其自身的内在价值和独特魅力。

一　损益性的文明路径和旧邦新命的价值特质

我国是一个道德文化底蕴深厚、内涵丰富、功能突出并在历史上多有建树的文明古国和礼仪之邦。源远流长、博大精深的中华道德文化积淀着中华民族最深层的精神和价值追求，包含着中华民族在不同历史时期和阶段形成的核心价值观念和崇尚的道德品质，代表着中华民族海纳百川、有容乃大的胸襟、气度和自强不息、厚德载物的精神文化基因，不仅为中华民族生生不息、发展壮大提供了源源不断的道德价值滋养，也为人类伦理文明进步做出了独特而彪炳史册的贡献。

中华道德文化与中华文明损益型维新路径密切相关，充满着承前启后、继往开来的价值特质。中华文明在初创时期就已经走上了一条不同于古典的古代那种截然割断氏族社会联系，以革命手段进入文明社会的发展路径，它所走的是一条损益型的维新发展路径，既继承创始的文明端绪，又在其中添加与发展变化了的时代社会相适应的新知，可谓"旧学商量加邃密，新知培养转深沉"。"周虽旧邦，其命维新"是这一文化能够不断向前发展并始终充满自身魅力的因由所在。

著名马克思主义历史学家侯外庐先生比较了"中国的古代"（亚细亚的古代）社会与"古典的古代"（希腊、罗马）社会，指出古代中国文明与古代希腊文明起源呈现为两种不同且并行的文明路径。"如果我们用'家族、私产、国家'三项来做文明路径的指标，那么，'古典的古代'是从家族到私产再到国家，国家代替了家族；'亚细亚的古代'则由家族到国家，国家混合在家族里面，叫作'社稷'。因此，前者是新陈代谢，新的冲破了旧的，这是革命的路线；后者却是新旧纠葛，旧的拖住了新的，这是维新的路线。前者是人惟求新，器亦求新；后者却是'人惟求旧，器惟求新'。前者是市民的世界，后者是君子的世界。"①中西文明路径不同，决定中西道德文化起点的差异。中国古代表现出重视道德论、政治论、人生论的贤人作风，希腊、罗马古代则表现出注重自然的哲人的智者气象。中国古代之所以重视人的道德修养，重视人际关系与家庭的和谐，重视国家、民族的整体利益以及中国之所以成为世界少有的礼仪之邦，探其本原，均可追溯到中国文明的路径。侯外庐关于古代中国文明路径的论述，是对中国古代文明的"探源性研究"，或者说是对"文化路线图"的本原性的追寻。他论述的"亚细亚生产方式"揭示了中国古代道德文化的真正秘密，是把握中国古代道德文化和伦理思想产生与发展的一把钥匙。

美籍华裔考古学家张光直先生认为，世界文明形成的方式主要有两种，一是世界式的（非西方式的），也就是中国式的，包括美洲的玛雅文明在内，社会财富的积蓄主要是靠政治程序完成，它的特点是连续性。二是西方式的，从两河流域的苏美尔人（Sumerian）的乌鲁克（Uruk）文化到地中海的爱琴文明，它们的文明社会出现，在社会演进过程中是一个突破性的变化，它的特点是突破性的，也就是断裂性的。②张光直在其《连续与破裂》中指出："世界文明的起源（即从野蛮到文明的过渡）有两种不同的道路：希腊、罗马为代表的欧洲的西方的道路是一种断裂的道路，以中国为代表的道路是一种连续的道路。两者根本不一样，造成的古代文明也截然不同。中国夏、商、周三代血缘关系遗存犹在，而在希腊、罗马就不同了。"张光直特别指出，中国文明形成的特征与世界上其他古文明，尤其与太平洋沿岸各区的古代文明是一样的。因此，中国的形态很可能是全世界向文明转进的主要形态，而西方的形态实在是个例外。中国文明的形成是一个连续性的政治程序过程，财富的集中

---

① 侯外庐：《侯外庐史学论文选集》（上），人民出版社，1987，第58～59页。
② 参见张光直《中国文明的形成及其在世界文明史上的地位》，载《中国文明的形成》，新世界出版社，2004。

是靠政治权力的强化，"国之大事，在祀与戎"，礼仪秩序与文明教化成为国家治理的重要内容。

中华文明起源的路径凝结成中华礼制的基本精神和中国思想文化的基本价值取向和价值态度。有学者认为，礼制的发生与发展、完善与成熟是中国古代社会的独特经历，是中国文明的核心特色，也是中国文明起源的基本脉络。[①] 在孔子以前已有夏礼、殷礼、周礼。夏、殷、周三代之礼，因革相沿，到周公时代的周礼，已比较完善。"殷因于夏礼，所损益，可知也；周因于殷礼，所损益，可知也。其或继周者，虽百世，可知也。"（《论语·为政》）在孔子看来，礼既是因循的，又是变化的。一方面，夏礼、殷礼、周礼之间存在损益关系，有着各自不同的内涵与特点；另一方面，它们又是继承因循、一脉相承的，在变化的形式下又具有稳定不变的内在本质，所以说"其或继周者，虽百世，可知也"，礼的内在精神和伦理本质会一代代地延续下去，百代之后也不会改变。孔子创立的儒学，也体现了这种继往开来的价值特质。儒家认为世界的存有是连续的，思想文化也是连续的，没有完全脱离既往的现在和未来。认识自己和他人，认识社会和自然，也需要在继承既往历史经验的基础上革故鼎新，因此复古主义和历史虚无主义都是错误的。儒家既祖述尧舜，宪章文武，又主张日新不已，把"苟日新，日日新，又日新"和"作新民"视为一种基本的价值观念和价值目标，体现出"即世间而超世间"的伦理特质。儒家思想中的"穷变通久"和"革故鼎新"观念，是延续中华道德文化的价值定力与活力。"为天地立心，为生民立命，为往圣继绝学，为万世开太平"，以及"旧学商量加邃密，新知培养转深沉"，"学成于聚，新故相资而新其故；思得于永，微显相次而显察于微"，成为历代儒家学者体认和承传道德文化命脉的根本信仰。

美国著名文明史专家斯特恩斯在《全球文明史》中有一段基于文明的比较而论中国文明"旧邦新命"的话语，基本精神与侯外庐、张光直非常接近。他说："在所有这些古代文明当中，中国文明是在保持自身

---

① 参见卜工《文明起源的中国模式》，科学出版社，2007，第3页。

认同感和坚持最基本的信仰与制度的同时，最善于吸纳和学习外来入侵者的文明。周人对商的征服并没有摧毁中国的社会和文化，而是使他们自己被彻底同化而成为中国人。因此，虽然周代在很大程度上改变了中国文明发展的本质和方向，但是文明的基本主题和发展模式还是承袭商朝，并且，周统治者也尽力保存其前代统治者所创造的成就，并在此基础上发展自己的文明。"①

中国历史上的思想家和哲学家"大都是以继千古道体精神命脉学脉为己任的。他们虽然也讲趋时，也因应时变，也提出新的范畴概念推动哲学体系的发展，但总的说来，他们不像西方一些哲学家那样自己随便弄出个范畴概念，然后就创造出一个庞大的哲学体系，更很少采取尼采那种'重新估价一切'，与整个文化哲学价值体系割裂联系，做超人或创造超人哲学的态度。中国哲学家决不这样。他们既讲因革损益，又不离大道本体论的千古精神命脉学脉。因此，他们在哲学本体论上的因应，大都没离开中华民族文化和哲学的价值体系，而且其范畴概念大都有所承续，有所借鉴"。② 中华文明五千年所以传承不断，绵绵相继，就在于一代又一代的哲人都有一种承前启后、继往开来的价值自觉，"就在于每一个时代都不断地观照领悟大道本体，既因应时代、参悟因革、会通适变，以解决时代的具体的精神问题，又名理相因、弘扬道体、不离纲纪、保持大道本体论的精神命脉"。③

二　中华美德的涵育与陶铸

中华道德文化的重要成果是中华美德。中华道德文化孕育并助推了中华美德的形成与发展，中华美德挺立、护卫并传承着中华道德文化。二者之间存在一种相辅相成的关系。中国是一个以价值观和礼仪道德治

---

① 〔美〕斯特恩斯等：《全球文明史》上册，赵轶锋等译，中华书局，2006，第65页。
② 司马云杰：《绵延论》，中国社会出版社，2000，第292～293页。
③ 司马云杰：《绵延论》，中国社会出版社，2000，第299页。

国化民的文明国家，有学者称之为"文明体国家"。中华民族和中华文明的形成与发展同其"德化天下"的精神传统有着一种至为密切的关系。中国文化的根本精神是一种以至诚不息为天职，以仁义之道行天下，以刚健中正之道协和万邦，以浩浩大化知觉为最高性命之理的精神。中国的核心价值观，不仅讲仁义礼智的道德观念，更讲诚信，讲至诚不息的信仰和信念，讲刚健、中正、和谐的伦理品质和价值追求。整个中国文化精神与价值观之体系，唯仁义与中正是其最根本精神和最核心价值观念，是中国文化最根本的价值和意义所在。故周敦颐说："圣人之道，仁义中正之道而已。"

第一，"大其心体天下万物"而"致其道"。

中华文明自伏羲初创时起就有一种探求大道本体的价值自觉，在"仰则观象于天，伏则观法于地"和"近取诸身，远取诸物"的过程中，确立了"与天地参""与万物并"的人道。司马云杰在《绵延论》一书中探寻中国哲学和文化之所以能够绵延不绝之道，强调指出"中华民族所以生存，所以绵延，所以几次被压下去又几次重新站起来，就在于它内涵太深太大，就在于这种内涵包含着清醒理智的民族自觉。中华民族的道体关照领悟正是以这种理性自觉的文化实践为基础的；同时，也正通过这种道体的关照领悟而获得更大更深的内涵与理性自觉"。[①] 伏羲时期开启的俯仰远近之价值求索，奠定了在天地之间确立人道并以人道来配天地的精神建构端绪。之后的炎黄尧舜在探寻大道本体和建构中华正道方面做出了创业垂统式的贡献。他们把法地法天当作人道的主要内容，不仅体天恤道，而且自觉地按照天道的法则来规范人间的生活，建构人伦的秩序。"万物之所自生，万物之所自立，耳目之有见闻，皆与道为体。知道而后外能尽物，内能成身"，[②] 成就一顶天立地的自我。中华先民早在文明初曙的远古时代就有着"大其心则能体天下之物"的价值追求，并以此开启了以天地法则为生命法则，且以生命法则配天地法则的

---

① 司马云杰：《绵延论》，中国社会出版社，2000，第251页。
② （清）王夫之：《张子正蒙注·大心篇》，中华书局，1975，第126页。

价值建构。正因为在文明初曙的早期就有着"大其心则能体天下之物"的价值驱使，所以中华哲学一开始便包含着大全之理，并肇造自己的宇宙价值源头；正因为在文明初曙的早期就有着以天地法则为生命法则的价值转换，所以中华哲学一开始便包含着天地精神，并奠定自己的道德价值始基；正因为在文明初曙的早期就有着"先立乎其大而小者不能夺"的价值建构，所以中华哲学一开始便包含着立于天地之间绵延长存的文明价值机理。《论语·泰伯》载孔子评价尧的言论："大哉，尧之为君也！巍巍乎！唯天为大，唯尧则之。荡荡乎！民无能名焉。巍巍乎其有成功也！焕乎其有文章！"尧之王天下是建立在尧以天地法则为生命法则，效法天地之道，得以确立人道，实现了"存人道以配天地，保天心以立人极"。之后，代不乏人的学者与政治家，在建构大道哲学和道德形而上学方面上下求索，使得中华伦理文明的义理深重而悠远，不断强化着可传可继的伦理真谛和道德共识。

第二，"务以中道诏人御物"。

中正之道，中庸之德，中和之性，于中国和中国人有着非比寻常的意义，它从某种程度上规定着中国和中国人的内涵和特质。尧、舜、禹三代授受均以矢志中正之道为"心传""法宝"。① 在尧舜看来，只有保持中庸正直的德行才能治理好天下。为了巩固这种"尚中之德"的地位并使其传至千秋万代，人们将这种治国的中正之道用于国名，以一个"中"字称。"中国"之谓，其义就是行中道、尚中德。柳诒徵指出："唐、虞之时所以定国名为'中'者，盖其时哲士，深察人类偏激之失，务以中道诏人御物。""唐、虞之教育，专就人性之偏者，矫正而调剂之，使适于中道也。以为非此不足以立国，故制为累世不易之通称。一

---

① 史载尧、舜、禹三圣相传，均以"允执厥中"相授受。《论语·尧曰》记载尧对舜的忠告之言："咨！尔舜！天之历数在尔躬。允执其中。四海困穷，天禄永终。"《尚书·大禹谟》载舜帝对大禹言："人心惟危，道心惟微。惟精惟一，允执厥中。无稽之言勿听，弗询之谋勿庸。可爱非君，可畏非民。众非元后何戴？后非众罔与守邦。钦哉！慎乃有位，敬修其可愿！四海困穷，天禄永终！"

言国名，而国性即以此表见。其能统制大宇，混合殊族者以此。"① 以"中"而命国名，表达了远古先圣将"中"提升为国家精神和治国理念并欲传其至千秋万代的价值认识和孜孜追求，是希望居于东方大陆的这一国家永远坚持中正之道，从而得以无愧地立于天地之间。"刚中而应，大亨以正""无偏无党""无党无偏"的大中之道，不仅"符合中国精神"，而且是"王天下的平坦大道"。② 成汤时左相仲虺在劝勉成汤的诰词中指出："王懋昭大德，建中于民，以义制事，以礼制心，垂裕后昆。"③ 建中于民即建中道于民，或者说立中正之道于世，这是王者的责任。周灭殷后，周武王向箕子询问治国之道，箕子依据《洛书》，详细阐述了"洪范九畴"，第五条提出"建用皇极"，"皇极"即大中至正之道，是一个国家必须遵行的"无偏无党""无党无偏"的至中至正之道。天子所推行的王道是以大中至正为核心内容和价值目标的。不唯《洪范》推崇"大中至正"之道，以此作为治理天下的根本大法，专以探讨天下治乱兴衰之变易法则的《周易》也注目于中道或中正之道，《乾》指出："龙德而正中者也。庸言之信，庸行之谨，闲邪存其诚，善世而不伐，德博而化。"并以为"知进退存亡而不失其正者"是圣人应有的行为，也是每一个有道之士必须效法学习的。中国精神和价值观念是同"仰则观象于天，俯则观法于地"及"近取诸身，远取诸物"的效法天地人物之路径探求和致思取向密切联系在一起的，它在长期的历史和文化进化发展中凝聚为一种"执两用中""无偏无党""无过不及"的道德智慧和中庸德性，化生为一种以中正和善的德性待人接物的礼仪文明，积淀为一种以天下为公为基本价值取向的群体或整体主义传统。可以说，崇尚刚健中正的伦理观念，向往、追求中正和谐的伦理生活，实现内圣外王的人生理想与天下有道的价值目标，一直是中华民族文化的传统和伦理文化的基本精神。尚中、贯正成为中华价值观和美德伦理的源头。

---

① 柳诒徵：《中国文化史》（上），中国大百科全书出版社，1988，第33页。
② 参见司马云杰《中国文化精神的现代使命——关于中国文化根本精神与核心价值观的研究》，山西教育出版社，2008，第12~13页。
③ 参见《四书五经》，中华书局，2009，第231页。

第三，仁、义、礼、智、信之为五种常道。

仁、义、礼、智、信是儒家归纳的五个最基本的伦理道德范畴，也是中华民族崇尚并身体力行的五种伦理美德。它作为儒家乃至整个中华道德文化置重的"五常"，与"三纲"一并构成"三纲五常"的核心价值观，对维系和弘扬中华道德文化的传承与绵延起到了固本强基的作用。孔子分别对仁、义、礼、智、信诸范畴做出了自己的论述，并且以仁释礼，以礼论仁，建立了一个仁礼统一的社会伦理模式。不特如此，孔子还把知、仁、勇并称，提出了"知者不惑，仁者不忧，勇者不惧"以及"崇仁尚知"的价值观念。孔子推崇诚信，有所谓"自古皆有死，民无信不立"等价值判断。对义，孔子也十分重视，以义为君子人格的价值基质，以此与求利的小人相区别。孔子曰："仁者人（爱人）也，亲亲为大；义者宜也，尊贤为大；亲亲之杀，尊贤之等，礼所生焉。"孟子不仅将仁义并称，以仁为"人之安宅"，义为"人之正路"，而且将仁、义、礼、智置于一起加以集中论述，认为仁、义、礼、智根源于人的"四心"，即"恻隐之心，仁也；羞恶之心，义也；恭敬之心，礼也；是非之心，智也。仁义礼智，非由外铄我也，我固有之也。"（《孟子·告子上》）孟子还说："仁之实事亲（亲亲）是也；义之实从兄（尊长）是也；礼之实节文斯二者是也；智之实，知斯二者弗去（背离）是也。"到了汉代，董仲舒在"仁义礼智"的基础上加入"信"，并将"仁义礼智信"说成与天地长久的经常法则（"常道"），指出："夫仁义礼智信五常之道，王者所当修饬也；五者修饬，故受天之晁，而享鬼神之灵，德施于方外，延及群生也。"（《汉书·董仲舒传》）董仲舒不仅提出了"仁义礼智信五常之道"，而且对其功能效用予以高度肯定，认为其是治国理政、安邦抚民最基本的道德准则和伦理美德。东汉时经白虎观经学会议共同商议，仁、义、礼、智、信作为"五常"正式颁布，并对仁、义、礼、智、信作为"五常"的内容做出明确界定，指出："仁者，不忍也，施生爱人也。义者，宜也，断决得中也。礼者，履也，履道成文也。智者，知也。独见前闻，不惑于事，见微知著。信者，诚也，专一不移也。故人生而应八卦之体，得五气以为常，仁义礼智信是也。"①
宋代理学开山始祖周敦颐将"五常"立于"以诚为本"的道德本体论基
础之上，提出"诚，五常之本，百行之源也。五常，仁义礼智信，五行
之性也"，赋予仁、义、礼、智、信以至真至诚的伦理特质，从而获得
了一种道德形而上学的义理支撑。之后，仁、义、礼、智、信之"五
常"始终是程朱理学所要鼎力拱卫和大力表彰的伦理美德和价值观念。

除仁、义、礼、智、信这"五常"之外，中华传统美德还十分注重
"礼义廉耻""忠孝节义"等伦理美德，它们一并构成传统美德的丰富内
容，并形成有机联系的德性体系。这些德性品质或德目，矗起了中华民
族道德生活的精神航标，引领着数以千万计中国人的安身立命和修身立
德，也铸造着中国的国魂与民魂。

第四，"和为贵"的和平主义。

伯恩斯与拉尔夫合著的《世界文明史》一书将中华文明长期存在的
原因概括为"部分是地理的，部分是历史的"，更重要的则是其道德价
值观。其所谓地理原因是指中华文明处于相对封闭的东亚大陆，而其所
谓历史原因则是指中华文明崇尚继往开来。而其道德价值观则涉及中华
文明的基本精神和道德价值取向、道德价值观念，特别是和平主义的道
德价值观。"中国的伟大的哲学家和伦理学家的和平主义影响使它的向
外扩张受到约束。……因此，很少激起周围国家的敌意和妒忌。他们也
确有过征服，但是，他们兼并的土地几乎都是没有开发的地区。他们很
少用武力把他们的意志强加给被征服民族，但是，却把同化被征服民族，
使之成为他们的高级伦理制度的受益者当作自己的天职。"② 以和为贵的
伦理价值观，使中华文明注重内部和外部关系的和谐，把"协和万邦"
"和而不同""和睦相处"当作基本的行为准则，故此"很少激起周围国
家的敌意和妒忌"。同时还以自己"和而不同""礼尚往来""与人为

---

① （清）陈立：《白虎通疏证》，中华书局，1994，第381～382页。
② 〔美〕伯恩斯、拉尔夫：《世界文明史》第一卷，罗经国等译，商务印书馆，1987，第
173页。

善"的伦理价值观赢得了周围国家和异域民族的尊重。

孙中山先生离世前曾在日本演说，指出："东方的文化是王道，主张仁义道德，西方的文化是霸道，主张功利强权。讲仁义道德，是由正义公理来感化人，讲功利强权，是用洋枪大炮来压迫人。"中国文化不是霸道文化，而是王道文化。王道文化就是"和"文化，"和"文化就是中国传统文化的核心文化。1960 年 5 月 27 日，毛泽东与来华访问的英国元帅蒙哥马利，围绕"50 年以后中国的命运"有一段深刻的对话。蒙哥马利说："历史的教训是，当一个国家非常强大的时候，就倾向于侵略。"毛泽东说："要向外侵略，就会被打回来……外国是外国人住的地方，别人不能去，没有权利也没有理由硬挤进去……如果去，就要被赶走，这是历史教训……如果我们占人家一寸土地，我们就是侵略者。"①"蒙哥马利之问"折射的是一些西方人内心深处的"国强必霸"逻辑。然而，这样的逻辑与中国人千百年来的民族心理，完全不在一个"频道"上。正如习近平总书记所说的，"中华民族的血液中没有侵略他人、称霸世界的基因"，"中华文化崇尚和谐，中国'和'文化源远流长，蕴涵着天人合一的宇宙观、协和万邦的国际观、和而不同的社会观、人心和善的道德观"。② 一代又一代的中国人继承伏羲、炎黄和尧舜尊道贵德、讲信修睦的传统，结合当时的实际状况不断做出创造性的发展，从而实现了中华价值观和伦理文化在传承中的创新，抒写了"旧邦新命"的文明篇章。

中华民族不是一个追求饥者一饱、渴者一饮，以小私有者为自足的民族，而是一个知天知人、彰大理、循大变、无往不通的民族，是经纶万物，驾驭群品，与造化同工，创造盛德伟业的民族。因之于此，中华文明也具有尊道贵德、崇仁尚义、明礼重信以及自强不息、厚德载物的精神品质。这种精神品质构成了中华文明的精神禀赋和伦理气质，使得

---

① 毛泽东：《同蒙哥马利的谈话》，《毛泽东文集》第 8 卷，人民出版社，1999，第 188 ~ 189 页。

② 习近平：《在中国人民对外友好协会成立 60 周年纪念活动上的讲话》，《人民日报》2014 年 5 月 16 日。

中华文明能够对其他文明的优秀成果兼收并蓄，博采广纳，进而实现自己的不断发展。汤因比在与池田大作关于 21 世纪的对话中谈到中国传统美德是中华文明中最具传承价值的东西，高度评价中国主要是"中华民族一直保存下来的美德的缘故。中华民族的美德，就是在那屈辱的世纪里，也仍在继续发挥作用。特别是在现代移居世界各地的华侨的个人活动中也都体现着这种美德"。"中国人无论在国家衰落的时候，还是实际上处于混乱的时候，都能坚持继续发扬这种美德。"① 中国传统美德总是能够给中国人以强有力的精神支撑和行动引领，促使他们转乱为治，化危为安，由弱至强。中国传统美德积淀着中华文明最深刻的价值认识，是中华民族待人处世、修身齐家、治国平天下乃至与天地参的伦理智慧的集中表现，使中国人无论处于何种境况都能感受、领悟和品味到这种美德的内在价值和功能效用。中国伦理美德从传统到当代的历史演变与发展，既一脉相承又与时俱进，开拓创新，充满着"承前启后""继往开来"的伦理特质，这也是中华伦理文明能够自古至今一脉相传而又革故鼎新的内在因由。

三 中华道统的建构、拱立与护卫

中华道德文化建构起了一种对文明始基、人文初祖的价值认同和置重核心价值观的道统，亦即建构了一个多民族共有的精神家园。炎黄子孙、龙的传人以及慎终追远的敬祖意识，重视孝道和忠孝并称的家国情怀，尊道贵德、志道据德并以道德为根本价值追求和至上目标，彰显了伦理道德精神对文明体系和国家政权的引领和拱立、建设意义，使得中国成为一个特别注重文化传承和价值观拱立的国家。自孟子讲"五百年必有王者兴"，到韩愈排定尧、舜、汤、文、武、周公、孔子、孟子的传道谱系，都是通过历史的传承来确定孔子儒家的地位，孟子谓"孔子，

---

① 〔英〕汤因比、〔日〕池田大作：《展望二十一世纪》，荀春生等译，国际文化出版公司，1985，第 287～288 页。

圣之时者也"，董仲舒主张"推明孔氏，罢黜百家"，韩愈著《原道》，排佛老，都有即"统"而言"道"或即"统"而立"道"之意。"孔子上承远古群圣之道，下启晚周诸子百家之学，其为中国学术界之正统，正如一本众干，枝叶扶疏。学术所由发展也。"① 韩愈明确提出儒家有一个始终一贯的有异于佛老的"道"。他说："斯吾所谓道也，非向所谓老与佛之道也。"② 他所说的儒家之道，即"博爱之谓仁，行而宜之之谓义，由是而之焉之谓道，足乎己无待于外之谓德。仁与义为定名，道与德为虚位"。③ "道"，概括地说，也就是指作为儒家思想核心的"仁义道德"。千百年来，传承儒家此道者有一个历史的发展过程。这个过程就是"尧以是传之舜，舜以是传之禹，禹以是传之汤，汤以是传之文武周公，文武周公传之孔子，孔子传之孟轲。轲之死，不得其传焉"。④ 儒者之"道"的传授谱系也就是朱子所说的"道统"。朱子所谓的道统，是指《尚书·大禹谟》中所言的"人心惟危，道心惟微，惟精惟一，允执厥中"，这十六字被视为儒家的"心传"。朱子在《中庸章句序》中指出："《中庸》何为而作也？子思子忧道学失其传而作也。盖自上古圣神继天立极，而道统之传有自来矣。其见于经，则'允执厥中'者，尧之所以授舜也；'人心惟危，道心惟微，惟精惟一，允执厥中'者，舜之所以授禹也。尧之一言，至矣尽矣。"⑤ 王阳明对尧舜的授受之道予以心学的解释，指出："尧舜禹之相授受曰：'人心惟危，道心惟微，惟精惟一，允执厥中。'此心学之源也。中也者，道心之谓也。道心精一之谓仁，所谓中也。孔孟之学，惟务求仁，盖精一之传也。"⑥ 阳明将程朱一派常说的"十六字箴言"作为儒家先圣一脉传承之"道"，并给予心学的解释。朱熹的弟子黄干对儒家道统的代表人物及其传承体系做出了比韩愈

---

① 熊十力：《原儒》上卷，上海龙门联合书局，1956，第47页。
② （唐）韩愈：《原道》，《韩昌黎文集校注》，上海古籍出版社，2014，第20页。
③ （唐）韩愈：《原道》，《韩昌黎文集校注》，上海古籍出版社，2014，第15页。
④ （唐）韩愈：《原道》，《韩昌黎文集校注》，上海古籍出版社，2014，第20页。
⑤ （宋）朱熹：《中庸章句序》，《四书章句集注》，中华书局，1983，第14页。
⑥ （明）王阳明：《象山文集序》，《王阳明全集》（上），上海古籍出版社，1992，第245页。

更为详细的解说："窃闻道之正统，待人而后传，自周以来，任传道之责，得统之正者，不过数人，而能使斯道章章较著者，一二人而止耳。由孔子而后，曾子、子思继其微，至孟子而始着。由孟子而后，周、程、张子继其绝，至先生而始着。"（《黄勉斋先生文集》卷八）又在《徽州朱文公祠堂记》中说："尧、舜、禹、汤、文、武、周公生，而道始行；孔子孟子生，而道始明；孔孟之道，周、程、张子继之；周、程、张子之道，文公朱先生又继之。此道统之传，历万世而可考也。"（《黄勉斋先生文集》卷五）

以继道统而自命的儒家学者具有强烈的担当意识，认为自己是道统的继承者，传续道统和弘扬道统是自己义不容辞的学术使命。如孔子言："文王即没，文不在兹乎？天之将丧斯文也，后死者不得与于斯文也；天之未丧斯文也，匡人其如予何？"（《论语·子罕》）孔子以继文王之道而自命。至孟子则曰："五百年必有王者兴，其间必有命世者。……夫天未欲平治天下也，如欲平治天下，当今之世，舍我其谁也？"（《孟子·公孙丑下》）具有道统意识的儒家学者，自觉地把自己视为道统的传承者和担当者，认为将儒者之道继承下来，并发扬光大、传接下去是自己责无旁贷的神圣使命。理学家以"为天地立心，为生民立命，为往圣继绝学，为万世开天平"的价值自许，王夫之有"六经责我开生面，七尺从天乞活埋"的价值担当，都凸显了承前启后、继往开来的伦理意义。道统意识包含着弘道意识，弘扬古道或师道的意识促使后世儒者不仅以传承儒业为己任，而且还要努力把儒家事业发扬光大，在学术上有所创新和突破。

儒家的道统论背后隐含一种继往开来、承前启后的文化意识，这种文化意识对中华道德文化的薪火相传具有本源性和动能性的意义，对培育士大夫精神和伦理品质起到了至关重要的作用。

四 儒墨道法及儒释道伦理思想的相融互补

钱穆在《国史大纲》中比较罗马文化与秦汉文化之差异时指出："罗马如于一室中悬巨灯，光耀四壁；秦、汉则室之四周，遍悬诸灯，交射互映；故罗马碎其巨灯，全室即暗，秦、汉则灯不俱坏光不全绝。

因此罗马民族震烁于一时，而中国文化则辉映于千古。"① 古希腊罗马文化在历史上曾经显赫一时，创造了许多思想和文明的佳话，但是它们是短命的，其文明成果并没有获得有效的传承和发展，就在于它们缺乏多元一体的文化建构，二元对立的价值建构每每导致离则两伤的历史恶果。汤因比在《历史研究》中有言："希腊文明的历史在时间上也无疑没能延伸到我们这个时代，因为人们已经知道，不仅它的接替者，而且它的前身米诺—赫拉斯—迈锡尼文明（爱琴文明的别名）也没有从时间上延伸到现在。"② 后来研究或光大希腊罗马文化的人们，大多不是希腊、罗马人的后裔，他们是带着发掘历史、总结昔日文明成果的心态来从事这项工作的，这很难说是希腊、罗马文明自身的发展。中国文化则不同，中国文化始终是在自己的土地上，通过自己的人种包括同化的人群使自己获得传承与发展的。虽然中国历史上曾有少数民族建立统治中原的政权，但是维系政权的思想文化却是地地道道的中华文化。说得更具体一点，不是汉族文化被少数民族化，而是少数民族迅速地被汉化，成为汉文化的传承者和拥护者。元代蒙古族的一些卓越的政治家和思想家自觉接续中华道统，并欲"建皇极，立民命，继绝学，开太平"，显示出一种超越唐宋、直续圣人之统的气势和价值追求。

春秋战国时期出现百家争鸣，特别是儒、道、墨、法诸家道德文化在价值整合上形成了一种相互激荡、相互补充的伦理精神传承机制。钱穆认为，中国早在先秦时代就已完成了"国家凝成"与"民族融合"两大事业；同时，中华民族的"学术路径"与"思想态度"也大体在先秦时代奠定。诸子百家的出现及其争鸣开启了中华道德文明的全盛时代。孔子、老子、墨子、孙子、孟子、荀子、韩非子等对宇宙人生都展开了深度的思考，并将主要精力集中于"救时之弊"，就如何治理天下与人心发表了一系列自己的见解，"其学术风流，足以胗鬵来世。而为震旦文明之代表者，盖靡不诞育于是。所谓千岩竞秀，万壑争流，怪异诡观，

① 钱穆：《国史大纲》（上），中华书局，1996，第14页。
② 〔英〕汤因比：《历史研究》，刘北成等译，上海世纪出版集团，2005，第30页。

于焉毕具"。① 吕思勉《先秦学术概论》有言,先秦学术磅礴郁积,又遭遇时势。"乃如水焉,众派争流;如卉焉,奇花怒放耳。积之久,泄之烈者,其力必伟,而影响于人必深。我国民今日之思想,试默察之,盖无不有先秦学术之成分在其中者,其人或不自知,其事不可诬也。"② 梁启超在"论周末学术思想勃兴之原因"时指出:"孔北老南,对垒互峙;九流十家,继轨并作。如春雷一声,万绿齐苗于广野;如火山乍裂,热石竞飞于天外。壮哉盛哉! 非特中华学界之大观,抑亦世界学史之伟绩也。"③

在诸子百家争鸣的春秋战国时代,儒、墨、道、法诸家在辩论中相互吸收、互相补充,形成中华道德文化多元一体的发展格局。秦汉以后,儒、释、道三家在历史的发展中不断相互颉颃并在争鸣中获得新的发展。玄学被称为"新道学",理学被称为"新儒学",禅宗被称为"新佛学"。中国传统道德文化就好比一个吸纳器,它能将历史中各种异质的道德文化吸纳、包容在一起,并最终抟聚铸就成一个道德文化的统一体。事实上,中国历史上每次草原游牧民族对中原王朝的征服,都无法击破这个道德文化结构,反而将自身独特的道德文化因素连同其民族、土地一同归附于中原主体道德文化,为中华道德文明不断发展壮大做出自己的独特贡献。从这点看,草原游牧民族对中原王朝的征服,并非中国历史发展的负面因素,相反倒可看成一次更大发展的蓄势。可以说,中华伦理文明之所以能绵延几千年而不中断,奥秘就在于三元一体的稳定文化结构。儒、释、道三足鼎立,既有分别又互相支撑。这种独特的道德文化结构在世界其他文明中极为罕见。中华伦理文明是以儒家为表显的三家合一的综合文明,正是这一点使它有别于其他文明,而凸显中国文明的包容性。中国文明是以儒、释、道三家为基干支撑起来的,它们共同构

---

① 吴康:《周代学术勃兴之原因》,载《中国学术讨论集》第 1 集,上海群众图书公司,1927,第 10 页。

② 吕思勉:《先秦学术概论》,《中国思想文化史九种》(下),上海古籍出版社,2009,第460 页。

③ 梁启超:《论中国学术思想变迁之大势》,上海古籍出版社,2001,第 18 页。

筑起中华文明的核心价值系统。儒、释、道三家各有擅长，互相补充，长期以来对传统社会广泛渗透，对中国古代历史产生深刻影响。南宋孝宗在《原道辨》中曾说，中国文化是以佛治心，以道治身，以儒治世。这句话恰当地指出了三支文化力量在中国传统文化中所占有的位置。在这三支文化力量中，儒家道德文化对于维持社会稳定及发展发挥了主导性作用，而道家道德文化特别是其无为而治、以质化文的返本归根式的思想观念，对于王朝的重建及休养生息发挥了不可替代的作用。而佛教道德文化开张三世、贯通幽冥的高超生命境界，对中国人平衡其过于执着于现世的心灵，有着清醒剂的作用。这种"道并行而不相悖"的发展格局使得中华道德文明始终充满着一种吐故纳新、革故鼎新的发展活力，故既能保持自己的伦理文化传统，又能促使这种传统不断向前发展。

儒家在建构自己核心价值的同时，还充满对多元价值或文化的包容与尊重，倡导"万物并育而不相害，道并行而不相悖"，并通过"理一分殊""和而不同"的价值理念不断吸收其他文化中有益的东西。先秦儒家对于墨、道、法的学说有着在批判中吸收消化的一面，特别是孟子和荀子的思想更有着博采众家之长的特点。宋明新儒学融汇佛道而建构起精致思辨的哲学体系，现代新儒学更以"返本开新"的伦理立场彪炳于世，可以说"阐旧邦以辅新命"，"继绝学以造新知"是儒家共同的价值立场和自觉的价值共识。正因为这样，才使得儒家学说在吸收其他学派或文化优秀成果的基础上而实现自身的创造性发展。

总之，中华伦理文明自伏羲、黄帝肇造以来，"继继绳绳，不失旧物"，把承前启后、继往开来视为基本的伦理美德，始终能够在继承的基础上创新，充满着"旧邦新命"的价值基质。儒家既"祖述尧舜，宪章文武"，又主张"苟日新，日日新，又日新"，既主张"为往圣继绝学"，又崇尚"为万世开太平"，"旧学商量加邃密，新知培养转深沉"，不仅建构起了一种既重承前继往又重启后开来的代际伦理，而且发展起了一种"立乎其大""显察于微"而又"着眼于远"的伦理价值观。正是这种"变而不失其常"和"常在变中"的传承创新性，确保了中华伦理文明在传承中发展、在发展中传承的一脉相承性，使其成为世界史上连续性文明的典范。

中国传统文化的现代性

儒家价值观及其现代转换

孙伟平[*]

【摘　要】 儒家价值观的主要内容包括以下五个方面：君主专制与群体主体意识的和谐与博弈，以"仁"为本位的价值体系，偏重道德的价值规范意识，以"礼"为中心的社会秩序观念，"至善"的理想与"修身为本"的价值实践意识。这些对于现代社会建设都有着重要的借鉴意义。

【关键词】 儒家　价值观　现代转换

儒家价值观是中国传统文化价值观的主流或主体构成部分，它曾长期在中国社会中占据统治地位。尽管自近代以来，儒家及其价值观体系受到了强烈冲击，但其作为"活着的"文化传统，对中国社会的影响仍然根深蒂固。在走向全球化的时代，在持续现代化的过程中，儒家价值观是一种无法回避的传统，无论我们对其采取何种态度，都终将不能无视它的存在。因此，明智而现实的态度或许是，冷静地对儒家价值观进行一番客观的总结、审慎的剖析，在当代社会价值观的重建中对其加以"扬弃"。

---

[*] 孙伟平（1966～），男，博士，中国社会科学院直属机关党委副书记，哲学研究所研究员，博士生导师，入选国家百千人才工程，国家"有突出贡献中青年专家"。

总结和分析儒家价值观的前提，是对"价值观"这一概念有一个基本的认识。我们认为，所谓价值观念，就是人们关于一切价值的信念、信仰、理想和标准的总称。从结构上考虑，它一般可从价值主体和主体意识、本位价值、社会规范意识、社会秩序信念、价值实践意识等几个方面加以把握。根据这种认识，我们不妨从如下几个方面对儒家价值观及其现代的转换进行一番总结和剖析。

一 君主专制与群体主体意识

在一个价值观念体系中，明确价值观的主体——"谁的价值观，或为了谁的价值观"——具有基础性的意义。只有明确了价值观的主体，才能对这种价值观进行"定性"，才能考察该主体是否具有全面、独立的主体地位，是否具有健全发达的价值主体意识，是否在其社会关系中表现出相应的社会角色意识和责权利意识。

在儒家的理论学说与历史实践中，自孔子以降，一直有儒家学者强调人的主体地位与人格挺立。例如，孔子说"三军可夺帅也，匹夫不可夺志也"（《论语·子罕》）；孟子提倡"富贵不能淫，贫贱不能移，威武不能屈"（《孟子·滕文公下》）的"大丈夫"品格；顾炎武提出"天下兴亡，匹夫有责"；……早期儒家学说也比较重视确立人的主体地位和主体意识，如孔孟提倡为己之学，《中庸》要求成己成物，等等。而且，综观儒学实践史，也确实涌现了不少人格独立张扬、精神卓尔不群的"志士仁人"。

但问题是，儒家学说产生于中国奴隶制向封建制转型的时代，在封建专制体制下发展成熟并成为官方学说，毋庸置疑，它是为君主专制体制立说，为君主专制进行论证的。例如，儒家的天命论论证了君主专制的神授、命定色彩，董仲舒说："天子受命于天，诸侯受命于天子，子受命于父，臣受命于君，妻受命于夫。"（董仲舒《顺命》）君臣、父子、夫妻之类等级秩序，通过具体化为"三纲五常"，使臣于君、子于父、妻于夫有一种严重的依附意识和服从义务。儒家学说还竭力论证这一系列规范和秩序是以人的内在欲求和自觉意识为基础的，使民自觉地成为君的附属品，子自觉地成为父的附属品，妻自觉地成为夫的附属品。

儒家学说为君主专制服务这一前提，决定了它视君为一个"无限制的超越体"，从而必然在根本性意义上抹杀普通个人的主体地位，特别是在经济、政治意义上的主体地位。只要我们深入分析就会发现，在君主专制前提下，儒家学说对人的主体地位，强调的仅仅是个体的道德主体地位，关注的主要是自我德性的完善和自我实现，而并非关心个体的人格独立，落实个体包括经济、政治在内的全面的主体地位。也就是说，儒家确立的仅仅是牟宗三所说的"德性主体"，而未确立大众的"知性主体""政治主体"地位；如果不能使大众成为"经济的存在""政治的存在"，而仅仅囿于"道德的存在"，那么，不健全的主体是不可能适应现代民主社会的。

而且，儒家社会是以家庭、群体为本位的，家庭、家族是基本的社会单位，个体只是"家"或群体中的一员，并非经济、政治等意义上独立的个性化的"存在"。而且，"家"的概念被广泛延伸，地方官吏被称为"父母官"，国家也不过是放大了的"家"，皇帝不过是位"大家长"。在"普天之下，莫非王土"的国家中，皇帝君临一切，所有个体包括各级官僚仅仅是君主实现其个人目的、满足其个人需要与欲望的手段。各级官僚与其"子民"，家长、族长与其家族成员的关系，也大致与此相类似。个人作为从属于家庭、家族、国家、社会的成员，以上述群体单位作为个人生存和发展的基础和保障。

以家族本位为出发点的儒家学说，在理论上也极力强调个人对家庭、家族、国家（君）和社会的责任、义务和牺牲精神，强调群体原则，认为"能群"是人之所以为人的本质，人应该"群而忘己"。如孔子认为，个人总是存在于社会群体之中的，"鸟兽不可与同群，吾非斯人之徒与而谁与？"（《论语·微子》）在群体原则中，甚至贵为一夫之人的天子诸侯的主体地位也不免遭到否定。如董仲舒说："独身者，虽立天子诸侯之位，一夫之人耳，无臣民之用矣。如此者莫之亡而自亡也。"（董仲舒《仁义法》）一切"独身者"包括天子诸侯都必"自亡"。把个人消融于群体（社会）之中，听命于一定的权威，依附于一定的等级秩序，从而否定了个体人的主体地位，进而泯灭了个体的主体意识。

当然，绝对地认为儒家学说否认个体原则，否定"民"的主体地位，也非事实。如前所述，在一定程度上，作为群体的代表，"圣人"和"天子"还是具有其主体意识的，也是能以价值主体的面目出现的。而且，儒家一直强调"为仁由己"和人格独立，这也在一定意义上体现了对个体和个体原则的确认；"民贵君轻""民视民听"等民本思想，也在一定意义上肯定了"民"之地位。只是，这与真正以民（而不是君或其他）为主体（德性主体与经济主体、政治主体的统一）、全面肯定个体责权利意识的现代民主体论，还有实质性的差异。

此外，群体原则也有其理论和实践的合理性，一方面，群体性、社会性是人的本质特征，脱离了群体和社会，一个人什么也做不成；另一方面，坚持群体原则，有利于抑制个体走向个人主义的极端，抑制个体私欲的膨胀和泛滥。

只是，从现代社会的观点看，在君主专制、群体原则占主导地位的儒家价值体系中，对君主或群体的服从、认同极易限制个体的独立和创造性，而自我的责任意识则倾向于淹没权利观念，而个体权利意识的淡化又使竞争机制失去了内在依据，这一切，使得在儒家价值体系中，个体之主体意识不觉醒，个体之主体地位未能真正确立，从而与注重个体的地位、权利、创造性以及竞争意识的现代社会发生激烈冲突。从前现代进入现代的历史过程若要避免价值观上的阻力，便不能不铲除君主专制的前提，适当化解群体至上的观念以及个体对群体的单一责任意识，从而在现代民主体制下，赋予个体原则以更广的内涵和更合理的地位，肯定个体的权利与欲望，肯定个体创造性的实现，使个体真正成为具有自主独立意识、责权利统一（而不仅仅是个体对群体自觉自愿地承担责任与义务）的主体。

二 以"仁"为本位价值

所谓本位价值，就是一种价值观念体系的核心价值标准或价值取向。儒家的本位价值，突出表现在孔子"好仁者无以尚之"（《论语·里仁》）和孟子"亦有仁义而已矣"（《孟子·梁惠王上》）等经典命题中。作为一种价值体系特别是伦理道德学说，儒家的伦理道德规范很多，如仁、义、礼、智、信、勇、忠、孝、悌，等等，但"仁"与其他道德规范不同，它是贯穿于孔子和儒家学说的核心范畴，除了有其特定的内涵，更常常用于表示最高的道德境界、基本的道德原则和综合的全德之名。

儒家思想以"仁"为核心，这是一种公认的看法。细读《论语》，可以发现，共有 58 章、109 处关于"仁"的论述。早在先秦《吕氏春秋·不二》中，便有"孔子贵仁"之说。后世大儒也多持此说。例如，朱熹说："学者须是求仁"，"圣人亦教人求仁。"（《朱子语类》卷六）陈淳说："孔门教人，求仁为大。只专言仁，以仁含万善，能仁则万善在其中矣。"（《北溪字义》卷上）甚至有人称儒家的学说为"仁学"。

然而，具体来说，为什么说"仁"是儒家学说的本位价值、核心价值呢？

首先，"仁"乃人的本性，仁道原则乃儒家价值体系的根本原则。孔子、孟子甚至将"仁""人"互训，将仁作为人的同义语，如孔子曰："仁者，人也。"（《中庸》）孟子亦曰："仁也者，人也。"（《孟子·尽心下》）有异于其他动物，人的根本特性就在于人有仁义之德，人的价值也主要体现在仁义之道上。一方面，正如孟子所说，仁是人固有之"善端"，"仁义礼智根于心。"（《孟子·尽心上》）仁是人的内在需要，如孔子说："民之于仁也，甚于水火。"（《论语·卫灵公》）另一方面，仁义也是人区别于其他一切的根本特质和价值之所在，如荀子说："水火有气而无生，草木有生而无知，禽兽有知而无义，人有气、有生、有知，亦且有义，故最为天下贵也。"（《荀子·王制》）以人或爱人界定仁，特别是孔子"天地之性人为贵"之说，意味着确定人在万物中的至上地位，意味着仁道原则乃儒家价值体系的根本原则。

其次，忠恕爱人精神作为"仁"的基本内涵，表现着儒学难能可贵、历久弥新的精神实质。《论语·颜渊》中记载了孔子对仁的界说："樊迟问仁。子曰：'爱人'。"这是孔子对仁之内涵的最一般规定。爱人即爱众，孔子提倡"泛爱众而亲仁"，"博施于民而能济众"。他要求人们，从消极方面说，"己所不欲，勿施于人"，从积极方面说，"己欲立而立人，己欲达而达人"；孟子也要求"仁者以其所爱及其所不爱"（《孟子·尽心下》），"老吾老以及人之老，幼吾幼以及人之幼。"（《孟子·梁惠王上》）综而观之，即要学会"能近取譬"，"推己及人"。"所恶于上，毋以使下；所恶于下，毋以事上；所恶于前，毋以先后；所恶于后，毋以从前；所恶于右，毋以交于左；所恶于左，毋以交于右。"（《大学》）这就是所谓忠恕原则——孔子的学生将之概括为孔子的一贯之道："夫子之道，忠恕而已矣。"这一原则，今天依然是人们为人处事、和谐相处的基本而崇高之道。

再次，"仁"也是人内心之中具有的一种最高的精神境界，是人心灵的归宿。孔子认为，"仁者乐山"，"仁者静"，"仁者寿"（《论语·雍也》），"仁者不忧"（《论语·子罕》），"仁者必有勇"（《论语·宪问》），"里仁为美"，"不仁者不可以久处约，不可以长处乐"。"苟志于仁矣，无恶也。"（《论语·里仁》）孟子也认为，"仁则荣"，"仁者无敌"，正因为如此，所以"仁者安仁"，"求仁而得仁，又何怨"（《论语·述而》）。孔子所谓"里仁为美"所揭示的是，道德修养达到一定境界，理想人格得以塑造，不但是至善，更给人一种深刻的美的感受。

复次，"仁"是儒家价值取向的首要选择。孔子主张："当仁，不让于师。"（《论语·卫灵公》）"志士仁人，无求生以害仁，有杀身以成仁。"（《论语·卫灵公》）当"仁"之类的道德价值与其他价值发生冲突、事有不得已时，要毫不犹豫牺牲其他价值，甚至不惜牺牲生命，"杀身以成仁"。

最后，"仁"还具有某种手段价值，达仁是人求知、处世、为政等的指导原则。

儒家认为，只有具备高尚的道德情操，才能求得知识，甚至认为仁义道德本身就是学问，如孔子说："君子食无求饱，居无求安，敏于事而慎于言，就有道而正焉，可谓好学也已。"（《论语·学而》）朱熹甚至说："学者须是革尽人欲，复尽天理，方始是学。"（《朱子语类》卷十三）

孔子还说："仁者安仁，知者利仁。"（《论语·里仁》）即有仁德的人安于仁，聪明的人利用仁，实行仁德。

仁道原则通过"尚贤"、行"德政"、明"教化"之类措施，通过"修身、齐家、治国、平天下"的价值实践程序，就能使天下、国家达到大治。

要实现仁，任重而道远。曾子曰："士不可以不弘毅，任重而道远。仁以为己任，不亦重乎？死而后已，不亦远乎？"（《论语·泰伯》）当然，一般而言，做仁人，行仁道，也不是高不可攀、可望而不可即的事，孔子说："仁远乎哉？我欲仁，斯仁至矣。"（《论语·述而》）"为仁由己，而由人乎哉？"（《论语·颜渊》）只要人们真心向往仁，努力践行仁道，就已经走在仁道之路上了。

儒家以仁为本、仁义至上的价值标准和价值原则，显然突出了人的重要地位，在一定意义上体现了现代社会的人道原则与人文精神，属于一种可贵的人本思想。特别是"己所不欲，勿施于人"，"己立立人，己达达人"的泛爱博爱精神，"忠恕之道"更是被视为黄金法则，为今天全球伦理、普遍价值的追寻，提供了初步的原则和思想资源。

只是，这种以仁为本、仁义至上的价值标准和价值原则，显然存在唯道德化、泛道德化倾向，在现代社会中，难免受到强烈的挑战和冲击。因为现代社会是建立在利益原则、效益原则基础上的，而以仁为本的价值标准和价值原则，对道德的关怀超过了对事实的认知，从而贬抑了科学技术的作用；对道德的自觉压倒了功利的谋划，从而忽略了人的利益与现实需要的满足；对仁道的自觉贯彻优先于对效益的追求，从而坠入了"重义轻利""重理轻欲"的误区。这种唯道德化、泛道德化倾向的价值本位在现实社会生活中的影响，导致传统的坚守者常常与现代化观念有所隔膜，甚至常常感叹"人心不古，世风日下"（当然现代社会确实存在社会、道德危机)。因此，有必要根据现时代的要求，对以仁为本、仁义至上的价值标准和价值原则，补充以"发展""效率"之意，在维护人的合理利益、欲求的基础上，对之加以适当的完善和改造。

三　偏重道德的价值规范意识

价值规范意识是主体选取价值的方向，或主体对不同价值的选择倾向性。儒家从以仁为本的价值取向出发，提出了一系列道德范畴，其中主要有仁（具有具体含义的仁）、义、礼、智、信、勇、忠、孝、悌、敬、诚，等等，这是人们应该遵守的。与之相对的，还有一些人们应该节制或摒弃的道德规范，如利、欲、私，等等。这明显是一种偏重道德的价值规范意识。

1. 重义轻利

儒家认为，人之所以异于禽兽者，人之所以为人者，在于人有道德，人类之所以有高于一般动物的价值，亦在于此。而有道德，主要在于有"义"。所谓"义"，是无私的责任感和使命感，是无偿的义务。孔子说："义者，宜也。"（《中庸》）即义的内涵是适宜。"义以为上"（《论语·阳货》），"义然后取"，是儒家学说的重要价值选择原则。如孔子的"见利思义"（《论语·宪问》），以及孔子赞赏的"义然后取，人不厌其取"（《论语·宪问》）；孟子的"生，亦我所欲也；义，亦我所欲也。二者不可得兼，舍生而取义者也。"（《孟子·告子上》）"义，人之正路也"，"惟义所在"（《孟子·离娄上》）；荀子的"先义后利"，"持义不挠"（《荣辱》）；王夫之的"生以载义，生可贵；义以立生，生可舍"（王夫之《尚书引义》卷五）；等等，都对这一原则做了肯定和引申。

儒家对"义"的推崇与对"利"的贬抑相连，形成了重义轻利、"耻于言利"的价值传统。如果说"义"表示的是应该遵守的社会伦理规范，"利"注重的则是人们的现实利益，是从属于"义"的。自孔子提出"君子喻于义，小人喻于利"（《论语·里仁》），"君子怀德、小人怀土；君子怀刑，小人怀惠"（《论语·里仁》），"放于利而行，多怨"

（《论语·里仁》），"不义而富且贵，于我如浮云"（《论语·述而》）；孟子提出"何必曰利"（《孟子·梁惠王上》），"去利，怀仁义以相接"（《孟子·告子下》），"苟为后义而先利，不夺不餍"（《孟子·梁惠王上》）；荀子提出"义胜利为治世，利胜义为乱世"（《荀子·大略》）等之后，推崇道义价值，否定利益和功利价值的儒家义利观逐渐确立起来。发展到汉代董仲舒的"正其谊（义）不谋其利，明其道不计其功"，再到宋代程朱理学的"存天理，灭人欲"，儒家义利观逐渐发展为片面、偏激的抑利扬义观念，并随着"儒术"独尊，而成为封建统治者的官方学说，渗透到社会生活的各个层面，成为指导或制约人们现实生活的重要价值取向。

儒家义利观成为一种文化传统，对后来的东亚文化走向（包括中国社会主义建设的政策导向）产生了重大影响。

当然，强调"义以为上"，并非说儒家只讲道德仁义，不讲实务功利。众所周知，"利"的存在是不容否认的，"天下熙熙，皆为利来；天下攘攘，皆为利往"。一般而言，儒家在讲"立德为本"的同时，一般也都强调"立功"；在主张"先义后利"的时候，也指出了义和利是统一的，如王夫之就曾提出"义利统举"，不可偏废。甚至，"义"也不是"非利"，而是"公利"、整体或群体之"大利"；同时，并非只有"小人"才"怀惠"，而是"君子"也"爱财"，只是应该"取之有道"而已；等等。可见，儒家并不完全排斥利，只是其所确认的"利"是整体之利、群体之利（当然，这些利往往为以皇帝、各级官僚为代表的权力拥有者所掌握），而个体之利则未真正得到重视，它总是湮没、消融于整体之利、群体之利中，实质上是一种抽象的利。而且，这种抽象的利的确认也采取了抽象的形式，即通过义而曲折地折射出来。如程朱的销利于义的主张："圣人以义为利，义安处便为利。"因此，这种趋向不仅使社会难以形成发达健全的功利意识，更容易压抑、扼杀对利的合理追求。

在儒家社会生活中，求真、务实、趋利、进取、立功的追求，更是人们行动中的普遍选择。正因为如此，几千年来，崇德重义的东亚人并没有成为脱离实际的道德幻想家和空谈家，而是在经济、科技、文化等方面做了很多实事，有过无数不朽的发明和创造，而且今天更加一心一意地以经济建设为中心来发展自己。没有这种求真、务实、求利、建功的传统道德取向作为基础和心理准备，东亚不可能在20世纪取得如此显著的经济成就。

总之，义利关系实质上反映了人们的道德理想和现实利益之间的关系问题，或说反映了道德价值和功利价值的关系问题。"义"与"利"、道德价值与功利价值其实并不必然存在冲突，儒家价值观的主要缺陷在于把"义"与"利"对立、割裂开来，一事当前，往往自觉或不自觉地多从道义方面着眼，注重用道义标准衡量是非得失，与西方习惯于从功利、实用处着眼的传统形成对照。因此，正确的义利观应该是将道德理想和物质利益统一起来。一方面，不应忽视物质利益对于社会人生的基础意义、推动作用，正如马克思所说："人们奋斗所争取的一切，都同他们的利益有关。"① 另一方面，人们又不能忽视道德的规范作用，对于见利忘义，私利膨胀，为了个人或小集团的利益，而害集体、国家或民族之大义，甚至干些损人不利己的事，则是必须防止的。

2. 重理轻欲

利总是指向人的感性欲望的满足，而义则更直接地体现了理性的要求，因此，义利关系逻辑地关联着理欲关系。在儒家学说中，"理"是指事物的规律和人生的规范，"欲"则是指人的欲望、需求，包括生理欲求和物质欲望。理欲作为一对互相对立的范畴，是指在主体内在结构中，道德理性和人的欲望之间的关系问题。

儒家理欲观的发展经历了一个复杂的过程。先秦儒家从其义利观出发，就已提出了理欲问题。如孔子认为，"富与贵是人之所欲也，不以其道得之，不处也"（《论语·里仁》），"君子谋道不谋食"，"君子忧道不忧贫"（《论语·卫灵公》），并对"孔颜乐处"大加褒扬，当然孔子也说过，"富而可求也，虽执鞭之士，吾亦为之。"（《论语·述而》）"食不厌精，脍不厌细。"（《论语·乡党》）可见，孔子是承认利益和欲

---

① 《马克思恩格斯全集》第1卷，人民出版社，1956，第82页。

望的合理性的，只是总体上倾向于轻欲、制欲。孟子则明确提出，"养心莫善于寡欲。其为人也寡欲，虽有不存焉者，寡矣；其为人也多欲，虽有存焉者，寡矣。"（《孟子·尽心下》）将静心"寡欲"作为一切德行的基础。荀子虽然肯定追求欲望是人性之本然、"生之所以然"，却持性恶说，认为这种本性是恶的，因而必须以理治欲、以理制欲，否则将会"人欲盛而天理灭"。（《礼记·乐记》）

先秦儒家特别是荀子的"以理制欲"说被宋明理学家、心学家进一步加以发展，从而明确推出了"存天理，去人欲"的口号。例如，朱熹特别强调天理与人欲的对立，认为天理是善，人欲是恶，只有"革尽人欲"，才能"复尽天理"。"天理存则人欲立，人欲胜则天理灭。"（朱熹《孟子正义》）周敦颐认为，人欲不能仅仅限于孟子的"寡"，应进而达到"无"："予谓养心不止于寡焉而存耳，盖寡焉以至于无。无则诚立明通。"（周敦颐《养心亭说》）陆九渊、王守仁等心学派亦主张"去欲"，认为"欲去则心自存矣"。宋明理学的理欲观，把先秦儒家的重理轻欲说发展到了极端，它通过理与欲的绝对对立，把天理推崇到高于一切的位置，而根本否定了人们的利益、欲望的价值。程颐甚至进一步说："饿死事小，失节事大。"理学这种要求无欲的绝对道德价值学说，终于演变成了漠视个体存在和"以理杀人"的武器。

但是，这种传统的重义轻利、重理轻欲的倾向，并不能否认如下一个基本事实，即人人都生活在现实的各种利益关系之中。正如韦伯所说："获利的欲望，对营利、金钱（并且是最大可能数额的金钱）的追求，这本身与资本主义并不相干。这样的欲望存在于并且一直存在于所有的人身上，侍者、车夫、艺术家、妓女、贪官、士兵、贵族、十字军战士、赌徒、乞丐均不例外……对财富的贪欲，根本就不等于资本主义，更不是资本主义的精神。倒不如说，资本主义更多的是对这种非理性欲望的一种抑制或至少是一种理性的缓解。"①

---

① 〔德〕马克斯·韦伯：《新教伦理与资本主义精神》，于晓、陈维纲等译，三联书店，1987，第7~8页。

如荀子所说，人的欲望、需求是"人之本性"，却并不是像荀子认为的那样，是恶。不加控制的"兽欲"、无止境的"贪欲"之类的泛滥固然是祸，其所导致的一系列问题也不容否认，但是，正当合理的利益、欲望、需求，却是人的行为的内在驱动力，是人之活动、创造的内在源泉。因此，保障人们的合理利益、欲望与需要得到满足，努力提高大众的生活质量，是现代文明社会建设的基础。那种违背人性的禁欲主义，那种以贫为目标、安贫乐道的社会理想等，与现代社会的人本原则、效益原则、竞争原则、进取精神都是格格不入的，也与现代社会的宗旨相违背。

3. 重名轻实

名实关系是东亚传统文化的又一重要内容。在《论语》中，孔子最早提出了"正名"的主张或要求："必也正名乎！"他还进一步阐释："名不正，则言不顺；言不顺，则事不成；事不成，则礼乐不兴；礼乐不兴，则刑罚不中；刑罚不中，则民无所措手足。故君子名之必可言也，言之必可行也。君子于其言，无所苟而已矣。"（《论语·子路》）这里孔子所谓正名，是指从礼制的意义上，明确君主和各级官吏以及子民们的地位和作用，包括他们的各种待遇、礼节和相互关系，后人则进一步解释为"正百事之名"以及正名分。

孔子认为，只有正名，国家的政策和官员们的言论才能统一，政令才能顺利地下达，政事才能成功，礼乐才能复兴，刑罚才能准确，老百姓才能有所依从。而且，除了正名，孔子认为，还应该在正名的前提下，正行。《论语》中记载了孔子与季康子的一段对话，季康子问政于孔子，孔子对曰："政者，正也；子帅以正，孰敢不正？"（《论语·颜渊》）君主和各级官员都按照自己的名分来行事，就能够实行"仁"政，就能够"复礼"，建立起稳定的政治和社会秩序。

无论在理论上，还是在现实中，正名问题都是古代思想家们关注的中心问题之一。逻辑学家公孙龙著有《名实篇》，荀子也有《正名篇》，详论名实问题之理论、概念。汉独尊儒术之时，董仲舒也提出了所谓"一于正"的思想："正心以正朝廷，正朝廷以正百官，正百官以正万民，正万民以正四方，四方正，远近莫敢不一于正。"（《汉书·董仲舒传》）为了"一于正"，则要以教化为大务，则要尊孔崇儒。而在实际生活中，正名就更显得重要。我们做什么事情都讲究"师出有名"。如果"师出无名"，或背着恶名去做事，谁能不心虚？又怎么能得到他人的理解、支持和鼓励？

对一个人来说，对"名"的追求是其社会价值的体现，甚至人的一生，可以说都在为"名"而奋斗。这时，"名"大体就体现为所谓"面子"。有无"面子"，"面子"的大小，反映一个人在社会上的价值，流芳百世、扬名立万是人们终身追求的目标，而"声名狼藉""臭名昭著""身败名裂"，是人生最大的负面价值。因此，当"脸面"受到伤害时，东亚人会感到十分难堪与耻辱，东亚人骂人最恶毒的话也可能是"不要脸"。

那么，如何有"名"或者如何才能有"面子"呢？春秋时期鲁国大夫叔孙豹曾这样阐述："太上有立德，其次有立功，其次有立言，虽久不废，此之谓不朽。"（《左传》）"三不朽"的意思是，人生最高的境界是立德有德，实现道德理想，其次是事业追求，建功立业，再次是有知识、有思想，著书立说。为什么要把"立德"摆在第一位呢？这是因为任何人一生中固然要做很多事，但最根本的还在于做"人"。做人有境界高低，做人有好坏标准，而其中的一个重要因素就是道德要求。

总之，正名的要义在于确定名实关系，使名符于实，名实相应。应该说，注重对主义、思想、政策、路线、方针、观念等的完整、准确理解，使其成为现实活动中人们行动的指导，是必要而有现实意义的。由于事物是不断变化的，当"实"变了，"名"也应随之而变。但是，事实情况是，"名"常常是相对稳定的，而"实"却在不断变化，因此，常常出现以"名"制"实"、以"名"害"实"、"名"不符"实"的情况。例如，有些"实"已变，而"名"却未及废除，从而以"名"害"实"。历史上，为了正名，秦始皇焚书坑儒，以血腥和白骨开道；汉武帝罢黜百家，独尊儒术，为权力培养驯服的教条；理学家们（如程颐）宣扬所谓"饿死事极小，失节事极大"，牺牲一代代妇女的生命，以保全其"名节"；……因此，确立正确的名实观，具有重要的理论和现实意义。

儒家的具体价值规范或价值取向还有很多，诸如忠君唯上、贵义贱生、重德轻才、公而不私、重农抑商，等等（当然，它们并不都处于同一个层次）。这些价值规范、价值取向通过教养化育，通过修身养性，成为人们生活、实践中进行价值评价、选择的依据。但这些重群体，重道德，贬抑个体及其利益、欲望的价值规范和价值取向，与现代社会突出个体原则、效益原则等形成了鲜明的对照，需要加以适当的转型和重塑。

四　以"礼"为中心的社会秩序观念

社会秩序观念是价值主体内心中关于社会生活的结构、秩序和运作方式的观念。儒家对社会结构、秩序和运作方式的设计，主要是通过"礼治"来实现的。

"礼"是儒家维护社会秩序，解决人与他人和社会的矛盾的一套最重要、最根本的行为规则、道德规范，是一套"应该"，甚至"必须"服从的"绝对律令"。《左传·昭公二十六年》对西周之"礼"记载曰："君令臣共，父慈子孝，兄爱弟敬，夫和妻柔，姑慈妇听，礼也。君令而不违，臣共而不贰，父慈而教，子教而箴，兄爱而友，弟敬而顺，夫和而义，妻柔而正，姑慈而从，妇听而婉，礼之善物也。"为了维护封建专制统治，儒家规定了极为严格、详尽的等级秩序规范，如"三纲五常""三从四德"等，订立了一整套完整系统的礼仪规矩，然后借助严格持续的"教化"制度予以推行，力图使"尊卑有别"、"父子有亲，君臣有义，夫妇有别，长幼有序，朋友有信"和"君仁臣忠，父慈子孝，兄友弟恭"的宗法等级制度、规矩，变为人们心目中固定的社会秩序信念。儒家坚持，人们的一切行为，"不以礼节之，亦不可行也。"（《论语·学而》）"无礼义，则上下乱。"（《孟子·尽心下》）

在儒家学说中，"礼"的基础和前提是"德"。重德轻力是儒家基本的价值取向之一。德力是表示道德价值与实力价值的一对范畴，对于个人来说，它指的是道德品质与能力的关系，于社会来说，它指的是社会道德水准与经济、军事等实力的关系。孔子说："骥不称其力，称其德也。"（《论语·宪问》）意思是好马不以力强而被认可，而是以其品性良好而获得称道，这里以比喻的方式，道出了个人的道德与实力的关系。他还说："道（导）之以政，齐之以刑，民免而无耻；道（导）之以德，齐之以礼，有耻且格。"（《论语·为政》）孔子认为，在治理社会方面，行政强制与刑法处罚都不如德化、礼治有效。孟子也从王道与霸道的关系探讨了德力关系，他说："以力假仁者霸，……以德行仁者王，……以力服人者，非心服也；……以德服人者，中心悦而诚服也，……"（《孟子·公孙丑上》）. 崇王道而非霸道，尚德而非力。孔孟重德轻力的道德主义观念为后世儒家所继承，特别是经过汉代盐铁会议、南宋朱熹与陈亮的王霸之辩，崇德轻力便成为儒家有影响的价值范畴。

儒家从重德轻力的道德主义出发，认为因天理、顺人情的礼，是人兽相别的标志之一："鹦鹉能言，不离飞鸟，猩猩能言，不离禽兽。今人而无礼，虽能言，不亦禽兽乎？……圣人作礼以教人，使人以有礼，知自别于禽兽。"（《礼记·曲礼上》）

礼也是实现仁的途径。孔子说："不学礼，无以立。"（《论语·季氏》）"克己复礼为仁。"（《论语·颜渊》）而要做到仁，具体地说，必须"非礼勿视，非礼勿听，非礼勿言，非礼勿动"。（《论语·颜渊》）视、听、言、动必须循礼而行。当然，仁与礼是相互关联的，仁必须通过礼来实现，礼则必须以仁为思想内容。孔子曰："人而不仁，如礼何？"（《论语·八佾》）有仁而无礼易陷于粗野，有礼而无仁则必流于虚伪。仁是人内在的需要，而"礼自外作"，是人外在的规范和要求。遵从外在的"礼"，就是实现内在的"仁"，"仁"与"礼"互相规定，互相彰显。正所谓"一日克己复礼，天下归仁焉"。（《论语·颜渊》）

礼的运用，关键在"和"。孔子的学生有若说："礼之用，和为贵。先王之道，斯为美；小大由之。有所不行，知和而和，不以礼节之，亦不可行也。"（《论语·学而》）即是说，礼的运用，以和谐为贵。昔日先王用礼，在"和"方面做得最完美，无论大事小事，都依礼而行。若有行不通处，知道"和为贵"而去加以调和，当然，调和若不以礼节制，也不可行。儒家希望，君臣、父子、夫妻、兄弟、朋友，各正其名、各守其位、各司其职，以达到整个社会的和谐。

而正因为"礼自外作"，儒家认为，人们必须加强修行，才能使行为举止合乎礼的要求，合乎仁道原则。"礼教"的目的，也在于从"礼制"达到"礼治"，指导和节制人们的行为，达到社会和国家的和谐。"礼"虽然不是法，却近似于法，特别是在当时法不健全的情形下，礼具有法的地位，起着与法一样整合社会、维持社会秩序的功能与作用。甚至可以说，"礼"即"法"，"礼"高于"法"，甚至以"礼"代"法"，是东亚传统文化的一个重要特色。在东亚社会历史中，"礼""法"一直并称，绝不是一种偶然的现象。

儒家推行"礼治"，重视伦理道德的教化、节制作用，也不是完全否定法的地位和作用，例如，孔子就说过"刑罚不中，则民无所措手足"之类。但是，儒家鲜明地主张德主刑辅，礼主法辅，以礼为纲，以法为用。与"礼"相比，法只是辅助性的统治手段，儒家认为，只要社会道德风尚高，就根本用不着法律的强制性约束，何况执法的成本还很高。

儒家还进一步提倡"无讼"。孔子说："听讼，吾犹人也。必也使无讼乎！"（《论语·颜渊》）甚至，在传统的泛道德主义氛围中，人们对法的认识模糊，存在许多误区。例如，那些走法律程序的人，即所谓"惹上了官司"的人，往往被怀疑与某种恶行有关；对于那些常常出入衙门（法庭）、经常官司缠身的人，甚至专门替人（这些人往往被认为是"坏人"）打官司的人（即律师），古代还赠送了一个很不雅的称号——"讼棍"。这一切，都反映了人们对法的误解，对法治的偏见。

应该看到，尽管儒家强调"礼也者，理也"[1]，但在传统的封建社会中，由于实行宗法等级制，在其金字塔形的权力结构中，权力意味着一切，因而礼、法并非对于任何人都是平等的。例如，虽然有"王子犯法与庶民同罪"之说，但事实上，不同地位、等级的人的命运却大不相同。且不说礼、法在皇帝面前苍白无力，因为"朕即是法"，皇帝的"金口玉言"本身就具有法律效力；即使对于皇亲国戚、达官贵人、各

---

[1] 《礼记·仲尼燕居》，（元）陈澔注《礼记集说》，万久富整理，凤凰出版社，2010，第280页。

级官僚们，事实上也有所谓"礼不下庶人，刑不上大夫"之类规定，他们大多可免于法律的约束和制裁。而普通百姓在礼、法面前，则是被动的约束对象，因为统治者们制定的"礼"也是可以杀人的，如"君叫臣死，臣不死为不忠；父叫子亡，子不亡为不孝"，"饿死事小，失节事大"；普通百姓如果犯了事，其命运往往得看"大人们"的清浊正邪，他们只能祈求"贤人政治"，祈求"清官"莅临，否则便很难获得"公正"。

可见，虽然"礼"具有诸如指导行为、劝化良善、避免冲突、敦亲睦邻、调剂身心等作用，但是，并非真正建立在民本（人本）基础之上的"礼治"，并非建立在民主政体之上的"礼治"，并非以法治为基础的"礼治"，实际上存在实质性的弊端，它不可避免地走向"人治"，成为统治阶层、特权者的工具。在现代文明社会，必须从传统的"礼治"走向"法治"，走向以"法治"为本，辅之以"礼治"的社会新秩序。而从传统的"礼治"走向"法治"的关键，在于变"人治"为"公治"，让"礼""法"都成为全体公民利益和意志的体现，使国家和社会秩序的合理性落实于体制、规则和机制的合理性和完备性，并且，消灭一切不平等的制度，消灭一切特权，让全体公民无一例外地、平等地根据"法""礼"生活，任何时候都无一例外地接受相应规范、规则的约束和检验。

五 "至善"理想与"修身为本"的价值实践意识

儒学的价值理想是达到"至善"。《大学》开篇即指出："大学之道，在明明德，在亲民，在止于至善。"这就是著名的《大学》三纲领。三纲领之中，"明明德"（使明白正确的大道理彰明于天下）和"亲（新）民"（管理教育老百姓使之成为新人）都明显地指向"至善"，或者说是"至善"的内容。

"明明德"的展开，即表现为"明明德于天下"，使天下人通过道德实践，达到自觉的道德境界，即理想人格。理想人格以仁道原则为基础，包括以"爱人"为表现的仁爱情感，"仁者必有勇"之类的意志品格，以及这二者之间的自觉理性（知），即知情意的统一。一个人形成理想人格的过程，也即所谓"内圣"过程。

而从具体的人格典范来说，理想人格大致可分为两类：圣人和君子。根据孔子的学说，圣人是理想人格的完善化身，是人格的最高境界，一般人很难达到，甚至尧、舜也未完全成为圣人。而君子则不如圣人那样尽善尽美，是现实生活中的典范，根据孔子等对君子品格的描述，如"君子笃于亲"（《论语·泰伯》），"君子不忧不惧"（《论语·颜渊》），"君子泰而不娇"（《论语·子路》），"君子和而不同"（《论语·子路》），"君子中庸，小人反中庸"，（《中庸》）等等，这些似乎都是可以达到的。

与"明明德于天下"相联系，"亲民"也进一步展开为"平天下"这样一种社会政治理想。"古之欲明明德于天下者，先治其国；欲治其国者，先齐其家；欲齐其家者，先修其身；……身修而后家齐，家齐而后国治，国治而后天下平。"（《大学》）齐家、治国、平天下的过程，即所谓的"外王"过程。

"明明德于天下"与"平天下"这两种至善的具体目标是统一的，前者是基础，是出发点、立足点和关键之所在，因为儒家认为，必须以"内圣"统驭"外王"。但是，前者又必须落实到后者之上，否则，就会沦为空谈，与佛道之虚无寂灭没有区别了。而二者之实现，最终又都以修身即个体的自我完善为前提。"自天子以至于庶人，壹是皆以修身为本。"（《大学》）上至天子、大臣、王公贵族，下至庶民百姓，若能以修身为本，自觉遵守道德规范的约束，保持高尚的道德操守，特别是做到"慎独"，那么，整个社会必是一个理想的稳定而和谐的德化社会。

然而，修身必须经过一个完美的过程。"欲修其身者，先正其心；欲正其心者，先诚其意；欲诚其意者，先致其知，致知在格物。"（《大学》）即通过带有伦理化倾向的自觉，净化自我的精神本体，使之符合普遍的道德规范。

孔子从"性相近，习相远"出发，也为人指点过这种道德修养的具体过程。他认为，每个人的本质都是相近的，但修身从而达到理想人格的关键在于人们如何习行。他认为，人们可以这样进行道德修习："志于道，据于德，依于仁，游于艺。"（《论语·述而》）即要以普遍的人性所提供的可能为内在根据，加上习行如博学、笃志，文之以礼乐等后天努力，每个人都是可以逐步达到这一价值目标的。

总之，儒家的价值理想是要人们成为至善的人，社会成为至善的社会，但这一切都只能通过修身（内圣）这种道德实践来实现。并且儒家相信，"人能弘道"，只要有"平治天下，舍我其谁?"的气概，有"为天地立心，为生民立命，为往圣继绝学，为万世开太平"的情怀，有"朝闻道，夕死可矣"的志气，有颜回"一箪食，一瓢饮，在陋巷，人不堪其忧，回也不改其乐"（《论语·雍也》）的精神，有"天行健，君子以自强不息"（《易·乾·象》）的意志，通过自己的主观努力修行，内圣进而外王之道都是完全可以实现的。

应该说，儒家的这套修身养性、负荷担道、经世安邦、变革世界的价值实践方略，有其不可否认的历史和现实价值。相较佛道的消极遁世、空玄寂无，它无疑要积极、达观、现实得多，在其价值理想熏陶下，儒家在东亚历史与现实中，贡献了大批经世济世、博济众生、治国安邦的杰出人物，在社会治理和变革方面发挥了重要作用。而且，通过个人的修养身心、培固根本，然后经世致用、实践"外王"之道的方案，也不是没有道理的，在理论上是说得通的。

不过，从现时代的视角看，这一套价值理想和"修、齐、治、平"的价值实践原则，也包含严重的缺陷。例如，"修、齐、治、平"的内圣外王方略是以个人为本位的，它过于寄托于"内圣"即个人的学识修养，过于寄望于个人的道德品质，而个人的学识修养、道德品质，在处理公共事务、实现"外王"之道时，如果没有制度、机制、法治的制约，事实上是很难靠得住的，更不用说，还可能有大量的腐儒、"伪君子"存在。显然，这是一种个人道德理想化的路线，一种与封建时代的"人治主义"相配套的观念，而不是一套社会整体治理、变革、发展的方略，它严重忽视了社会制度、体制、法治等的根本性作用。事实证明，如果没有社会制度变革，没有政治体制、经济体制的完善，没有民主和法治的建设，单纯强调个人的"修身为本""修齐治平"，在现代社会是难以取得真正的人生和社会绩效的。

儒家文化走进现代世界的进路

张丽君[*]

【摘　要】　回答儒家文化如何走进现代世界这一问题，涉及对儒家文化在现代世界的现状的估计，也包括对儒家文化的现代命运的回顾，包括对儒家文化的未来进行展望。儒家文化在中国近现代曾遭遇过风雨飘摇的命运。儒家文化还有哪些遗产？如何评价这些遗产？这是分析儒家文化走进当代世界进路的关键。其中值得关注的是"大师"遗产，"世俗伦理"遗产，"亚洲价值"的遗产，等等。儒家文化如何更好地走进现代世界，并在让现代世界更为文明的进程中发挥积极的作用？这些问题的解决可以沿合法性和合理性两条进路展开。

【关键词】　儒家　文化　世界　进路

回答儒家文化如何走进现代世界这一问题，涉及对儒家文化在现代世界的现状的估计，也包括对儒家文化的现代命运的回顾，包括对儒家文化的未来进行展望。儒家文化在中国近现代以来遭受风雨飘摇的命运是不争的事实，儒家文化在当代依然保持了旺盛的生命力也是不争的事实。探讨儒家文化走进现代世界的问题已经隐含了儒家文化在当代世界发展进程中的命运关切。

---

* 张丽君（1973～），女，汉族，黑龙江逊克人，博士，湖北大学马克思主义学院副教授。

一 儒家文化在中国近现代的风雨飘摇的命运

明末清初，随着基督教的传入，儒家文化就被传教士放在西方文化传统下来关照。如传教士是这样说和尚的："他们表面慈悲，其实他们五花八门的宗教体系里充满了荒谬，而且其中多半是放荡堕落之徒。"① 在传教士看来，中国人的贫穷并没有唤起他们寻求解脱的动力。在他们看来，中国人对于财富很难放下，内心中不够纯洁。"中国人内心深处的腐化堕落是和基督教教义格格不入的。中国人只要能在外表上维持体面，就可以在暗地里放纵自己干出一些羞于启齿的罪恶勾当。"② 但在这一时期以及稍后很长的时间内，中国人依然生活在儒家文化的氛围中，没有感到不适。

鸦片战争前后，部分开明的上层人士率先对自己的民族文化感到了一种危机感，尽管这种危机感主要集中在技术的层面上，但也预示着儒家文化更大危机的到来。不得不提的是太平天国运动的影响。尽管太平天国运动后期调整了与儒家文化的关系，但当把儒家文化与要推翻的政权看成是一体的情况下，这种矛盾是不可调和的。太平天国反孔反儒产生了一定的影响。"天父上主皇帝……因责孔丘曰：'尔因何这样教人糊涂了事，致凡人不识朕，尔声名反大过于朕乎？'……'尔造出这样书教人，连朕胞弟读尔书亦被尔书教坏了！'……准他在天享福，永不准他下凡。"③ 这则神话的编造是在 1848 年冬，而记载这则神话的《太平天日》是在 1862 年印行。"这场反儒反孔运动自然是由太平天国的最高领导人发动的，但是，这场运动又是有广大士兵群众积极参与进行

---

① 〔法〕杜赫德编《耶稣会士中国书简集：中国回忆录》（上），吕一民等译，大象出版社，2005，第 140 页。
② 〔法〕杜赫德编《耶稣会士中国书简集：中国回忆录》（上），吕一民等译，大象出版社，2005，第 244 页。
③ 中国近代史资料丛刊《太平天国》（二），上海人民出版社，2000，第 635～636 页。

的。"① 尽管太平天国领导人也是在儒家文化环境下生长起来的，保留了传统的行为和思考方式，但毕竟在思想和行为上发生了裂变。

变法维新运动使得儒家文化被放在西方文化参照系下被一一检视。"此前，洋务派对传统儒学尚只是偏离，早期维新派虽有背离但并未正面触动儒学。而到戊戌时期，人们则开始对儒学作批判。"② 科举制的废除隔断了儒家文化与制度的联系，并直接影响了儒家文化在普通民众生活中的影响力和吸引力，也使得儒家文化的传承和发展失去了政治的动力。辛亥革命推翻了清政府，儒家文化退出了官方意识形态的舞台，尽管还有恢复二者之间联系的力量和事件发生。"在20世纪的文化运动中，对孔子和儒家思想的反省、批判可以说占了主导的地位。"③ 五四新文化运动包含批孔和释孔两个方面的内容，二者相伴贯穿于20世纪中国发展史。"在五四之后，儒学的主流地位、统治地位显然是结束了。"④ 在20世纪的前十年，不仅革命派成员批儒批孔，连一些政治立场比较温和的人士，也投入对儒学的批判。更为重要的是社会基层儒家文化因素的流失，这种流失是伴随着传统家庭出现解体的趋势而发生的。一些青年知识分子改变了自身的信仰，构成了瓦解儒家文化传统的重要因素。

"文化大革命"对儒家文化在基层的生命力起到了瓦解的作用，很多儒家文化的因素被当成"牛鬼蛇神"。改革开放虽然一度唤起儒家文化复兴的热情，但是，"如果说80年代的全盘反儒思潮主要来自于以自由主义为背景的激进主义，而90年代中期，一个正在兴起的、小规模的批儒运动主要来自教条主义和'假马克思主义'。他们认为孔子学说是一个非常封建的学说，认为马克思主义与孔子的教义，无论如何是两个对立的体系，认为马克思主义和儒学的关系应该是批判性的否定关系，把儒学仅仅看成一种维护封建专制统治的地主阶级的意识形态"。⑤

---

① 张锡勤：《儒学在中国近代的命运》，人民出版社，2011，第46页。
② 张锡勤：《儒学在中国近代的命运》，人民出版社，2011，第3页。
③ 陈来：《孔夫子与现代世界》，北京大学出版社，2011，第1页。
④ 张锡勤：《儒学在中国近代的命运》，人民出版社，2011，第1页。
⑤ 陈来：《孔夫子与现代世界》，北京大学出版社，2011，第152页。

不管儒家文化目前是不是"幽魂",是不是"化石",不可否认的是儒家文化在现代民众眼中已经模糊不清了,慢慢变成了一种"记忆",一种"怀念",一种"幻想"。正因如此,儒家文化的当代状态用一个词来概括再恰当不过了,这个词语就是"争议"。这种争议不单纯是学术观点的争议,还是情感的差异,"愤怒"的、"同情"的、"怀念"的,等等,不一而足。更为重要的还是价值的对立。"不道德的伦理"说、"伪善"说粉墨登场,从结构性、整体性拉开向儒家伦理喉咙开刀的架势,要把儒家伦理连根拔起。"儒教说""政治儒学说""生活儒学说"等"新说""旧说"不断涌现。

儒家文化和现代人生活之间的关联,是一个很复杂的现象,不是简单就可以说清楚的,但中国人却以习惯、习俗、下意识等形式保持了文化传统的高度一贯性。儒家文化如何建立与现代生活的关联,而且这种关联是建设性的、积极的、健康的?这两个方面是难以兼顾的。每一种联系,每一个遗留下来的传统都和现代中国的成绩相关联,同时也和现代中国的丑陋现象结合在一起,以至于难以分清。况且,价值评价的多元化使得对优劣的评价成了问题,对儒家文化进行新的估计难度之大就可想而知了。在这种情况下,保险的方法只能是所谓"客观"的描述方法。

二 儒家文化的现代"遗产"

儒家文化还有哪些"遗产"?如何评价这些遗产?这是分析儒家文化走进当代世界进路的关键。可以按不同路径进行分析,这里提出如下几点。

其一,圣贤和君子。儒家文化有一套人格范畴体系,如圣人、君子、大丈夫、小人、庸人等。如果单纯以理论标准来衡量,当代人中符合圣贤、君子的标准者寥寥。"小人喻于利"(《论语·里仁》),追逐利益已经成为理性人的标志,这显然和儒家的君子理想相冲突。"小人不知天命而不畏也,狎大人,侮圣人之言。"(《论语·季氏》)在当代文化中,对权威的反叛被认为是有反思能力和有批判精神的表现，如何要求人们敬畏天命呢？"小人求诸人"（《论语·卫灵公》），不能充分利用社会关系的力量为自己服务在当代社会注定要面临被边缘化的命运。"小人不耻不仁，不畏不义，不见利不劝，不威不惩，小惩而大诫，此小人之福也。"（《易·系辞上》）自律的乏力使得君子理想的实现变得更加困难。

不过，形形色色的"大师"依然是一个遗产。其中包括"国学大师""哲学大师""算命大师""风水大师""中医大师""书法大师""国画大师""京剧大师"，等等。从事西方文化研究的学者最难理解的一件事情就是中国文化研究者的"抱团"现象。一些研究者得到了学生和社会的自觉尊重和爱戴，这自然有社会心理的因素，有共同复兴传统文化的理想的因素，不过人格的魅力也是一个重要的方面。儒家文化走进现代世界依然需要呼唤"大师"。呼唤"大师"就是呼唤自我人格完善的重要性，呼唤简单的人伦关系的重要性，呼唤对传统文化的情感的重要性。

当然现有的"大师"们的言行并不总是被人肯定的，比如老谋深算，比如伪善等，都为人所诟病，并且还经常被冠以"邪""迷""骗"的字样。这既说明这个"大师"群体是鱼龙混杂的，也说明部分民众传统文化知识的匮乏，以至于让一些人打着传统文化的旗号行不法之事，有机可乘。另外，部分所谓的"大师"是技术性的而非人格性的，是功利性的而非道义性的，是世俗性的而非超越性的，是普及性的而非学术性的，是情感性的而非理性的，是封闭的而非开放的。"大师"的进路需要协调技术性和人格性、功利性和道义性、世俗性和超越性、普及性和学术性、情感性和理性、封闭和开放的关系。

其二，世俗伦理。随着传统家庭的解体，传统文化在中国农村和城市日渐式微。不过中国人依然保持了一些来自中国文化的思考和行为方式。孙隆基称之为一个深层结构，一个良知结构。"既然中国历史上任何'表层结构'意义的变动都是使'深层结构'越来越没有变化的因素，因此，由中国整个历史发展过程呈现出来的'深层结构'遂表现为一个'超稳定体系'的形态。"① 波士顿大学的著名社会学家彼得·博格（Peter Berger）提出了"庸俗化的儒家伦理"。这是一套儒家思想渗透到普通人日常生活所表现出来的一套道德规范。"他把儒家思想体现在普通百姓的日常伦理称为'庸俗儒家伦理'（或译'世俗化的儒家伦理'）。"② 但这个"世俗伦理"却是有人爱有人恨。如面子化、伪饰化、依赖性人格、心灵的场态化、整体主义等，都是有争议的。儒家文化如何保住世俗化的成果，并克服自身的缺陷，这是一个很难一下子说清楚的问题。

其三，亚洲或者东方的价值。陈来认为，"亚洲价值是亚洲传统性与现代性的视界融合中所发展出来的价值态度和原则"。③ "现代亚洲的价值与现代西方的价值的不同，不是所有要素都不同，而是价值的结构、序列不同，价值的重心的不同。总而言之，虽然这是一套非个人主义的价值观体系，但却是亚洲现代性的价值观。这也是新的、现代的儒家文明的价值观。其核心是，不是个人的自由权利优先，而是族群、社会的利益优先。这种社会公群利益优先的价值态度，不能用作压制人权的借口，它靠民主制度和尊重个人的价值实现人权的保护。"④ 亚洲价值往往被概括为五大原则：社会、国家比个人重要；国家之本在于家庭；国家要尊重个人；和谐比冲突有利于维持秩序；宗教间应互补、和平共处。儒家的价值在于"长治久安"。"与相对短时段的革命和改革而言，儒学正是探求'治国安邦''长治久安'的思想体系。"⑤

在激进主义者看来，和谐原则也不是儒家文化独有的价值，西方文化同样是主张和谐的，关键在于和谐是建立在个人自主基础上的和谐，还是建立在整体主义原则上的和谐，后者往往导致压制个性发展，导致僵化，缺乏活力，从而导致整体的不和谐。东方价值引以为骄傲的"和

---

① 孙隆基：《中国文化的深层结构》，广西师范大学出版社，2011，第25页。
② 陈来：《孔夫子与现代世界》，北京大学出版社，2011，第122页。
③ 陈来：《孔夫子与现代世界》，北京大学出版社，2011，第19页。
④ 陈来：《孔夫子与现代世界》，北京大学出版社，2011，第19页。
⑤ 陈来：《孔夫子与现代世界》，北京大学出版社，2011，第11页。

谐""和合""天人合一"并没有让中国的环境更好。这些质疑说明，要让东方价值真的有价值还有很多工作要做。

东方价值引以为傲的血缘关系和家庭伦理更是遭遇到严重的危机。在激进主义者看来，儒家的亲情原则，容易变为今天的"裙带关系"和腐败的温床，过于夸大亲情原则也容易走向犯罪。应该说，在人类一个较长的历史时期内，家庭这种组织形式依然是人类基本的交际模式，人生的意义和价值依然需要家庭来培养，在青少年的道德养成和情感培养方面，家庭给社会和国家依然提供必要的正面价值。否定这一点是缺乏实事求是精神的。

东方价值宣导的"仁学""兼爱"在制止暴力方面依然乏力。在激进主义者看来，中国的仁爱思想强调用现存的社会关系来定义人，个体被忽视，强调人与人之间"以心换心"，影响了人与人之间合理的契约关系的发展。

应该说，"血缘亲情""德治""集体主义或权威主义""天人合一""和谐"等只能算作中国传统文化的部分特征，强调政府管理、家庭、道德、自我修养未必就构成中国文化的内核，需要重新反思亚洲价值。

其四，工具理性的发展。工具性进路包括经济、政治和文化领域的诸多现象。经济领域突出表现为一些商人乐于给自己冠以"儒商"的称号，实际上自己并不懂，也不在实际行为中追求儒家的人格理想，更多是以儒家文化来美化自己，或者希望用儒家文化作为工具来实现更好管理员工的目的。文化领域出现了诸多的与儒家文化相关的公司，或者办学，或者从事其他商业活动，其中一些儒家文化公司是读经运动的推手。需要肯定的是，为了更好地、理性地对待中国传统文化成果，通过一定的教育形式（如成立国学院），编写、出版教材、读本，提倡少儿，乃至成人阅读经典是必要的。经典是文化保持和传播的主要途径，经典对每一个人都是开放的，每个人在面对经典的时候，在不同的时代和不同的时期会从中吸收不同的东西，经典阅读得多，借助经典间的对比和互相批评，会提高阅读者的理性评判水平。在这方面要避免蒙昧主义和复古主义。没有必要也不应该把"读经"和"中国文化的复兴"联系起来。更不应该提倡绝对盲从的蒙昧主义。如蒋庆就认为，读经的方法是绝对的盲从，强调"天赋圣权"，圣人有天然教化凡人的权力，只有圣人理性审查凡人理性，不存在凡人用理性审查同意不同意的问题。实际上，中国传统文化和西方文化相比，一个发展的弊端就是缺乏内部的自我批判和自我反思能力，维护传统的动力大于重新建设的动力。不解决这一问题，中国文化的自我更新就很难实现。对待传统没有理性审查是不可取的，但也要看到，一些读经运动背后的商业目的使得读经运动背离了其本来的价值。另外，还出现了一些"御用"的"国学大师"，个别学者本来没有研究儒家文化，却摇身一变成了"国学大师"，到处宣讲儒家文化。在此并不是否定工具性进路的价值，但如果在工具进路中辅以深厚的儒家文化的底蕴则更为值得肯定。

三 走进现代世界的两条进路

儒家文化如何更好地走进现代世界，并在让现代世界更为文明的进程中发挥积极的作用？可以沿着合法性和合理性两条进路展开。合理性和合法性有不同的内涵，根据哈贝马斯的理解进一步拓展，可以把产出性问题理解为合理性问题，把投入性问题理解成合法性问题。

从投入的角度来看，相当多的民众还保留着对传统文化的良好情感，或者是怀念的，或者是信仰的，不一而足。但情感怀念是否转换为实际的行动，是否转化为理性的认知则是存在很大的问题的。另外，针对传统文化的愤怒的情感、敌视的态度也不容忽视。而且这两种情感往往是不可调和的。保护好对传统文化热爱的情感，并使这种情感更为理性，能转换为实际的行动非常重要。来自经济领域、政府的投入保证了儒家文化依然是一种强大的文化力量，并吸引更多的人投身传统文化。在政治领域也出现了一些新的气象，当关注民族复兴、民族的凝聚力和注重人心时，当关心民族的道德品性的时候，政治总是会想到中国传统文化，尤其是儒家文化。儒家文化有利于维系民族感情，实现社会和谐，有助于避免由于不了解传统文化带来的民族虚无主义而引起的社会和政治稳定问题。儒家文化的情感投入问题不仅仅是其他文化传统竞争带来的，而且其他文化夺走了儒家文化的部分吸引力只是问题的一个方面，更多的威胁来自高度世俗化和功利化、表面化的现代生活。现代生活的紧张、简单、平面性以及功利性使得人民的情感之源匮乏，人伦情感难以被唤醒。

另外，语言是一个难以克服的问题。现代以来，在西方文化的冲击和白话文话语体系被广泛运用的情况下，中国哲学史的建设虽然取得了巨大的进展，但也面临着危机。这种危机不仅存在于社会基本成员的合法性认同和相对于西方文化的合理性方面，或者相对于意识形态的合法性方面，更根本的是存在于中国哲学自身的研究范式之中。其突出的表现是对中国古典哲学基本范畴、基本用语及其逻辑的漠视和误读。其外在的表征是非中国古典哲学范畴和用语——包括西方哲学以及现代汉语，在解释中国哲学思想时不加选择的、不加批判的优先运用。其中也包括对中国哲学不同经典原著、不同哲学家、不同范畴的同化、混用。其结果是越解释越无法使人接近中国哲学的问题和概念所指的对象。这种情况在中西哲学对比研究和对中国哲学应用性指向的研究过程中尤为明显。在中国哲学史的写作过程中，也不同程度地存在忽视原著和作者本人对概念的界定的情况。在中国哲学的研究领域普遍存在滥用概念的情况，诸如善、恶、德、利、道、有、无等概念在中国不同的哲学家那里都有着比较严格的运用范围，不弄清这一点，用现在的概念大而化之，实无益于中国哲学和中国哲学史的建设。学界一般认为，中国哲学概念的运用缺乏系统性、逻辑性，作为对这种认识的回应，中国哲学范畴的研究取得了很多的成果，但这种系统的研究如果缺乏对每个哲学家概念范畴的系统考察是不行的。在中国哲学原著的研读当中，我们可以发现，尽管存在界定概念位置和运用层面的困难，但中国古代的哲学家在运用概念时基本上是严格的、规范的，在中国古文体系中同样存在不同的概念体系。解决中国文化的合法性其中包含的一个问题就是古汉语的使用和推广问题。

从产出的角度来看，一个关键的问题就是找到儒家文化相对其他文化，包括现代新兴学科的比较优势。儒家文化的现代化就是要生产满足社会人群变动的观念所需要的理性的观念和价值，就是要产生足够的观念来发展经济，维护国家的主权，维护传统文化和政治的持续稳定与和谐发展。在应对西方文明的强势地位的过程中，中国文化虽然也努力有预见性地、自觉地产出足够的可以用来认识西方，应付西方文明冲击的新的理念和新的理论形态。但中国文化在这个过程中表现出应对西方文明话语产出的整体性、根本性和灵活性、创新性的不足。有时表现为亦步亦趋，缺少对新问题深入的、有创造性的以中国话语方式进行的回答。

研究儒家哲学的现代价值问题要在如下方面推进儒家文化和儒家哲学的合理化。唯物史观是当代中国主要的观察社会历史的哲学理念，儒家文化的合理化就是要寻找自身的历史合理性。中国文化最有优势的思想是对"大道"的追求。儒家文化需要构建新的君子理论，在现代人格构建过程中扮演重要的角色。儒家文化的合理化需要积极探讨开悟和悟性的问题。另外，仁爱之心也是中国文化的重要资源，值得仔细进行理论的构建。当代世界，个人与个人之间、民族与民族之间、国家与国家之间、人与自然之间的交往关系日益成为哲学、社会学、政治学等跨学科的研究主题。儒家文化的核心问题就是交往关系的合理化。"仁"的学说以及"礼"和"乐"的文化都把合理的主体关系当成自己研究和思考的重点。其中虽然也有一些具有时代局限性的内容，但总体的思路和指向却是有价值的。中国哲学有自己独特的认识论，但这方面的内容始终未得到有效的理论构建。儒家文化看重天人两个认知主体间的对等关系，有利于克服主客体二分框架的局限性；儒家文化在关心知识及其合理性的同时，更关心主体如何获得和运用知识；儒家文化在关心认识的同时，更关心认识者的道德境界对于认识的制约性和认识对于道德境界提升的作用。在推动儒家文化和中国哲学合理化的过程中要坚持文本阐释优先的原则，并切实提高理性能力。

现代意味着什么：略论中国文化的现代性[*]

阮　航[**]

【摘　要】　现代文化意义上的"现代"，是相对于传统文化而言的；从文化精神的根基看，"现代"意味着宗教从公共生活的退隐；在看待文化价值的来源上，"现代"思想一般蕴含着根本区别于传统的态度。影响关于现代的界定因素有很多，其中的核心因素包括民族国家与国家军事力量的发展、经济的市场化与工业化与环保意识。当代社会相对于传统社会的制度变迁，表现于当代生活的方方面面，以潜移默化的方式对于文化生活产生着重要的影响，在一定程度上形塑着人们的文化价值观。

【关键词】　现代　中国文化　现代性

一

中国文化要实现现代转化，首先要认准转化的方向，亦即中国文化

---

* 本文为国家社科基金重大招标课题"构建我国主流价值文化研究"（11ZD021）子课题"构建我国主流价值文化的历史必然性及其目标和任务研究"的阶段性成果。

** 阮航（1971～），男，湖北大学哲学学院副教授，硕士生导师，湖北大学高等人文研究院院长助理，《文化建设蓝皮书》副主编。

在现代当往何处去？中国文化的现代方向何在？对此的思考框架通常是古今中西之辨。古今中西之辨，其实是个笼统的说法，不乏被误解的可能。就个人理解，更确切的说法或许是，以西方文化的古今之别为参照系，来照察中国文化可能应当呈现的古今之别，从而明确中国文化的现代发展方向。这是一个追寻普遍性的问题。这种普遍性，不是指以西方文化为普遍标准或西方哲学传统所追求的普遍化，而是指价值、意义上的普遍性，是指对现代社会治理、对现代人的文化生活具有普遍的指导意义。联系中国文化的现代转化问题来说，是要寻求一个具有普遍意义的方向，然后沿此方向与自身的传统文化相接续，发展出有自身的独特文化内容而又具有普遍意义的中国新文化。这是在具有普遍意义的价值之定向和指导下的一种返本开新。

毋庸讳言，国内通常的中西文化比较，往往着重于寻求彼此的特殊性，亦即中西文化的差异和特点。这本身无可厚非，但更多的时候，中西比较又是从"中国文化的现代转化"的问题意识入手的。两者混杂的结果，是"古今中西之辨"中的"中西之辨"很难避免方法和结论方面的混乱。由于"现代转化意识"的融入，不乏中国传统文化与现代西方文化相比较的现象，这在比较方法上说是不成立的。又如以西方现代文化为标准的"西方中心论"，以及过于确定文化本位的"中国文化特殊论"等，也是这方面的问题纠结不清的表现。因此，在笔者看来，这个问题最好分几步来思考，而每一步都需要相应的方法自觉：首先，必须弄清现代意味着什么，这是一个关于现代性的问题；其次，在此基础上来观察中国传统文化的转化有哪些问题需要解决；最后，沿着明确的方向，通过选择恰当的解决路径，对中国传统文化价值观予以清理，发展出能接续传统而又适应现时代的中国新价值观。

实际上，这一工作至少自20世纪初即已启动，但由于任务的急迫性和复杂性，并没有取得令人满意的效果。就其初期的努力来看，我们往往要求一步到位，尽快达成见效的方案，很难保持平心静气、踏踏实实地解决问题的心态；① 或者说这个过程本身就可能是漫长的，需要时间的积淀和现实的探索，也需要环境和条件的配合。而在笔者看来，其中的关键在于，在中国传统文化的现代转化尚未完成的情况下，我们难免要以西方文化的"古今之别"为参照系，以理解现代意味着什么。然而，对于西方文化的"古今之别"，很难说已经取得明确而深入的认识，毋宁说大多停留于不够深入的层次，未把握"古今之别"的深层脉动，由此我们对文化现代性很难做出确切的判断。可以说，这第一步的问题如果不能得到很好的解决，中国现代文化的发展方向就不明确，后几步的规划就难以展开，中国传统文化的现代转化也就难以顺利实现。

有鉴于此，本文将集中探讨中国文化的现代性问题，然后就我们在这个问题上的一些不足略作检讨。由于这个问题很大，这些探讨只能是大致的论纲。

二

现代文化意义上的"现代"，与其说是个表示时间的概念，不如说是与价值判断相关的概念，其中的价值判断应该是基于现代社会生活的特点而做出的。当代社会学中关于"现代性"的探讨，已经形成了一个极其复杂的问题域。这一问题域的形成，直接针对的是现代与传统之间的关系，进而说明现代生活在各方面的特质。也正是基于对现代与传统之间异同的认识，我们才能理解"现代"意味着什么。

其一，现代文化意义上的"现代"，是相对于传统文化而言的。这首先意味着两者之间有区别。这种区别，从大的方面说可以有两种理解。一种是"断裂式"的，也就是说现代文化之现代，意味着与传统文化的告别、决裂。这种断裂，当然不是时间意义上的，我们很难明确指出现代与传统在某个具体时间相分别或发生断裂；而是指现代文化根本上是与传统文化异质的，两者的价值系统有着根本的区别。另一种是"融贯

---

① 参见〔美〕周策纵《五四运动》，周子平等译，江苏人民出版社，2005，第369页。

式"的，也就是说现代文化与传统文化仍然方向一致，前者无非是后者自然而然的展开。在展开的过程中孕育了新的文化因素，但这种因素与传统文化的价值系统并非不相容，并且与传统价值之间有着不可分割的价值关联。① 可以说，这两种理解各有所见，而着眼点不同；前者着眼于现代与传统之异，以求变求新，后者着眼于其同，以求相通相连。

但以上只是为了理解的方便而推向极端的说法。诚如庄子所言，"自其异者视之，肝胆楚越也；自其同者视之，万物皆一也。"（《庄子·德充符》）关于现代与传统关系的实际观点并非如此，而总是表现为介于这两种理解之间的某种组合，但偏重不同。中国文化传统注重相通相连，不大注重分界。但从深层次的思考方法来看，中国文化是持中的，讲究随时而中（"时中"），讲求中庸之道。那么，要理解"现代"意味着什么，我们不妨先注重现代与传统之别，再看两者相通的可能性。这也是一种"时中"的思考方法，是顺应时代特点、针对中国文化惯性的一种纠偏。以上交代的是我们对于中国文化之现代性的思考方法。其中的现代性是指，现代文化表现出哪些不同于传统文化的特点，弄清这一点，也就明确了现代文化之"现代"意味着什么，以下将分别予以说明。

其二，从文化精神的根基看，"现代"意味着宗教从公共生活的退隐，亦即韦伯所谓"除魅"（disenchanted）。在传统社会，宗教信仰在公共生活的各个领域发挥着至关重要的作用，它们与政治权力相结合或保持着某种结盟的关系，在传统的文化价值系统中往往是最终诉诸的依据。而在现代社会，宗教信仰至少在直接的意义上是不能干预公共生活的。②

---

① 无论"断裂式"还是"融贯式"，在学理上都还有诸多不同的具体表现形式，但总体上说它们只是程度上的不同。或许更恰当的说法是，现代与传统之间的"断裂式"理解与"融贯式"理解，代表的是对现代文化价值系统与传统文化价值系统之间关系的认识立场与态度。它们又各自是由具体表现形式不同的观点形成的认识谱系。如"融贯式"理解可以表现为：把传统与现代文化价值的关系理解为对话式的、自然生成式的、道不变而器有别式的，等等。

② 参见张志丹《无伦理的道德与无道德的伦理》，《哲学研究》2014 年第 10 期，第 110 - 115 页。

参照西方现代文化的兴起历程，可以更清楚地看出这一点。

宗教改革运动无疑是影响现代西方文化兴起的一个具有划时代意义的历史事件。① 改革的发起者马丁·路德主张"因信称义"，每个人都可以直接与上帝沟通，并主张教徒也可以结婚生子。这样，教会作为宗教信仰中介机构的作用被大大削弱，而教徒在世俗生活中亦可修行。宗教改革运动极有力地推动了现代西方政教分离的进程，使宗教与政治势力不互相干涉。如果说宗教改革推动宗教势力退出公共权力的领域，那么启蒙运动就推动宗教信仰退出公共学术的领域。从启蒙思想家对理性的推崇、休谟对哲学独断论的反驳、韦伯明确提出学术研究应秉持价值中立（value free）的立场，直到当代西方哲学主流拒斥形而上学的趋向，可以清晰地看出从传统学术向现代学术转变的发展历程。

当然，这并不是说现代的文化生活反对或完全拒斥宗教信仰，而是意味着现代社会安置宗教信仰的方式与传统社会有着根本的区别。在传统社会，宗教信仰渗透到社会生活的各个层面。它们往往享有一定的公共权力，是左右公共决策的一个重要因素；在传统学术的探讨中，也往往扮演着终极检验标准的角色。在现代社会，宗教信仰逐渐退出公共生活领域，不再直接发挥其影响。在此意义上，现代公共生活的发展是一个理性化的过程。在现代的个人生活中，对宗教信仰的选择则是自由的，交由个人决策，公共权力不得干预。当然，这里的前提是个人的宗教选择亦不得对公共领域带来不好的影响，如邪教等之所以应受打击，正是因为它们对公共生活造成损害。在现代西方公共学术亦即学科范围的讨论中，价值中立的立场也基本成为共识。所谓价值中立，并非指研究者不应持有任何宗教信仰或价值预设，这既非应该也无必要，而是指应该在研究中自觉地悬置个人持有的信仰或预设，不能将之作为说服他人的理据。②

---

① 参见李平晔《人的发现》，四川人民出版社，1984。
② 参见阮航《论韦伯的经济伦理概念及其对中国经济伦理研究的影响》，《伦理学研究》2011年第 3 期，第 61 页。

可以说，至少自 20 世纪初开始，不少中国文化的研究者已经意识到，宗教在现代社会应该有着不同于传统的定位，并在理论和实践上做出了诸多努力。但现在看来，其效果不如人意，其中的一个重要原因在于，对于宗教在现代的定位与作用之认识不够深刻，尚未形成恰当的规划。毋庸置疑，他们的认识受到了西方文化的现代性转变之影响。但其时对西方现代性转变过程之认识，仍停留于浮面，未深入腠理。如 20 世纪 20 年代发生的"科玄论战"，即是围绕在学术讨论中宗教信仰、价值预设应该如何予以定位并发挥作用而展开的，它关系到中国现代的主流学术应该呈现为何种样态。应该说，论战双方都已充分意识到了这个问题的重要性，但似乎都将之视为一种非此即彼的简单认定。后来的反宗教、反迷信的运动亦如此。

究其实，宗教尤其是历史悠久的宗教传说，其本身一般都有其独特的价值。它们是人类精神生活的结晶，蕴含着激励人们向善、追求健全生活方式的力量。现代性启动期"反宗教"的思潮，并非反对宗教精神本身，而更多的是反对它们对公共生活的直接干预，反对教会等宗教机构中的宣教派对个人自由选择的压抑。换言之，现代文化生活仍然支持宗教信仰发挥作用，只不过对其性质与作用给予了不同于传统的重新定位。这些定位意味着，对于宗教应该在哪些范围、以何种方式发挥作用，一种能适应现时代的文化应该给予合理而带有系统性的安排。其中如何处理宗教与社会公共生活的关系，尤为关键。在此，韦伯有个比喻可资借鉴：随着现代的理性化进程，宗教在现代西方公共生活中已成为枯萎的根蒂。① 总体来看，人类的各大文化无不有其宗教的根源，是在宗教之根上开花结果的。"根蒂"蕴含着，随着传统向现代的转变，宗教在公共生活中不再起直接的作用，但可能发挥作为思想"背景"或"远景"的作用。

其三，在看待文化价值的来源上，"现代"思想一般蕴含着根本区别于传统的态度。传统思想往往把文化的核心价值看成既定的，来自有

---

① 参见顾忠华《韦伯学说》，广西师范大学出版社，2004，第 182 页。

待人们去发现的宇宙秩序，如柏拉图的理念、斯多亚学派的自然法、上帝预定的秩序，以及儒家所谓的"天命""天道"等。或者说，传统文化价值的终极来源是外在于人的某种力量。随着现代生活的民主化，对价值来源的解释更多的是诉诸人们的生活世界以及历史经验的积淀。进一步说，文化价值来自人类的创造，是人类智慧的结晶。这体现了现代人对自身力量的自信，文化价值的终极决定问题不再寄托于某种外在于人的超越性存在。

与上一问题紧密相关的是，现代人思考文化价值问题的方式发生了根本的转变。如在解释西方古今道德哲学之间的差异时，罗尔斯讲道："古代人问询达到真正幸福或至善的最合理途径，探讨合乎德性的行为、诸美德……如何与至善发生关联……现代人首先问的是，他们视为有正当理由的权威规定是什么，以及这些有理由的规定所引出的权利、义务与职责。只有在此之后，他们的注意力才转向这些规定允许我们去追求和珍视的善。"① 道德价值是文化价值的核心之一，罗尔斯的解释揭示出古今思考文化价值问题方式的一个重要区别。可以说，在思考文化价值问题的方式上，古代哲学家关心的主要问题是个人性的，是个人如何与既定的文化价值秩序（至善）保持一致，并实现某种好的生活。社会秩序的终极理念并非出自人为设计，而是寄托于某种形而上观念，因而并非人们理论思考的重点。由于根本上并不承认存在外在的权威或预定的理想秩序，现代哲学家首先关注的则是社会秩序的建构问题，是要如何建立一个在一般意义上有利于所有人实现其生活规划的社会，以此为背景，个人对好生活的追求问题才有依托。这也是"正当优先于善"这一现代命题的含义之一。

以上关于文化现代性的考察，虽然在一定程度上参照了西方走入现代社会的历史经验，但不可否认，这也是近一百多年来中国思想家一直纠结的一些问题，是基于中国近现代的经验得失而做出的判断。从文化

---

① John Rawls, *Lectures on the History of Moral Philosophy*, Barbara Herman（ed.）, Harvard University Press, 2000, p. 2. 译文由笔者译出。

观念上认清"现代"的意涵，对于我们实现基本定向与现实条件的结合无疑很重要，而同样重要的是要把握当代制度文化的特点。

三

当代社会相对于传统社会的制度变迁，表现于当代生活的方方面面，以潜移默化的方式对于文化生活产生着重要的影响，在一定程度上形塑着人们的文化价值观。

其一，民族国家与国家军事力量的发展。与现代性的发展相伴随的是现代民族国家的形成。从地理上说，现代民族国家一般有着人为划定的明确边界；而传统帝国或王国的边界往往是模糊的，包含更多的自然形成的因素。如春秋战国时期讲究"夷夏之辨"，而所谓夷狄，并非远在边境，而是大多散落分布于各华夏诸侯国之间，其中一些游牧民族更是难以确定其地理位置。[①]"夷夏之辨"更多的是从服饰、语言、生活习惯等方面来判断的。现代民族国家的边界明确化，有利于现代国民的国家认同与民族意识的塑造，也使国家防务力量更有针对性。从政治上说，现代民族国家是独立自主的政治实体，倡导民族自决自治的概念及实践。在传统帝国或王国，国民效忠的对象往往是帝王或王室。现代民族国家成员效忠的对象则是有着共同认同感的"同胞"及其国家体制。民族国家的形成，可以说是在最宏观的制度层面的现代性，对于现代文化观念的塑造有着重要而深刻的影响。现代的民族主义、民粹主义、世界主义等思潮，现代民族主义运动、现代的国家战争，在相当程度上都是以民族国家的观念为背景的。与此相关的是，现代的国家安全观念与军事力量发生了根本的变化。

现代国家不仅在明确的边界内成功地垄断了军事力量，而且由于战争的工业化根本上改变了战争的性质。[②] 在传统时代，虽然军事力量也

---

① 参见钱穆《国史大纲》，商务印书馆，2005，第55~58页。
② 参见〔英〕安东尼·吉登斯《现代性的后果》，田禾译，译林出版社，2000，第51~53页。

占有举足轻重的地位，但政治中心难以长久获得军方的稳固支持。而现代国家在其边界内对军事力量的垄断，意味着在国家树立其作为公民社会的权威方面军事已成为一种间接支撑，国家的治安、法典的维系、监督控制等都有着军事力量作为后盾。在这方面，传统与现代社会的区别是明显的。如英国哲学家罗素20世纪初到中国时发现，当时中国竟然没有警察等体制性的专门机构来维持城市的治安，因而感叹中国实为一文化体而非国家。① 梁漱溟先生更以"疏于国防"，"户籍地籍一切国势调查，中国自己通统说不清"，"重文轻武，民不习兵，几于为'无兵之国'"这三点为据，说明"中国对内松弛，对外亦不紧张"，② 因而并非典型的国家。梁漱溟先生认之为中国文化的一大特点，但现在看来，这里所体现的与其说是中国文化的特点或中西之别，不如说是传统社会与现代社会之别，在西方传统社会亦即封建社会也在一定程度上表现出上述特点。③ 另外，现代国家的军事力量主要是"对外的"，针对他国。如果说传统社会的军事力量主要集中于保护带有私人性的政权（如皇城、地方割据政权等），那么现代的军事力量主要针对边境，由此军事组织的方式发生了根本的变化。所有这些都与现代工业主义的迅猛发展息息相关。正是由于工业主义的发展，现代军事力量不仅在常规装备方面从"冷兵器"时代进入"热兵器"时代，而且发展出大规模摧毁性的非常规武器如核武器等。军事力量的极端表现形式则是战争，现代战争的性质也有着不同于传统战争的特点，如作为外交手段、威慑手段等。

现代国家的上述特点，对于现代人的文化价值观有着深刻的影响，或者说我们对于文化价值观的思考离不开这一至为宏观的制度背景。我们谈论国际正义、世界和平、民族自治、人权等，其实都是在这一背景下展开的。

其二，经济的市场化。现代经济主要以市场作为资源配置手段，或

① 转引自梁漱溟《中国文化要义》，上海世纪出版集团，2003，第29页。
② 梁漱溟：《中国文化要义》，上海世纪出版集团，2003，第186～187页。
③ 可参看马克思《共产党宣言》中关于资产阶级破坏封建制度的论述。

者说市场经济制度是现代经济的一大特点。当然，传统社会也有市场经济，但不占主导，也远没有发展成熟，没有现代市场经济那么完善。经济的市场化随着现代社会的发展而不断加深，它不仅是现代经济的特点，而且其本身就成为塑造现代性的一个基本要素，渗透到人们社会文化生活的各个方面，对现代人的文化价值观发挥着重要的影响。

现代市场经济之所以能够对人们的伦理生活产生重要影响，对传统价值观产生冲击，是因为经济生活本身就是社会生活的一大组成部分，而现代市场经济也包含着其特定的价值观。此即"经济人"假设，现代经济学也是基于这一价值预设而产生和发展的。简单地说，这一假设的意思是，经济活动者总是以追求自身利益最大化为目标。在此基础上，各种以理性计算为特点的经济模型得以产生。从价值的角度看，经济人假设就是把经济活动者之间的关系理解为相互的利益计算，是把对方及其活动的价值看作工具理性。这种价值预设不仅使现代经济学的发展有了相对确定的理论根据，而且它随着现代市场经济的高效运作，往往逸出经济活动的领域而有扩大化的趋势，进而把人际关系简单地理解为工具性的利害关系。可以说，它已经不仅仅是一种作为学科前提的价值预设，而且成为塑造现实生活中人们价值观的力量，并且在当代各学科的研究中有进一步的体现。如从制度经济学角度提出的市场经济的"匿名机制"；一般社会学角度提出"陌生人"社会与"熟人"社会之分，以对应于现代社会与传统社会之分；当代经济伦理学指出的社会生活"经济化"的趋势；等等。不可否认，"经济人"假设对于解释和指导现代经济生活是相当有意义的，也在一定程度上描绘了人际关系的一个侧面（尽管从伦理文化的角度看这个侧面的权重或许应该是较小的），但这种经济价值观扩大化无疑对文化价值观的健康发展带来消极影响。如何评价经济市场化及经济人假设，是个复杂的问题，也不是这里要讨论的主题。但在我们的文化价值观建设中，经济市场化的影响却不容忽视。如何因势利导，去其弊端，当是必须深入思考的一个重要问题。

值得一提的是，进入 21 世纪以来，经济全球化的趋势日益明显。这是经济市场化发展到一定程度的产物。马克思曾提出"世界市场"的概念，以批判随着贸易扩大而展开的资本主义全球扩张。应该说，经济全球化即标志着世界市场的逐步形成，是经济市场化范围的不断扩大。这要求我们具有更宏观而开放的视野，不仅要看到经济活动也有价值负载，而且要看到，我们的经济活动需要自觉地以自身的文化价值观为指导，以应对随经济全球化而来的全球文化交往。

其三，工业化与环保意识。工业化是从经济的构成来说的，在现代经济发展初期表现得尤为明显，随着现代化进程的深入和工业化程度的提高，第三产业往往比工业发展得更快。换言之，从传统经济向现代经济的过渡，都要经历一个工业化的过程。其表现是在整个经济的构成中，农业经济的比重相对减少，工业经济的比重不断增大。

工业化渗透到现代社会发展的方方面面，促进了各种现代文化价值观的产生与发展，在相当程度上已成为现代文化的一个重要组成部分。其中不少价值观对现代人的生活有着不同程度的积极影响，但不可否认，人们的环保意识却是由于现代社会工业化的负面后果而产生的。不加控制的工业化会带来巨大的环境代价。可以说，环保意识所针对的正是工业化给人类乃至生物生存环境带来的破坏，所关注的是如何削弱或抵消这种代价。这要求国家、社会组织以至每个人都要对自身的决策或行为做出相应的约束，并要求相应的机制来保障如此约束的普遍实施和合理安排。而根本上说，现代人应当具备的环保意识，是这些要求的基础，也应该是我们在当代中国文化价值观体系的构建中要予以关注的。

传统与现代关系的反思与重构*

——以刘述先的"理一分殊说"为中心

姚才刚　刘婷婷**

【摘　要】　刘述先是"第三代现代新儒家"的主要代表人物之一。他通过对"理一分殊"的现代诠释，为传统与现代的结合架起了一座沟通的桥梁。在他看来，传统与现代在"分殊"方面的差异是无法抹杀的，但在"理一"方面却是可以贯通的。刘述先所谓的"理一"不是某种宰制性的东西，它提供的仅仅是精神方向的指引。刘述先从"理一分殊"的角度来反思和重构传统与现代的关系，颇富创见，发人深省。

【关键词】　刘述先　现代新儒家　传统　现代　"理一分殊"

刘述先是"第三代现代新儒家"的主要代表人物之一。他通过对"理一分殊"的现代诠释，为传统与现代的结合架起了一座沟通的桥梁。

* 本文系湖北省高校省级教研项目"地方高校人文教育改革研究"（2015214）、湖北大学人文社科创新团队项目（013－098406）以及湖北大学高等人文研究院重点项目（013－075033）的阶段性成果。

** 姚才刚（1972～），湖北大学哲学学院暨高等人文研究院教授，博士生导师，湖北省道德与文明研究中心研究员，主要从事中国哲学、中国文化与伦理学研究；刘婷婷，湖北大学哲学学院 2015 级研究生，主要从事中国哲学研究。

本文主要评析刘述先有关反思、重构传统与现代关系的思想睿识。

一

刘述先的新儒学思想贯穿着"理一分殊"的方法论原则。他在批判继承朱熹"理一分殊"说及卡西尔"功能统一"说的基础上，结合当代思想文化的特色，对"理一分殊"做了重新阐释，并将此作为自己建构新儒学思想体系的方法论原则。① 从刘述先的"理一分殊"说亦可看出其思考传统与现代关系的独特之处。

"理一分殊"最早见于程颐的《答杨时论西铭书》："《西铭》之为书，推理以存义，扩前圣所未发，与孟子性善养气之论同功。岂墨子之比哉！《西铭》明理一而分殊，墨子则二本而无分。"② 程颐所谓的"理一"，是指一切分殊之德共本于同一的仁体、道德本源；而"分殊"则是指本于仁体、在伦理情境中又针对不同的对象而发用为不同的伦理理分或本分，如事父曰孝、事兄曰悌。儒家所根据的理是同一的，但因位分不同，责任就不同。"理一分殊"即要求人们应各守其分，各安其位。朱熹对"理一分殊"的观念也较为看重。在他的发扬光大之下，"理一分殊"几乎成为理学、心学的共法，在宋明理学中占据了很重要的地位。朱熹继承了《周易》"天地之大德曰生"生生不息的观点及周濂溪《太极图说》《通书》中的宇宙论思想，同时吸收了佛教华严宗关于"一即多，多即一"的观念，从而对"理一分殊"做出了进一步的阐释，尤其侧重于从宇宙生成论、体用论、一与多以及全体与部分的辩证关系等角度对"理一分殊"加以发挥。通过对"理一分殊"多层面的阐发，朱熹使该命题的含义变得十分丰富，且具有较强的思辨性，达到了他那个时代可能达到的水准。③

---

① 参见姚才刚《"理一分殊"与儒学重建——论刘述先新儒学思想的方法论原则》，《湖北大学学报》（哲学社会科学版）2005年第1期。
② （宋）程颢、程颐：《二程集》，王孝鱼点校，中华书局，1981，第609页。
③ 参见洪汉鼎《从诠释学论理一分殊》，载成中英主编《本体与诠释》，三联书店，2000。

刘述先对"理一分殊"的现代阐释,基本上是在解构朱熹过时理论的基础上,从朱熹的学说中翻转出来,然后赋予此命题以鲜明的时代意义。一方面,他不同意朱熹将阴阳五行等思想掺杂其间,将天象与人事相对应。另一方面,他又认为朱熹大体上能够把握儒家的"理一",他说:"'仁'、'生'、'理'的三位一体是朱子秉承儒家传统所把握的中心理念,这样的理念并不因朱子的宇宙观的过时而在现代完全失去意义。朱子吸纳了他的时代的宇宙论以及科学的成就,对于他所把握的儒家的中心理念(理一),给予了适合于他的时代的阐释(分殊),获致了超特的成就。"①

刘述先对"理一分殊"观念的现代阐释,除了有宋儒的思想渊源之外,也受到了卡西尔(Ernst Cassirer)文化哲学的影响。在华裔学者中,刘述先对卡西尔思想的研究起步最早、研究时间最长、用力也最勤。他之所以欣赏卡西尔的学说,就是因为卡西尔不再去寻找某种实质的统一性,而取一种功能统一的观点,从而保全了各支文化的丰富内容及特色。或者说,卡西尔对人类文化不再取"实体性定义",而转取"功能性定义"。② 所谓"实体性定义",是指关于"是什么"的问题,这是一种本原、恒定意义上的界说。而"功能性定义"则是从人类活动的体系来看待人类,从人类的劳作功能来研究人的本质。卡西尔认为,追求一种关于人的本质的实体性定义的做法已经走向了穷途末路。因为人的本质并非恒定不变的,而是处于不断的发展变化之中,不可能再找到一个绝对的实体性的界说,否则便会陷入虚构之中。卡西尔认为,对"人"的研究,必须从对人类文化的研究入手。因为只有在创造文化的活动中人才能成为真正意义的人,也只有在文化活动中,人才能获得真正的"自由"。人的本质即在于不断地创造,不存在一成不变的永恒人性。卡西尔把人性看成人自我塑造的一种过程,真正的人性无非就是人的无限的

---

① 景海峰编《儒家思想与现代化——刘述先新儒学论著辑要》,中国广播电视出版社,1992,第531页。
② 〔德〕恩斯特·卡西尔:《人论》,甘阳译,上海译文出版社,1985,第87页。

创造性活动。人类文化的诸形态，语言、神话、宗教、艺术、科学、历史等构成了人的活动范围。它们都是人类文化的一个方面，表面上看起来是千差万别，甚至处于互相冲突之中，但在卡西尔看来，这些不同的文化形式却存在功能上的统一性。哲学就是要揭示一个普遍的功能作用方面的统一性，这种统一性不会无视文化形式的多端与歧异，不会牺牲人生的丰富内容以寻求统一。① 刘述先对卡西尔"功能统一性"的观念进行了消化、吸收，并融汇于其对"理一分殊"的新释之中。

刘述先不是仅仅局限于伦理道德或宇宙论的层面来理解"理一分殊"，而是把它看成一种广义的方法论原则。也就是说，超越的"理一"是贯通古今中外的，具有普遍性，但它的表现则依不同时空条件下的具体实际的情况而有所不同。故一方面寻求"歧异中的统一"或"多元中的一元"，另一方面也不能轻忽"理一"在具体时空脉络下的特殊表现，不抹杀"分殊"层面的差异。

刘述先认为，要觅取贯通古今中外的常道（"理一"），不能完全依赖简单的归纳方式，因为古今中外异俗，观点林立，彼此之间有很多的差异和矛盾，很难化约为一。不过，他同时指出，通过经验资料的搜集的确可以归纳出一些共同的价值。只是，人文学科中的归纳不同于经验科学中的归纳，经验科学的目的在于建立通则，假设可以通过实验证实，当然也可以证伪，只要找到一个反例，就可以推翻已建立的通则。而在人文学科中，通过归纳而得到的结论，至多具有"方向上的统一性"。这里的共相与殊相的关系并不具有逻辑上的可推性，却具有理解上的启发性。②

刘述先认为，人文学科中的规律、原则，若以"理一分殊"的方式理解，可能更为确切，即将"理一"看成通贯的道理，但"理一"又不是封闭的、僵固的，它在现实时空中的表现则是多元开放的，呈现各自

---

① 参见刘述先《文化哲学》，黑龙江教育出版社，1988，第 162～163 页。
② 参见刘述先《儒家思想意涵之现代阐释论集》，台北"中研院"中国文哲研究所，2000，第 302 页。

的殊异性。或者说，"理一"之在"分殊"层面的表现必是千姿百态的。特别是在当代，"多元性""多文化主义"愈来愈成为流行的话语，这一方面是由于社会功能日益分化，另一方面，不同区域、不同民族、不同信仰的人类文化发展也逐渐多样化。不过，多元的走向却会产生两种可能性，一种可能性是良性循环，由多元性而丰富社会文化的方方面面。另一种可能性就是恶性循环，人类文化不能达成起码的共识，以至于陷入分崩离析。刘述先一方面认为多元性在当代社会有其合理性，但同时也表示了相当的忧虑，认为多元开放虽为大势所趋，但若不加以限制，演变为自由放任，甚至到了一种不可收摄的地步，那就成了一种社会弊病。他试图唤起人们对"理一"的重视，认为各种各样的人种、不同宗教的信徒既然生活在同一个星球上，仍然必须寻求一种宽松的、低限度的"共识"，需要有一种对于超越的"理一"的祈向。对于部分西方学者所嘲讽的"理性"，刘述先认为，可以增加理性的弹性，解构启蒙时代理性的霸权地位，使理性变得更为合理，却不能反理性，在任何时候都应发挥理性的规约功能。①

刘述先认为，在不同时代，"理一分殊"的侧重点也各不相同，中国古代偏向"理一"，当代社会则更重"分殊"。传统过重"理一"，易造成大一统式的封闭的局面，权威笼罩一切，不利于个体创造性的发挥，这固然有其缺陷。但当代若过重"分殊"而忽略"理一"之旨的话，同样也会适得其反，它导致相对主义思潮的泛滥，使人们丧失对终极价值的信仰。正确的做法自然应是在两者之间觅取一个中道。

二

从"理一分殊"的观念出发，刘述先对传统与现代的关系问题做出了独到的论述。他指出，当代人所能继承传统的显然不是其具体的、实质的内容，而只能寻求精神上的感通，如此方能找到传统与现代接通的

---

① 参见刘述先《理想与现实的纠结》，台湾学生书局，1993，第14页。

坦途。以儒学为例，刘述先说："儒家所谓亲亲而仁民，仁民而爱物，就其理一而言，确实中外古今并无二致。就其分殊而言，则亲情之爱，由大家庭制度改变为小家庭，内容上已有了巨大的改变。由父权夫权之退位，经过适当的调整，不只无碍反而更有助于亲情的自然表露。"① 在刘述先看来，儒学中既有"常"的因素，也有变的因素。他认为，不变的是其超越的理念（即"常道"），变的是它在特定时代的具体表现。比如，此处引文中提到的"仁爱之理"，如果从超越层面上来讲，"中外古今并无二致"，但从实际情况来看，"仁爱之理"在不同时代、不同区域呈现的内容绝不可能完全一致。在古代被认为是天经地义的父权、夫权，在今日不能不被平等及女权思想所取代。当代家庭的结构也日趋多元化，单亲家族的数量增加，西方一些国家的同性也可组织家庭。尽管这样，我们仍然不能放弃"仁爱"的规约原则，人们仍需要亲情的滋润、亲戚朋友的爱顾，只不过要采取与传统不同的方式罢了。

刘述先将孔子的"仁"、《易传》的"生生"、宋明儒的"理"均看成超越的"理一"，具有恒常性，但它在不同历史时空条件下应有不同的表现。或者说，只能透过启示性的功能而使"理一"成为悬于万世的明灯，后世之人则应将他们的"具体"与这样的"普遍性"相接。这样的启示并不是超自然的启示，而是人类历史文化生命内含的具体、理性的启示。就当代中国而言，"仁""生生""理"超越理念之落实，须在解构传统过时的观念的基础上，进而吸纳现代西方知性思维与民主政治的架局，或者说，采取间接曲折的方式，扩大生命的领域，以更新颖、更丰富的现代方式体现超越的理念，这样才不至于使传统的智慧陷于僵固而遭到时代的唾弃。而持守"仁""生生""理"的理念，亦有助于人确立终极的价值源泉，克服片面的工具理性的弊端。当然，刘述先的意思不是指守住老祖宗传留下来的几种古书，就可以解决当代人所面临的一切问题，而是指发挥"仁""生生""理"的规约功能，进而通过每代人的努力，不断创新，开创出属于自己时代的新局面。

① 刘述先：《全球伦理与宗教对话》，台湾立绪文化事业有限公司，2001，第221页。

刘述先认为，先秦的孔孟、宋明的程朱陆王及当代的唐（君毅）牟（宗三），他们思想学说的建构与语言文字的表达均不相同，但都归本于仁义，注重对生生不已的天道与温润恻怛的仁心的体证，所以在精神上是贯通的，这属于"理一"方面的契合。非但如此，儒家的东西是一个象征，这个象征指向一个常道。刘述先指出，关于这一点，不仅新儒家这样讲，就连孔汉思这样的天主教徒通过自己的表达方式也来讲。因为孔汉思发现，贯穿世界一切精神传统的不是上帝的概念，而是humanum（拉丁语：人道、人性）。① 这也就是康德以来所讲的"人要以人道对人"，它表现出来就是所谓的金律：己所不欲，勿施于人。孔汉思的表述当然是西方式的，但它具有普遍性。而儒家的"仁"不可只理解为"仁慈"，它的真正意涵与孔汉思所得出的结论是符合的。儒家的"仁"在较高的理念层次上与基督教、佛教、回教等都是相通的。刘述先指出，从"理一"的角度看，各个传统最终会趋于一致（其具体表达则已属于"分殊"的领域），中国传统在人生体验方面所取得的成就对当代人而言仍是弥足珍贵的，不可将其一笔抹杀。他认为，以儒学为代表的中国传统文化虽不必凌驾于其他传统之上，但也无须自惭形秽。事实上，推动中国现代化进程与保留传统智慧并非是绝对不相容的。相反，只有立足本国传统，才能更好地吸取外来先进文化，才能真正走上富有民族特色的现代化道路，才能正确应对全球化时代的挑战。

如果说，第一、二代现代新儒家在中华文化存亡继绝之时，不免有护教的心态，因此，他们的著作常常会流露出对中国传统文化与哲学的溢美之词，有时甚至过分褒扬，而对五四时期激烈反传统的思想极具鄙夷之情，他们可以说与五四人物的观点、立场势不两立。但到了第三代现代新儒家，情形就有了一些变化。他们大多能够对传统文化与哲学做出公允、平和的评价，以理性的态度对传统文化与哲学的功过是非做出恰当的定位，而不是像第一代、第二代现代新儒家那样故意袒护传统。比如，在评价五四人物的问题上，刘述先在指出五四人物有过于激进、

① 参见刘述先《全球伦理与宗教对话》，台湾立绪文化事业有限公司，2001，第212页。

偏颇等不足之处的同时，对五四的启蒙意义和批判精神也给予了相当的肯定，其对五四人物的同情远远超过前辈新儒家。他认为，就目前的中国而言，现代化的目标仍然是我们努力的大方向，科学与民主仍是我们亟须争取的价值，在此意义上，五四新文化运动的历史功绩不容抹杀。刘述先进而认为，1958 年由唐君毅等人起草、签署的"宣言"有过于美化传统的弊病，反而不利于当代文化建设。因此，他本人常常强调传统的资源与负担乃是一根而发的，认为今日要维护"仁""生生"的理念于不坠，必须与许多传统的方式"解构"，进而转接上可以表现仁心与"生生"体证的开放精神的政治、经济、社会的结构。①

刘述先主张，除了以现代人的眼光去批判中国传统的糟粕之外，也应以传统的睿识去省察现代社会的弊病。张灏提出的"以现代批评传统，以传统批评现代"的观点就为刘述先所认同，并加以吸纳。张灏早年受殷海光的影响，其思想是十足的"五四型"，传统基本上成为他批评的对象，但到美国留学后，他渐渐地走出五四反传统主义的思想框架，开始正视中国传统。② 但两人之间还是有差异之处，因为张灏思想的转折毕竟是有限度的，他后来虽然对中国传统持同情了解的态度，却不能产生投入式的信仰。他认为，现代性的理念，如人权、自由、民主等所代表的大方向仍然值得首先肯定。刘述先当然也不会排拒这些理念，但他明确宣称儒学是自己的终极关怀之所在。刘述先认为，科学、民主等并不是解决人类所有问题的万灵药。由现代到后现代，它们已显示出严重的局限性。现代化运动导致了人与自然、人与人之间的疏离与紧张。故须重视中国传统留给我们的慧识。他指出，儒家"仁""生生"等超越理想，可以成为我们的终极关怀，以对抗现代生命空虚、价值迷失的问题。③ 另外，现代社会尊重多元与差异，这固然体现了时代的进步，

---

① 参见刘述先《大陆与海外——传统的反省与转化》，台湾允晨文化事业公司，1989，第 202 页。

② 参见张灏《〈学思之旅〉序》，《开放时代》2000 年第 1 期。

③ 参见刘述先《大陆与海外——传统的反省与转化》，台湾允晨文化事业公司，1989，第 232 页。

但在刘述先看来，讲多元，却不可堕入相对主义的陷阱，更不可放弃对于真理的追求。① 相对主义的泛滥会导致怀疑主义、虚无主义的兴起及价值观念的混乱。刘述先认为，现代人的问题，"不只是普通人，连哲学家也不知道什么是'好'的，于是陷入了伦理道德的相对主义的深渊之中。如果我们不知道什么是'好'的、'对'的，那么我们要用什么去教育我们的下一代呢？现在我们必须要面对的，正是这一个'价值真空'的严重的大问题"。② 刘述先试图寻求一种经过"分化"之后的"全观"，以矫治相对主义的弊病。他认为，中国传统"天人合一"的思想有助于当代人树立一种"全观"，有助于激发人对超越"理一"的向往，对当代人摆脱内外割裂、茫然无归的窘困境地也有所裨益。

刘述先进而指出，要使中国传统文化与哲学焕发活力，就应积极吸纳、借鉴西方文化与哲学的成果。刘述先早年是以学习西方哲学为主的，他给自己设想的学问路径是：先广泛涉猎西方各派哲学，清楚地了解其得失，然后再回归自己的传统，最终达到中西融通的目的。刘述先在东海大学任教期间，仍以研治西方哲学为主，他当时有一宏愿，即希望对现代西方哲学各个流派逐一进行深入研究，后来因出国夙愿未竟，但在他所关注的文化哲学、历史哲学、解释学等方面仍有所创获。刘述先在美留学期间，主攻方向是当代西方宗教哲学，这弥补了他在台湾疏于宗教哲学研究的缺陷。他还利用南伊大哲学系的优势，学习了不少杜威的思想。总之，刘述先通过年青时期的苦学深研，具备了良好的西方哲学素养，这为他以后做中西哲学思想的比较研究打下了坚实的基础。他在后来的学术生涯中一直比较关注当代西方哲学的最新发展动态。不过，刘述先主要将西方哲学、文化视为一种方法论的资源，在掌握必要的哲学方法论之后，他更注重实存的体证，注重对人生终极问题的探求，以觅求安心立命之所。而且，刘述先尽管西方哲学素养良好，却又极力反

① 参见刘述先《儒家思想意涵之现代阐释论集》，台北"中研院"中国文哲研究所，2000，第244页。
② 刘述先：《东方传统在现代社会应可扮演的角色——儒家伦理在现代社会的意义》，新加坡东亚哲学研究所，1986，第5页。

对妄自菲薄、完全因袭他人的全盘西化论倾向。他从不简单地把现代化等同于西化，对于西方工业革命以来所暴露的种种弊端，刘述先也始终保持一种批判的态度。

三

由以上分析可以看出，刘述先在传统与现代的关系问题上显得较为理性、客观。一方面，他肯定传统，却不过分美化传统；另一方面，他的学说吸纳了现代性的价值，并指出了中国实现现代化的必要性、迫切性，却又不迷信现代。刘述先主张在传统与现代之间展开双向批判，其学说亦表现出开放性的特点。他珍视中国的传统，并将儒学视为自己的终极关怀，但同时又主张以包容的心量对待其他精神传统，并寻求不同传统的融会贯通。他认为，其他传统中所蕴含的合乎人性发展需要的资源，都应为我们所借鉴、吸收。

刘述先以"理一分殊"为切入点来反思与重构传统与现代的关系，无疑是颇具创见的。在他看来，通过对"理一分殊"的重新诠释，可以为传统与现代的结合架起一座桥梁。传统与现代在"分殊"方面的差异是无法抹杀的，但在"理一"方面却是可以贯通的。非但如此，"理一"也是沟通中外的一项规约原则（即从各个文化传统的睿识出发洞察"理一"，再寻求相互之间的感通）。刘述先所谓的"理一"不是某种宰制性的东西，它提供的仅仅是精神方向的指引。"理一"不是单纯地通过经验归纳的方式来建立的，也不是凭借科学上的认知方法来获得的，而是更多地依赖于内在的体认。刘述先在当代多元、分化的社会注重阐发"理一"，呼唤"理一"，其目的乃是试图维护一种超越的理想，并以理想来引导当下的现实。当然，他主要基于儒家的视角来探究"理一"的内涵，重点论述了"仁""生生""理"，这难免会给人以偏概全的印象。从总体上来看，刘述先的"理一分殊"说为解决传统与现代的关系问题提供了一种较好的思路，发人深省。

中国传统文化与核心价值观

应加强对核心价值观与传统文化
关系的学术研究

江　畅[*]

【摘　要】　核心价值观与传统文化的关系问题涉及传统文化创造性转化和创新性发展、核心价值体系建设的重大理论和现实问题。然而，目前学界对这一问题的研究不尽如人意。因此，需要加强对这一重大问题的学术研究。这是一个十分复杂的问题，我们要围绕中国价值观的历史演进与当代变革、核心价值观的传统文化根基与意蕴、传统价值观的创造性转化与创新性发展、马克思主义与中国价值观从传统到现代转换、中国价值观的比较优势与国际竞争力以及传统价值观对当代中国价值观的影响六个方面展开研究。为了取得良好的研究效果，我们要有明确且正确有效的研究思路。

【关键词】　核心价值　传统文化　创造性转化　创新性发展

近年来，优秀传统文化的传承和弘扬已经成为全社会的共识。传承和弘扬传统文化涉及如何认识和处理社会主义核心价值观与传统文化的

---

* 江畅（1957～），男，湖北大学高等人文研究院院长，中华文化发展协同创新中心主任，教育部"长江学者"特聘教授，湖北大学哲学学院教授，博士生导师。

关系问题。据我们了解，目前学术界对核心价值观的研究高度重视，也形成了一大批学术成果。另外，改革开放以来对传统文化研究也掀起了热潮，这方面的学术成果也与日俱增。然而，学术界对核心价值观与传统文化之间的关系研究重视不够，这方面的研究成果相对较少，有分量的研究成果更少。传承和弘扬传统价值观具有多方面的意义，但最重要的意义在于为核心价值观建设服务，使核心价值观具有传统文化的根基和底蕴。这就涉及传统文化与核心价值观的关系问题。如果不研究和回答这一问题，传承和弘扬传统文化就会失去目的和方向，核心价值观也不可能真正植根于传统文化，并从传统文化中获得滋养。研究传统文化本身和研究核心价值观本身都是十分重要的，但这两方面的研究不能代替两者之间的关系研究。只有将两者关联起来研究，才能为传统文化创造性转化和创新性发展、为核心价值观建设提供理论依据和学术支撑。基于这种考虑，本文特别提出加强研究核心价值观与传统文化关系问题的重要性，并对这一问题研究的基本思路以及所涉及的关键性问题、重点难点问题提出一些初步的看法，以期引起学界对这一问题的重视和研究。

一　核心价值观与传统价值观关系问题研究的现状和问题

自党的十六届六中全会提出"建设社会主义核心价值体系"以来，特别是党的十八大提出"培育和践行社会主义核心价值观"以来，国内学术界掀起了研究核心价值体系和核心价值观的热潮。然而，我们通过检索发现，有关从核心价值观、核心价值体系与传统文化关系角度的研究成果相当少。

在中国学术期刊网络出版总库中，以"核心价值观"和"传统文化"为主题进行检索的结果共有记录815条；以"核心价值观"和"传统文化"为关键词进行搜索，共有记录126条；以"核心价值观"和"传统文化"为篇名进行检索，共有记录72条。就是说，这些年来，涉及核心价值观与传统文化的文章只有 72 篇。

　　就著作而言，在各高校图书馆以及大型网上书店以"核心价值观"和"传统文化"为关键词进行检索，相关著作仅有 5 本。它们是：居云飞编著《兴国之魂：社会主义核心价值观与中华优秀传统文化》（中国社会科学出版社，2014）；钟永圣著《传承与复兴：社会主义核心价值观的中华传统文化解读》（中国青年出版社，2015）；肇庆市炎黄文化研究会编著《薪火筑梦：肇庆市"中华优秀传统文化与社会主义核心价值观"座谈会文章选》（暨南大学出版社，2015）；《月读》编辑部编著《生生不息——从传统经典名句领悟社会主义核心价值观》（中华书局，2015）；翟小宁编著《美德的种子——一本中国传统文化与社会主义核心价值观内容精彩对接的青少年读物》（新华出版社，2015）。

　　自党的十六届六中全会提出建设社会主义核心价值体系以来（2006～2015），在国家社科基金重大项目中，以"核心价值观"和"核心价值体系"为研究主题的项目共有 10 项，但将核心价值观与传统文化结合起来研究的项目仅有一项，即"我国传统价值观涵养社会主义核心价值观研究"（15ZDA037）。此外，"弘扬中华优秀传统文化与实现中国梦研究"（14ZDA009）与此也有些关系。

　　传统价值观是传统文化的核心内容，传统文化的创造性转化和创新性发展关键在于传统价值观。然而，据我们了解，到目前为止，国内学界研究传统价值观的创造性转化和创新性发展问题的成果甚少。根据知网的搜索，有关传统文化创造性转化的文章只有 30 多篇，有关传统文化创新性发展的学术文章不到 30 篇，同时涉及这两个方面的只有 10 多篇。其中涉及传统价值观的创造性转化和创新性发展的文章总共只有几篇。

　　目前学界对核心价值观与传统文化分别进行研究所取得的成果蔚为大观，应该充分肯定，这为下一步的研究打下了良好的理论基础。而且，学界关于二者关系的看法也大体一致。学者们基本上认同，核心价值观的发展离不开传统文化的养分，传统文化依托核心价值观得以升华和创新，对传统文化进行合理的继承是弘扬和践行社会主义核心价值观的重要途径，两者是相互联系的辩证体、相互交融的有机体以及相互共生的统一体。但是，从前面检索的数据可以看出，有关核心价值体系和核心价值观与传统文化关系的研究成果相对匮乏，研究状况总体上看不尽如人意。

（1）成果数量相当少。从文献数量上我们可以看出，学界虽然对于核心价值观的研究不少，但主要集中在对它的整体性研究、分功能性研究以及根据具体问题而应用的研究。虽然学界对中国传统文化的研究不胜枚举，成果也相对成熟、完善，但是将两者结合起来进行的研究却少之又少。尤其是在近些年国家社科基金重大课题中，主题相近的仅有"我国传统价值观涵养社会主义核心价值观研究"和"弘扬中华优秀传统文化与实现中国梦研究"两项。中国传统文化对于社会主义核心价值观的构建具有极其重要的意义，我们绝不能忽视。

（2）缺乏宏观、系统、深入的研究。目前的研究成果大多集中在期刊文献中，由于篇幅限制、学者学术层次等原因，课题研究基本上是抽象概括，或泛泛而谈，或蜻蜓点水。例如《薪火筑梦：肇庆市"中华优秀传统文化与社会主义核心价值观"座谈会文章选》一书，只是肇庆市炎黄文化研究会主办的以中华优秀传统文化与社会主义核心价值观为主题的学习座谈会的文章结集。同时，还有些著作并非理论性研究。例如《生生不息——从传统经典名句领悟社会主义核心价值观》（中华书局，2015）和《美德的种子》（新华出版社，2015）主要是通过对古代诗词、名句的阅读来使读者领悟、践行社会主义核心价值观，受众定位为青少年，理论深度不够。

（3）缺乏权威研究成果。这里的"权威"既包括权威学者，也包含权威课题。前文统计过，在近年来的国家社科基金重大课题中，与核心价值观和传统文化分别相关的仅有9个，而与二者皆相关的仅有1个。同时，陈秉公教授主持的国家社科基金重大项目（2015）"我国传统价值观涵养社会主义核心价值观研究"所研究的基本问题是"我国传统价值观涵养社会主义核心价值观的基本理论和实践问题"。主要解决五个问题：一是我国传统价值观与社会主义核心价值观的本质定位问题；二是科学地确立以我国传统价值观涵养社会主义核心价值观的"基本任务"问题；三是科学地阐释区分我国传统价值观中"主流的积极因素"和"非主流的消极因素"的原则和标准问题；四是确立我国传统价值观涵养社会主义核心价值观的内容体系问题；五是科学阐释我国传统价值观涵养社会主义核心价值观的路径方法选择问题。由此可见，传统文化对核心价值观的意义、二者之间的关系以及在弘扬核心价值观中如何继承传统文化等问题并非该课题的重点，对此并无系统研究。同时，根据检索到的相关文献，作者大多是高校教师、博士研究生或硕士研究生，该课题的研究亟须相关方面的学术带头人积极、深入地参与。

中华传统文化在 5000 年的发展历程中积累了大量的思想精华，这是国家富强与民族振兴的力量源泉，为中华民族的现代化提供了文化滋养。社会主义核心价值观以马克思主义为指导，植根于中华传统文化的沃土，从传统文化中吸取思想精华，既是对中国传统文化的传承与升华，也使核心价值观具有更深厚的传统文化底蕴。深入认识传统文化的意义，充分发掘传统文化与社会主义核心价值观的内在关系，把传统文化中的优秀成果转化为社会主义核心价值体系的内容和形式，在中华民族伟大复兴中形成文化先行战略，是当代中国文化强国建设和实现中华民族伟大复兴过程中面临的重大理论和实践课题。这个问题的实质是核心价值观如何与传统文化融合的问题，或者说是如何使核心价值观深深扎根于我国优秀传统文化沃土、如何使传统文化特别是其价值观在当代实现创造性转化和创新性发展的问题。因此，我国学术界和理论界应当展开对这一重大理论和实践问题的深入研究。

习近平总书记指出："培育和弘扬社会主义核心价值观必须立足中华优秀传统文化。牢固的核心价值观，都有其固有的根本。抛弃传统、丢掉根本，就等于割断了自己的精神命脉。博大精深的中华优秀传统文化是我们在世界文化激荡中站稳脚跟的根基。"[①] "我们决不可抛弃中华民族的优秀文化传统，恰恰相反，我们要很好传承和弘扬，因为这是我

---

① 《习近平论中国传统文化——十八大以来重要论述选编》，《党建》2014 年第 3 期，第 9 页。

们民族的'根'和'魂'，丢了这个'根'和'魂'，就没有根基了。"① 习近平总书记同时也明确指出，传统文化在其形成和发展过程中，不可避免会受到当时人们的认识水平、时代条件、社会制度的局限性的制约和影响，因而也不可避免会存在陈旧过时或已成为糟粕的东西。这就要求人们在学习、研究、应用传统文化时坚持古为今用、推陈出新，结合新的实践和时代要求进行正确取舍，而不能一股脑儿都拿到今天来照套照用。要求坚持古为今用、以古鉴今，坚持有鉴别的对待、有扬弃的继承，而不能搞厚古薄今、以古非今。他特别强调传统文化的创造性转化和创新性发展。2014 年 2 月 17 日，他在省部级主要领导干部学习贯彻十八届三中全会精神全面深化改革专题研讨班开班式上的讲话中明确指出："要加强对中华优秀传统文化的挖掘和阐发，努力实现中华传统美德的创造性转化、创新性发展。"② 随后，在纪念孔子诞辰 2565 周年国际学术研讨会暨国际儒学联合会第五届会员大会开幕会上的讲话中他又明确指出，要努力实现传统文化的创造性转化、创新性发展，使之与现实文化相融相通，共同服务以文化人的时代任务。③ 习总书记的重要讲话深刻揭示了优秀传统文化对于培育和践行核心价值观的根本意义，充分阐释了传承和弘扬传统文化对于实现中华民族伟大复兴"中国梦"不可替代的价值，同时也阐明了我们对待传统文化的应有态度，深刻揭示了社会主义核心价值观和当代中国主流文化与传统价值观对接、融合的根本路径和基本方法。习近平总书记的讲话为研究和回答核心价值观与传统文化和传统价值观的关系问题提出了要求、指明了方向。笔者认为，学术界应当根据习近平总书记讲话精神，深入研究传统文化与核心价值观之间的关系，特别是传统文化和价值观的创造性转化和创新性发展这一

---

① 中共中央文献研究室编《习近平关于实现中华民族伟大复兴的中国梦论述摘编》，中央文献出版社，2013，第 33 页。

② 《习近平在省部级主要领导干部学习贯彻十八届三中全会精神全面深化改革专题研讨班开班式上发表重要讲话》，新华网 2014 年 2 月 17 日，http://news.xinhuanet.com/photo/2014 - 02/17/c_119374303.htm。

③ 参见《习近平在纪念孔子诞辰 2565 周年国际学术研讨会暨国际儒学联合会第五届会员大会开幕会上的讲话》，《人民日报》2014 年 9 月 25 日，第 2 版。

传统文化与核心价值观关系中的关键问题，为传统文化和传统价值观的当代转换提供理论依据和学理支持。

二 关于核心价值观与传统文化关系研究架构的设想

我们认为，核心价值观与传统文化的关系问题包含两层含义：其一，从中国文化的历史发展的角度看，核心价值观与传统文化的关系问题是传统文化如何在当代社会主义中国传承和开新、实现创造性转化和创新性发展，以使之永葆青春活力、永远屹立世界民族之林的问题。其二，从当代中国特色社会主义建设事业的角度看，核心价值观与传统文化的关系问题是我们所要建设的核心价值观如何深深扎根于中华民族和中国博大精深文化的沃土，从中获得充分的滋养，从而使之在古老的中华大地和亿万炎黄子孙心中生根开花结果，成为当代中华民族和中国人民的共同信念和精神家园的问题。解决前一问题是当代中国人的历史使命，其意义在于使源远流长的中华文化在我们这一时代实现大繁荣大发展；解决后一问题是当代中国的现实责任，其意义在于使当代中国国家富强、民族振兴、人民幸福，使中国永远告别遭侵略、受蹂躏的屈辱历史，实现中华民族的伟大复兴。从理论上回答这个一体两面的问题，就是本课题所要解决的总体问题。

围绕核心价值观与传统文化的关系问题，我们认为需要着重研究相互关联的五个方面的内容。

（1）中国价值观的历史演进与当代变革。主要研究自古以来中国价值观演进的不同阶段的划分及其依据；不同历史时期价值观的历史背景、现实基础、文本资源、基本内容、主要特征、历史地位；导致不同历史时期价值观更替演进的原因及其理论和实践得失；中国价值观的近代转换和当代变革的原因、特点、实质、影响；中国价值观的整体面貌、总体特征、民族精神和文化个性；核心价值观在中国价值观中的历史地位以及对传统价值观的继承性和变革性等。这部分主要讲清楚核心价值观提出的历史必然性和历史规律性，阐明核心价值观的提出是传统文化发展的自然历史过程的必然结果，同时也是中国文化的一次重大发展和跃升。

（2）核心价值观的传统文化土壤、根基、元素和精神。主要研究核心价值观何以在具有悠久历史文化的当代中国孕育、提出和弘扬；核心价值观与传统文化共同的"根"和"魂"何在；核心价值观在哪些方面弘扬了优秀传统文化等问题；如何进一步发掘和整理传统文化，甄别其精华与糟粕，其中特别重要的是做出判断的标准是什么；如何使传统文化的精华进一步融入核心价值观；如何清除传统文化的糟粕对培育和践行核心价值观产生消极影响等问题。这部分主要讲清楚能够成为核心价值观理论和实践构建的"根"和"魂"的是传统文化中的哪些内容。

（3）传统价值观的当代创造性转化和创新性发展。主要研究对传统文化进行创造性转化和创新性发展的历史必然性和现实基础，创造性转化和创新性发展的含义与实质，实现创造性转化和创新性发展的指导思想、时代背景、现实基础和世界视野等；研究如何借助传统文化的资源，丰富核心价值观的内容，构建体现中国特色的核心价值观完整理论体系，包括价值体系、规范体系、导向体系，并构建系统的方法论体系，使核心价值观更具有理论根基和逻辑力量，更具有实践性；研究如何使具有传统根基和底蕴的核心价值观制度化、道德化和政策化以及如何使之更具有主导力和引导力，更具有凝聚力和吸引力，更为贴近人心，具有更强的影响力和感召力。这部分主要讲清楚传统文化的积极内容被充实到核心价值观以后核心价值观的丰满、完整的内容体系的问题，使核心价值观具有中国特色、中国底蕴、中国内容、中国话语体系；同时回答核心价值观实践构建的问题，使核心价值观能够成为民族的、科学的、大众的文化的核心和灵魂。

（4）马克思主义中国化、时代化和大众化与传统文化的传承和开新、核心价值观建设有机结合和统一。核心价值观的社会主义性质和中国特色既是由其马克思主义性质决定的，也是由其中国传统文化底蕴决定的，因此要研究马克思主义、传统文化与核心价值观的关系问题。主要研究在建设核心价值观的过程中，马克思主义和传统优秀文化各自的地位和作用是什么；如何在实现传统文化的现代转换和建设核心价值观中充分有效地发挥马克思主义的指导作用；传统文化的现代转换和建设核心价值观对马克思主义"三化"提出了什么新的要求等问题。这部分主要讲清楚马克思主义、传统文化与核心价值观之间的关系问题，阐明核心价值观的源与流以及三者之间的内在统一。

（5）中国价值观的国际竞争力、影响力，以及作为整体的中国价值观的比较优势。主要研究中国优秀传统文化何以对亚洲乃至世界的影响力经久不衰；如何增强以核心价值观为核心内容的当代中国价值观的国际竞争力和影响力；怎样着眼于国际影响力和竞争力来实现传统文化的现代转换；如何使核心价值观及其构建与当代世界文明对接并使之成为当代人类最先进的价值等问题。这部分要解决核心价值观如何代表人类文明发展方向的问题，阐明核心价值观的前景和长远生命力。

除了以上主要研究内容之外，为了了解传统文化对当代中国公众影响的状况，还需要对这方面的情况展开调查研究。主要调查研究以下方面：我国公众对传统文化的基本态度和认同程度；公众主要认同哪些传统文化内容，对其中的哪些内容不认同甚至持批判否弃态度；传统文化对当代中国社会和公众有没有消极影响，有哪些消极影响及影响的程度；公众对传承和弘扬传统价值观有何意见建议等。这些调查数据和研究成果可以作为本课题研究的参考依据之一。

根据以上所列需要研究的主要内容，核心价值观与传统文化的关系问题可主要围绕以下六个问题展开研究：（1）中国价值观的历史演进与当代变革问题；（2）核心价值观的传统文化根基与意蕴问题；（3）传统价值观的创造性转化与创新性发展问题；（4）马克思主义与中国价值观从传统到现代转换问题；（5）中国价值观的比较优势与国际竞争力问题；（6）传统价值观对当代中国价值观的影响问题。这六个问题都是围绕弘扬核心价值观与继承传统文化的关系这一主题展开的，而且它们之间存在不可分割的内在联系。

中国文化及中国价值观源远流长，在几千年的漫长历史过程中，中国价值观经历过从兴旺到衰退再到兴旺、从统一到分裂再到统一、从开放到封闭再到开放的复杂历史演进过程。鸦片战争以后，中国传统价值观受到严重冲击，辛亥革命以后特别是中国共产党成立后，中国价值观开始发生革命性变革。中华人民共和国成立后，特别是实行改革开放后，中国共产党领导中国人民自觉构建社会主义核心价值观，中国价值观正在发生着从传统到当代的转换。中国价值观的不同历史形态有其独特的内容和个性特征，它们对中国价值观和中国文化都做出了特定的贡献。中国价值观的历史演进有其自身的规律，正是在这种历史演进中积累了丰富的中国价值观历史资源，它们为当代核心价值观提供了深厚的文化滋养。研究中国价值观的历史演进与当代变革问题，主要致力于揭示中国价值观的历史演进及其规律，并明确核心价值观的历史方位及其继承性和变革性，阐释不同历史时期、不同价值观形态给我们留下的丰富遗产，总结中国价值观构建的历史经验和教训，为传统价值观的现代转换和核心价值观构建提供支持。

研究核心价值观的传统文化根基与意蕴问题，主要是要研究党中央提出的核心价值观如何植根于传统文化以及它包含了哪些传统文化意蕴，这种根基和底蕴对于核心价值观的确立与建设具有何等重要的意义，以及如何进一步使核心价值观的传统文化根基更牢固、意蕴更丰富。要使核心价值观的根基更牢固、意蕴更丰富，那就需要对传统文化做更深入的辨析，以发现传统文化中还有哪些优秀的内容可以被吸纳到核心价值观之中。传统文化是良莠混杂的，因此在辨析的过程中要发现其糟粕和过时的因素。

将核心价值观植根于传统文化并从中汲取养分是极其重要的，但建设核心价值观不是传统文化的简单延续或传承，而是依据马克思主义立场、观点和方法，并根据中国特色社会主义建设实践对传统价值观进行变革，着眼于当代世界文明的发展总趋势，使之获得创造性转化与创新性发展，实现中国价值观的历史性跨越，并使之成为当代人类先进的价值观。研究传统价值观的创造性转化与创新性发展问题，就是要研究并力图回答如何实现这种历史性跨越。

传统价值观的现代转换和核心价值观建设都是在马克思主义指导下进行，那么就存在如何加强马克思主义对转换和建设的指导作用，如何在这种转换和建设中进一步使马克思主义中国化、时代化和大众化的问题，因此我们要研究马克思主义与中国价值观从传统到现代的转换这一问题，来着重回答上述问题。

建设核心价值观的一个重要方面是要增强当代中国价值观的国际竞争力和影响力，而传统价值观不仅在中国延续了 2000 多年，而且对东南亚国家的文化也产生了深刻的影响，还有许多观点和观念对世界其他国家产生了重要影响。在相当长一段历史时期，中国价值观是有相当强的竞争力和影响力的。因此，有必要总结历史经验，并借鉴这种经验提升当代中国价值观的国际影响力。研究中国价值观的比较优势与国际竞争力问题，就是为了从历史和现实结合的角度研究如何增强当代中国价值观的国际影响力和竞争力的问题。

关于研究传统价值观对当代中国价值观影响问题的必要性及意图，前面已经有明确交代，这里不再赘述。

三　展开核心价值观与传统文化关系问题研究的主要思路

核心价值观与传统文化关系问题是一个十分复杂的问题，为了顺利展开研究并取得良好的研究效果，我们要有明确且正确有效的研究思路。

1. 研究所要达到的主要预期目标问题

研究核心价值观与传统文化之间关系问题的目的，是比较系统地从理论与实践的结合上回答如何使核心价值观与传统文化无缝对接和深度融合，如何使弘扬核心价值观与继承传统文化有机统一和内在贯通，如何使核心价值观建设与传统价值观现代转换相互促进和相得益彰。因此，这一研究要通过对这些问题的回答，力图使核心价值观奠基于传统文化的沃土，充分吸收优秀传统文化的精华，从而不仅使核心价值观在融入文化传统的基础上开创新的文化传统，而且使核心价值观既具有中国文化传统特色又体现时代精神，既具有浓厚的传统文化底蕴又朝着整个人类文明开放，既具有独特的民族性又具有人类的先进性。

具体说，这一研究要从理论上阐明或回答以下问题：中国价值观的历史演进及当代变革，核心价值观在中国价值观演进中的历史地位及对传统价值观的继承性和变革性；核心价值观在传统文化中有何根基，其传统文化的底蕴何在，使人们坚信核心价值观是有深厚的传统意蕴的，以及传统文化宝库中还有哪些优秀的内容需要进一步融入核心价值观，哪些糟粕的内容仍然在当代发挥着消极影响，如何肃清这种消极影响并有效防范其死灰复燃；在培育和践行核心价值观的过程中如何实现传统价值观的创造性转化和创新性发展，并使两者良性互动、相互促进；如何加强马克思主义对传统价值观的现代转换和核心价值观的指导作用，并在这个过程中进一步促进马克思主义的中国化、时代化和大众化，促进中国特色社会主义理论的创新发展和进一步完善；如何认识和评价中国传统文化的比较优势和增强当代中国价值观的国际竞争力和影响力。

这是一个相当庞大的理论工程，但在这些方面有所作为、有所建树，提供一批有理论价值和应用价值的著作、论文和研究报告，可以为党和政府的有关决策提供参考。

2. 研究的关键性问题、重点难点问题

为了达到上述预期目标，我们要抓住关键问题，突出重点问题，突破难点问题。我们认为，研究核心价值观与传统文化之间关系所解决的关键性问题是传统文化的优劣辨析问题。如果将辛亥革命以前的中国文化划为传统文化的话，中国传统文化延绵数千年，其内容博大精深、丰富多彩且良莠兼具。传统文化包括物质文化、观念文化（包括理论学术）、制度文化和行为文化等基本层次和不同维度，涉及主导文化和非主导文化、主文化和次文化、汉民族文化和少数民族文化等复杂情形，而且伴随着历史变迁文化也变化不断，其间还有佛教文化的传入和中国化、少数民族文化与汉文化的冲突与融合。对于如此庞大复杂的文化体，要分辨其中内容的优劣真伪是一项工程浩大的工作。更为棘手的是，即使是优秀文化也不是那么清纯的，而常常是与糟粕关联在一起的。本课题要继承的传统文化是优秀的传统文化，核心价值观要从中吸收的也是其精华。因此，怎样从浩瀚的传统中辨别其优劣并剔除传统文化中过时的不合理的内容，是本课题需要解决的关键性问题。为处理好这一关键问题，本课题拟采取以下三种主要措施：一是以传统观念文化的理论学术文化为主要研究对象，着重辨析其中的优秀内容，同时根据需要适当参考其他类型的文化；二是以历史唯物主义为指导，根据建设核心价值观的需要进行辨别取舍；三是从中国特色社会主义建设事业整体以及当代人类发展的总趋向着眼，从确定核心价值观完善发展需要着眼，辨识并吸收传统文化中的优秀内容。当然，这些措施的实施工作也是很大的，不过课题组将努力做出有益的尝试。

核心价值观与传统文化之间关系所要研究的重点问题是传统价值观的创造性转化和创新性发展如何与核心价值观建设对接或统一起来的问题。前面已经说过，核心价值观与传统价值观的关系涉及两个方面，既涉及传统价值观的创造性转化，又涉及从传统文化中汲取滋养丰富完善核心价值观；既使它与传统文化对接，又使它开创一种新的文化传统。前者涉及文化传统的传承，后者涉及核心价值观建设。这看起来是两个问题，而且也有可能分离，但也可以使两者成为同一个要解决的问题。本课题要将这一问题作为重点问题加以研究，着重解决如何使传统价值观的创造性转化和创新性发展问题成为核心价值观建设的核心问题，或如何使核心价值观建设着重解决传统价值观的创造性转化和创新性发展的问题，从而从理论上解决两者的有机统一问题。就是说通过使传统价值观创造性转化和创新性发展来加强核心价值观建设，同时通过加强核心价值观建设来实现传统价值观创造性转化和创新性发展。

核心价值观与传统文化之间关系研究面临的难点问题是传统文化、马克思主义与核心价值观的关系问题。核心价值观从根本上说是中国化马克思主义的核心价值观，但是，马克思主义是一种不同于传统文化和思想体系的思想体系，即使是中国化的马克思主义也和传统思想体系存在本质区别。如果这样，那么应该怎样认识核心价值观与传统文化的关系，以及这两者与马克思主义的关系问题呢？这不仅是一个难题，而且是一个敏感的问题。对于这一难题，本课题的初步看法是，应当承认核心价值观作为一种马克思主义价值观是与传统价值观有本质区别的，正因如此，习近平总书记提出要对传统文化实行创造性转化，但是马克思主义和核心价值观不是历史虚无主义的，而是承认一种价值观存在历史继承性，承认其生长的文化土壤，充分肯定任何一种先进的价值观都应当汲取人类一切优秀的文化成果，更不用说作为其生长土壤的本土优秀文化成果。因此，只要我们坚持历史唯物主义观点，这个难题就可以破解。

3. 有所创新和突破的问题

为了达到上述预期目标，我们还要在问题选择、学术观点方面以及研究方法、分析工具、话语体系等方面有所突破和创新，使我们的成果真正成为既具有科学性、合理性，又具有可操作性的精品力作。

我们关于核心价值观与传统文化之间关系问题的研究，在问题选择、学术观点上可以在以下五个方面有所突破、创新。其一，传统文化需要继承什么和剔除什么的问题。对于这个问题，我们应在被普遍承认的合理内容的基础上，进一步提取传统文化中的其他合理内容，特别是其基本精神需要核心价值观批判性地继承和弘扬。其二，根据什么来区分传统文化的精华与糟粕问题，我们在对传统价值观的精华与糟粕做出区分的过程中要以马克思主义为指导，并根据当代中国特色社会主义实践进行判断。其三，衡量中国传统文化的精华与糟粕以及建设核心价值观的国际视野问题。对传统价值观精华与糟粕的判断除了要以马克思主义为理论标准和中国特色社会主义实践为实践标准之外，我们还要从传统价值观和核心价值观的国际比较优势、国际竞争力等方面来加以观照，这样我们就可以进一步扬长避短，同时也有助于我们补齐价值观和文化的"短板"，使我国的价值观和文化立于不败之地。其四，传统在今天中国社会的影响状况问题。在传统文化是优是劣以及哪些优哪些劣方面，除了要尊重研究者的意见之外，我们还要适当听取社会公众的看法，而且要了解它对今天中国社会和公众实际影响的状况，并据此判断其优劣的总体状况以及优劣所在。其五，传统文化的现代转换和核心价值观的构建这"两位一体"的任务需要从中国历史发展的规律、当代中国特色社会主义建设实践需要、马克思主义"三化"（中国化、时代化和大众化）、当代人类文化和文明发展的现状和总趋势等方面进行总体观照。研究传统文化现代转换和核心价值观建设这样的复杂问题，忽视上述任何一个方面都是有问题的，都会得出导致严重实践后果的错误结论。

核心价值观与传统文化之间的关系研究虽然是一种理论研究，但仍可以在研究方法、分析工具、话语体系等方面有所突破和创新。主要有以下三个方面：一是可以将文献研究、理论分析与调查数据结合起来。在项目设计的时候本课题特别设立了一个传统文化对当代中国人价值观影响的状况调查，试图通过调查数据了解传统文化在今天的影响力，以及其中存在的问题和给我们的启迪。我们相信，调查数据可以给我们的研究结论提供更有说服力的支持。二是在马克思主义特别是历史唯物主义的指导之下，从多角度研究分析传统价值观的现代转换与核心价值观构建及其相互问题，这种多角度体现在两个方面：学科的多角度，包括价值哲学、伦理学、社会学、历史学、文献学、心理学、教育学等；视野的多角度，包括中国历史发展的视野、当代中国社会实践的视野、当代人类文明发展趋势的视野、价值观演进更替兴衰的视野、中外价值观比较的视野等。三是不仅要致力于当代的中国特色社会主义价值观的理论体系建设，而且要致力于中国特色社会主义价值观的话语体系建设。这种话语体系不只是中国传统的，也不是西方的，而是兼具当代中国特色、马克思主义、人类普遍共识，继承中国传统优秀文化遗产的综合性话语体系，这一话语体系不仅适应当代中国人的心理，也具有当代整个人类的普适性，它力图克服过分强调当代中国价值观的中国特色话语的偏颇，充分考虑向世界各国传播、扩展其国际影响的可行性。

炎帝神农文化与社会主义核心价值观

刘玉堂 黄 莹*

【摘 要】 中华优秀传统文化博大精深，为人类文明进步做出了不可磨灭的贡献。炎帝神农是中华民族的人文始祖之一，炎帝神农文化是社会主义核心价值观的重要思想源泉。从国家、社会和公民层面来看，社会主义核心价值观都有着对炎帝神农文化的继承和发展。今天，我们要正确认识炎帝神农文化和社会主义核心价值观的关系，保护和弘扬、正确诠释、升华和创新炎帝神农文化，为培育和践行社会主义核心价值观提供支持，从而实现社会主义核心价值观对传统文化的升华和超越。

【关键词】 炎帝神农 传统文化 社会主义核心价值观

中华优秀传统文化是中华民族生生不息、发展壮大的丰厚滋养，是社会主义核心价值观最深厚的文化基因、精神纽带和价值源泉。习近平总书记指出，中华民族优秀的传统文化是民族的"根"和"魂"，绝不可抛弃，必须加以传承和弘扬，如果"丢了这个'根'和'魂'，就没

---

* 刘玉堂（1956~），男，汉族，湖北省社会科学院副院长，教授，博士生导师，中华炎黄文化研究会理事，湖北省荆楚文化研究会副会长，湖北省炎黄文化研究会副会长。黄莹（1981~），女，汉族，湖北省社会科学院楚文化研究所助理研究员。

有根基了"。党的十八大提出的以"富强、民主、文明、和谐,自由、平等、公正、法治,爱国、敬业、诚信、友善"为内容的社会主义核心价值观,集中体现了国家层面、社会层面和公民层面的价值取向。对中华优秀传统文化与社会主义核心价值观的关系,习近平在《青年要自觉践行社会主义核心价值观》的重要讲话中指出:"我们提倡的社会主义核心价值观,就充分体现了对中华优秀传统文化的传承和升华","否则就不会有生命力和影响力"。把"涉及国家、社会、公民的价值要求融为一体",从某种角度看,与中国古代历来所讲的"格物致知、诚意正心、修身齐家、治国平天下"所蕴含的国家、社会、个人的理念层次是一致的。社会主义核心价值观是在吸收中华优秀传统文化丰富营养的基础上逐步形成和完善的,是中华优秀传统文化在现代社会的延续,离开优秀传统文化的滋养,社会主义核心价值观将成为无源之水、无本之木。

炎帝神农是中华民族的祖先,他带领先民一起披荆斩棘,开创了中华文明特别是农耕文明的源头,奠定了中华文明的基石。由于他的卓越功绩和重要贡献,炎帝神农被后世尊奉为中华民族的人文始祖之一。遍布世界各地的中国人,都自认为是炎黄世胄,有着血浓于水的无限亲情和认同感。这种现象不仅表明炎帝神农文化的文化价值及后人对炎帝神农强烈的认同感,更为重要的是,华夏儿女对炎帝神农文化的自觉传承,代表着文化的归属和身份的认同。张岂之先生曾提出,我们研究中国优秀传统文化的核心价值观是哪些,这些与我国社会主义核心价值观有什么联系,如何阐述其"源"和"流"的关系,如何说明文化上的"继往"与"开来"等,有助于提高我们的思想境界,将优秀传统文化的民族性与时代性结合得更好。根据理论与历史的逻辑,社会主义核心价值观必须植根于中国传统文化;根据现实的表现,社会主义核心价值观对中华优秀传统文化进行了多方面的继承;根据实践的取向,传承、弘扬和创新优秀传统文化,本身就是践行社会主义核心价值观。作为中华文明源头和基石的炎帝神农文化,是社会主义核心价值观的重要思想源泉;社会主义核心价值观的国家层面、社会层面、公民层面,是在继承包括炎帝神农文化在内的中国优秀传统文化的基础上形成的;当今时代,我们要发展和创新炎帝神农文化，培育和践行社会主义核心价值观，使炎帝神农文化在新的时代焕发出新的光辉，使炎帝神农文化成为"凝心聚力的兴国之魂、强国之魄"，并通过行之有效的教育和引导，为实现中华民族的伟大复兴而贡献力量。

一　炎帝神农文化是社会主义核心价值观的重要思想源泉

社会主义核心价值观是中国立国的根本，也是中华民族屹立于世界民族之林的基石，它具有中国特色、中国气派，根植于中国悠久的历史文化土壤，是对中国优秀价值理念的凝练和提升。只有这样，才会有生命力，也才能拥有强大的凝聚力和向心力。这是因为，文化是一个民族的基因，没有任何一个民族可以抛弃其文化传统而重新开始。如今，全世界都在讨论中国模式，而中国模式之所以是中国的，就是因为它深深扎根于中国文化的土壤，处处显露出中国文化的特点。中国模式所表现出来的生命力，也正是中国文化生命力的体现。

炎帝神农在农业、手工业、商业、中医药等方面的发明创造，改变了中华民族先民们的生活方式，奠定了人类物质文明发展的基础，使人类从依赖自然的采集渔猎方式，跃进到改造自然的农业生产方式，这是社会文明发展进步的重要标志，代表了当时最先进的社会生产力发展水平和人类社会历史发展的进步方向。如果没有农业的发明，就不可能有华夏部落氏族社会的繁荣，就不可能带来中国数千年来农耕文明的不断传承与发展。从文明源头时期就开创的农耕文明，对中华民族的生存繁衍和社会发展做出了重要贡献，也深刻影响了中国优秀传统文化的核心价值观，从而也成为社会主义核心价值观的重要思想源泉。

价值观深深熔铸在民族的血脉之中，始终是民族生存和国家振兴取之不尽、用之不竭的力量源泉。价值观与一个民族的传统文化具有千丝万缕的联系，是通过理论与实践的不断转换，通过历史的积淀而形成的。它是连接一个民族历史与未来的桥梁，从历史的深处伸出，通向无限久远的未来。在价值观的"体"上，聚合着"历史"与"理想"的二重维度。而"历史"的维度奠定了价值观本身的基本特质和内涵。如果没有通过历史积淀而形成的基本底色，价值观也就无法成为"民族"的价值观。因此，核心价值观本身就是一个民族的精神传统。在中华文明发展的长期实践中形成的炎帝神农文化，具有强大的生命力和广泛的包容性。炎帝神农和他所带领的原始氏族先民，在长期的生产和实践中，创造了丰硕的物质财富和精神财富，为中华文明的发轫和中华民族的形成准备了最初的物质基础和精神文化基础。当时的物质文明虽然已成为历史遗迹，但其形成的农业文明和以民为本、团结联盟、认祖归宗等精神文明元素，成为影响后世五千多年的源头思想。炎帝神农文化作为中华文明的肇始，为后世传统文化和价值观体系打下了深深的烙印。炎帝神农时代形成的统一融合的团结精神、自强不息的进取精神、为民造福的奉献精神、勇于探索的创造精神、以人为本的亲民精神、贵和尚中的和谐精神形成了炎帝神农文化的内涵。这些民族精神经过华夏儿女的世代承传成为中华民族精神的直接源泉和有机元素，成为以炎黄文化为基石的中华民族文化的核心精神和灵魂，成为中国人民数千年来为了国家统一和民族富强而自强不息、奋斗不止的强大精神动力。这一精神源泉，随着社会时代的不断发展进步而不断地高扬提升，成为社会主义核心价值观的重要思想渊薮。

二　社会主义核心价值观对炎帝神农文化的继承和发展

古往今来，许多伟大的民族都有自己博大精深的文化以及适合自身民族生存的价值体系，而且他们都把这些作为推动国家、社会发展进步的重要力量。社会主义核心价值观是植根于中国传统文化的，是从传统文化的最深处寻找能够获取公民认同、引起大众共鸣并最终引领中华民族前行的价值理念。这些最深刻、最具影响力的优秀传统文化价值观，早在炎帝神农时期就开始出现，并影响了整个中华民族和中华文化的发展史。

1. 从国家层面看

炎帝神农是上古时期重要的历史人物，是氏族集团杰出的代表，他创造的历史文化，将中华民族带入了早期文明阶段，成为早期中国历史发展中重要的文化标志之一。炎帝神农所处的时代是我国原始社会由母系社会向父系社会过渡的时代，这是一个开天辟地、勇于创新的新时代。《商君书·算地》说："神农教耕，而王天下。"他创立的农耕文明使中国原始社会的发展出现了历史性飞跃，从野蛮时代跃进到初步文明的新时代，揭开了中华民族五千年文明史的第一页。在这之前，人类社会的基本组织形式还是分散的、流动的部落，而在炎帝神农始创农耕、建屋而居之后，原来分散、流动的部落告别了游牧生活，形成了部落联盟或部落集团。炎帝和黄帝曾发生过战争，但最终达成了我国历史上的第一次氏族大联盟。他们一起促进社会变革，建立原始政体，奠定了华夏文明绵延发展的历史根基。炎黄共建的华夏联盟，为多民族国家的融合团结开了先河，成为此后多民族国家形成的基石。华夏联盟虽然还称不上正式的国家，但这种原始政体可以看成早期国家的雏形。炎黄二族联盟而形成的华夏部族，成为上古时期华夏、东夷、苗蛮三大部落团体中力量最强的一支。这支在黄河、长江中游地区兴起的华夏部落，"抚万民、度四方"(《史记·五帝本纪》)，成为当时维护社会稳定、促进社会转型的一支重要力量。华夏联盟及其随后开展的注重民生、稳定社会、促进经济发展的重要举措，为国家制度的创立奠定了基础。

炎帝神农在领导自己的氏族部落时，有着"天下兴亡，匹夫有责"的责任担当精神和家国情怀。《吕氏春秋·爱类》记载："神农之教曰：'士有当年而不耕者，则天下或受其饥矣；女有当年不绩者，则天下或受其寒矣。'故身亲耕，妻亲绩，所以见致民利也。"他从自己做起，亲自耕种，并号召部落民众共同劳动，大家齐心协力创造更多的财富。这种从自身做起，推己及人，推广至社会的做法，是上古时代圣人教化民众的重要途径。从中华文化的源头时期开始，人们自觉地把个人、家庭、社会和国家串连成一个密不可分的整体，把个人追求与社会目标统一起来，构成由个人而家庭，由家庭而社会，由社会而国家，由国家而天下的中国传统文化中特有的社会价值逻辑。萌芽时期的早期国家政体，氏族领袖就希望本部族能富裕强盛，大众能衣食无忧，天下才能实现和平与稳定。《越绝书》曰："昔者神农之治天下，务利之而已矣。不望其报，不贪天下之财，而天下共富之。"社会主义核心价值观国家层面所倡导的"富强""民主""文明""和谐"，就是一切从人民群众的利益出发，关注民生，使国家富强昌盛，国民安居乐业。《商君书·画策》说："神农之世，男耕而食，妇织而衣；刑政不用而治，甲兵不起而王。"炎帝神农时代，不用严刑峻法和军事方式，依靠农耕文明恬静自守的社会性质，衍生出高尚的道德观念和淳厚的民风民俗，整个社会呈现出中华民族最早的"民主""文明""和谐"的景象，为后世所敬仰和效仿。如《庄子·胠箧》所说，炎帝神农时代的人民"甘其食，美其服，乐其俗，安其居……若此之时，则至治已"。"至治已"意思是说治理得最好，天下太平。今天的中华民族更加期盼国家的"富强、民主、文明、和谐"，这是我国政治文明与中华民族的发展愿景的综合体现。只有实现中华民族的伟大复兴，我们才能拥有和谐幸福的美好生活。

2. 从社会层面看

炎帝神农所处的新石器时代，正是天下为公的原始共产主义社会时期。氏族社会的人类没有高低贵贱的等级观念，生产资料共有，氏族成员共同劳动，共同消费，民主友爱，人人平等，只有朴素的公平互利的处事原则，个人的利益与集体的利益基本一致。这种没有压迫和奴役，没有固定的分工和阶级分化，全体社会成员共同占有生产资料的社会形态被称为"原始共产主义社会"，这与马克思主义的有关理论是相融相通的。作为中华民族原始社会强大部落首领，炎帝神农是大家推举出来的，勇敢智慧且富有生产经验和生活经验，是真正为大家服务的"公仆"，根本没有什么享受、特权概念。这些首领都具有朴素的大公意识和奉献精神。《淮南子·修务训》说："神农憔悴……圣人之忧劳百姓甚矣。"又说他为了祛除百姓疾病之苦，不惜牺牲生命，亲自"尝百草之滋味，水泉之甘苦，令民知所辟就。当此之时，一日而遇七十毒"。炎帝神农还注重对民众进行道德教育，因为良好的道德规范会通过潜移默化对社会产生长久和深远的影响，对社会风气产生示范作用。《吕氏春秋·上德》说："为天下及国，莫如以德，莫如行义。以德以义，不赏而民劝，不罚而邪止。此神农、黄帝之政也。"这种自由、平等的社会风气，一直为后人所称赞。

炎帝神农文化中有着朴素的"养民以公"的思想观念。《淮南子·主术训》说："昔者神农之治天下也，神不驰于胸中，智不出于四域，怀其仁诚之心，……养民以公。其民朴重端悫，不忿争而财足，不劳形而功成，因天地之资而与之和同。是故威厉而不杀，刑错而不用，法省而不烦，故其化如神。……当此之时，法宽刑缓、图圄空虚，而天下一俗，莫怀奸心。"意思是说，炎帝神农治理天下，沉静于胸，有仁爱诚意之心，用公心来教育氏族民众，还有"省而不烦"的法治规则，教化民众时"其化如神"。所以先民都质朴、正直，形成了原始社会公正友爱、天下平等的道德规范。在炎帝神农氏族社会里，这种通行的原始朴素的自由、平等、公正、法治的社会规范，无论是氏族首领还是一般氏族成员都在遵守。《淮南子·齐俗训》记载："故神农之法曰：……身自耕，妻亲织，以为天下先。其导民也，不贵难得之货，不器无用之物。是故其耕不强者，无以养生；其织不强者，无以掩形。有余不足，各归其身。衣食饶溢，奸邪不生，安乐无事，而天下均平。"当时的风气是"不贵难得之货"，"不器无用之物"，民风淳朴，衣服食物等物质财富相对丰富，先民们"安乐无事"，整个社会"天下均平"。这一"天下均平"的理念，在后世中华文化的发展中得到了继承和发展，成为今天社会主义核心价值观体系的活水源头。

3. 从公民层面看

爱国主义精神从古至今都是中国传统文化中的永恒主题，是人民群众对自己祖国深厚情感的表达，中国社会始终强调的个人品格，也是中华民族最深厚的思想传统，是历史发展中积淀下来的中国传统文化的灵魂。炎帝部落与黄帝部落的结盟，开创了中国历史上最早的爱国主义传统和天下一统局面的形成，也揭开了华夏民族自强振兴的序幕。数千年来，中华民族能够绵延不息，发展壮大，最重要的原因就是具有强大的爱国统一的民族凝聚、认同精神。这一爱国主义传统，仍然可以从炎帝神农文化中找到渊源。正如苏秉琦先生在《中国文明起源新探》中所说，"其根脉盖深植于史前文化之中"，深植于炎黄时代的民族融合和交流之中。此外，炎帝神农教民稼穑、播种五谷、遍尝百草、发明医药、日中为市、始兴贸易等功绩，开创了众多追求人民幸福的事业，称得上是中华民族的"敬业之祖"，是带领先民告别漫长的蛮荒生活的领袖。他和先民们在长期的生活和生产实践中，为中华民族精神的发轫和中华民族的形成准备了最初的物质、文化基础。他带领先民所开创的农耕文化、医药文化、商业文化和原始艺术等，成为炎帝神农文化的具体内容，富有强大的生命力和广泛的包容性，开启了上古先民最早的追求国家富强、民族振兴、人民幸福的征程。

许行是战国时期农家学派的代表人物，他继承了炎帝神农朴素的原始农业思想，保存了远古神农学说的精神，主张自耕而食，自织而衣，反对市场欺诈行为，所以许行被称为"有为神农之言者"。《孟子·滕文公上》："从许子之道，则市贾不贰，国中无伪；虽使五尺之童适市，莫之或欺。"这种在商业行为中"市贾不贰""莫之或欺"的诚信行为，显示了劳动人民自食其力的淳朴本色，充满对想象中的平均社会的美好憧憬，也对后世产生了深远的影响。《孟子·离娄上》："诚者，天之道也；诚之者，人之道也。"意思是说，诚实是天地之大道；追求诚信，则是做人的根本原则。天道至诚、真实，所以，人道也应如此，以追求人性的真诚善良为旨归。"信"为人言，人要言必信，行必果。由"诚"到"信"，是做人的基本要求。《庄子·盗跖》记载："神农之世，……耕而食，织而衣，无有相害之心，此至德之隆也。"这种原始社会朴素的"无有相害之心"的友善行为，表现为善待他人，推己及人。正是这种从炎帝神农文化中就发展起来，中华文化不断吸纳整合的自强、爱国、重民、敬业、诚信和友善的精神，是中华民族得以凝聚、团结和图强自兴的核心价值目标和精神原动力。

炎帝神农文化源远流长，以其独特创造、价值理念、鲜明特色，增强了中华民族的文化自信和价值观自信。正如《神农书·教篇》所云："民为邦本，食为民天。农不正，食不充；民不正，用不衷。"炎帝神农文化中"充食""正民""邦本"等观念，即从个人、社会、国家三个层次体现了当时"以农为本，本固邦宁"的价值取向。社会主义核心价值观有着对"始祖文化"——炎帝神农文化的继承和发展，炎帝神农文化中闪耀的思想精华和道德精髓是社会主义核心价值观的重要思想源泉。

三　坚持创新炎帝神农文化，培育
社会主义核心价值观

进入21世纪新阶段，中华优秀传统文化仍具有重要的历史意义和时代价值。我们需要科学对待传统文化，要坚持古为今用、以古鉴今，坚持有鉴别的对待、有扬弃的继承，努力实现传统文化的创造性转化和创新性发展。

1. 传承和弘扬炎帝神农文化，努力践行社会主义核心价值观

中华优秀传统文化具有非凡的固着性和聚合力。英国历史学家汤因比说道："就中国人来说，几千年来，比世界任何民族都成功地把几亿民众，从政治文化上团结起来。他们显示出这种在政治、文化上统一的本领，具有无与伦比的成功经验。"正是这种强大的整合功能，使包括炎帝神农文化在内的中华优秀传统文化，在发挥自身优势的同时，不断地充盈和飞跃，让国人得到精神归属。

作为炎黄子孙，传承和弘扬炎帝神农文化是我们应有的责任。当今世界，改革、开放、发展已成为时代的主题。越是扩大开放，越是国际经济一体化，越是要高度重视并深入追溯民族之根、文化之源。炎帝神农文化作为中华民族优秀传统文化的重要组成部分，是传承几千年的中华民族文化之源，是凝聚全球炎黄子孙的民族之魂。党的十七届六中全会指出："优秀传统文化凝聚着中华民族自强不息的精神追求和历久弥新的精神财富，是发展社会主义先进文化的深厚基础，是建设中华民族共有精神家园的重要支撑。"我们从"炎黄子孙"一词从古到今的广泛使用中就可以看出这一点。中华民族自古以来就特别推崇祖先，是一个注重血缘关系的民族，按照血缘关系认祖归宗是我们这个民族的优秀品

德。"家国同构"的政治模式，也加重了政治文化中的血缘认同。对于炎黄共祖的认同，成为促进祖国统一过程中重要的文化构建。因此，传承和弘扬炎帝神农文化，是培育社会主义核心价值观的题中应有之义，它将有力地促进社会主义核心价值观得到广泛认同。

2. 深化和发展炎帝神农文化，实现与社会主义核心价值观的有机融合

重拾传统并不等于简单复古，传统文化中的某些概念和命题，在现代社会中仍然可以发挥其作用，我们需要对传统文化中的一些理论概念和理论范畴，在现代性的观照下进行新的诠释和解读，使之注入新的时代性内容，使传统文化焕发新的生机，也便于人们更深刻地认识和理解社会主义核心价值观。我们应当在新的时代条件下深化和发展炎帝神农文化，使之与社会主义核心价值观有机融合，从而与时俱进地对国家文化软实力的提高做出持久性的贡献。

中国几千年的历史证明，华夏融合统一才能造就中国，才能使中国发展强大。炎黄文化一直以来具有的促进融合统一的政治色彩，在今天也有着现实的意义，它有利于中华民族凝聚力的形成。凝聚力是民族兴旺的基础、强大的源泉。从历史渊源上来说，世代相传、绵延不断的炎黄文化，在中华民族的形成和发展过程中，发挥了极其重要的作用，是中华民族文化的主体思想和祖根，有利于构建中华民族的和谐社会。构建和谐社会，需要团结和凝聚，这种团结和凝聚，不仅是指民族与民族之间的团结和凝聚，而且也指每一个民族内部的团结和凝聚，还指我国各族人民与港澳台同胞及海外华人华侨的团结和凝聚。当前，经过全体中华儿女不懈努力，中华民族正迎来伟大复兴的光明前景。在与社会主义核心价值观的有机融合中，炎帝神农文化的传承和发展必将进一步促进中华儿女的文化交流，为弘扬民族精神、加强全球炎黄子孙的交流与合作，推进祖国早日和平统一做出贡献。

3. 升华和创新炎帝神农文化，为充实和丰富社会主义核心价值观提供支持

习近平总书记指出："中华优秀传统文化蕴藏着丰富的思想资源，包含着优秀的传统美德，必须坚持客观、科学、礼敬的态度，认真汲取中华优秀传统文化的思想精华和道德精髓，做好创造性转化和创新性发展，激活其生命力，增强其影响力和感召力，为涵养社会主义核心价值观提供重要源泉。"传统文化是特定时代的产物，即使是其中的精华，也要根据时代需要合理升华创新。只有这样，才能在时代变迁中弘扬主旋律、传播正能量，才能在培育社会主义核心价值观中真正起到精神导航的功能和助推剂的作用。同样，我们也需要升华和创新炎帝神农文化，使之转化为对现代社会有用的新观念，为充实和丰富社会主义核心价值观提供支持。

费孝通先生指出："几千年来，炎黄二帝作为中华民族始兴和统一的象征，对于海内外中华儿女的民族认同和增强凝聚力、向心力，发挥了巨大作用。"自从炎帝神农所处的时代开始，中华民族就有"天下一统，协和万邦"的政治理念，注重在自身发展的同时，高瞻远瞩，心怀天下，崇尚个人价值与社会价值的和谐发展。炎帝神农文化在新时代产生了新的内涵，就是成为联系海内外炎黄子孙的精神纽带。在炎帝神农文化的指引下，一方面，我们要广泛开展始祖文化的精神教育，大力弘扬爱国主义、集体主义、社会主义思想，增强民族自尊心、自信心、自豪感，激励人民把爱国热情化作振兴中华的实际行动，以热爱祖国和贡献自己全部力量建设祖国为最大光荣。另一方面，中国的改革开放政策已决定了中国的发展离不开与世界的合作，这是一条与世界共生、共赢的发展道路。炎帝神农文化对海峡两岸和海内外炎黄子孙产生的感召力，使其能够与世界共同分享发展成就，能够有效回应国际社会对中国的期待和诉求。在经济全球化的时代，我们要以宽广的眼光看世界，要在参与经济全球化的过程中高扬爱国主义的旗帜。近年来，海内外无数炎黄子孙跨海漂洋，迢迢奔波相约祭拜炎帝神农，数典寻根，顶礼谒拜，充分体现了一个民族对自己先祖的追念与崇敬之情，也反映了华夏儿女传承、弘扬始祖精神与文化传统，构建中华民族精神家园的共同心志与强烈愿望。习近平总书记说："博大精深的中华优秀传统文化是我们在世界文化激荡中站稳脚跟的根基。……中华传统美德是中华文化精髓，蕴含着丰富的思想道德资源。不忘本来才能开辟未来，善于继承才能更好创新。"在当今文化因素变得越来越重要的全球化时代，我们必须放眼世界，繁荣中华文化，通过提高文化软实力来使世界更好地了解中国，进而实现民族复兴的伟大梦想。

总之，一个民族的生存、发展和强盛，需要有强大的传统文化作为支撑。保持和发扬自己的民族文化特点，是一个民族稳定和发展的基础。习近平总书记强调指出："培育和弘扬社会主义核心价值观必须立足中华优秀传统文化。牢固的核心价值观，都有其固有的根本。抛弃传统、丢掉根本，就等于割断了自己的精神命脉。"价值观属于文化范畴，它的形成、发展，一刻也离不开历史文化传统。核心价值观是在一个国家、民族的长期发展中孕育形成的，反映出这个国家、民族的文化积淀和精神基因。

近年来，对炎帝神农的祭典活动逐渐成为传承中华文化的载体和平台，在随州等祖根圣地每年举办一次炎帝拜祖大典，提醒海内外炎黄子孙共同牢记：团结统一的中华民族是海内外中华儿女共同的"根"；博大精深的中华文化是海内外中华儿女共同的"魂"；实现中华民族伟大复兴是海内外中华儿女共同的"梦"。从这个意义上说，继承和弘扬炎帝神农文化在共建中华民族精神家园、推动民族伟大复兴方面发挥着极其重要的作用。随着我们对炎帝神农文化的认识逐渐走向深入，必然要引导大家重视传统文化的价值，从而将公民对始祖文化的温情与敬意升华为根深蒂固的情感，为社会主义核心价值观的认同提供基础。这将是一个长期而艰巨的任务，既需要传承和弘扬炎帝神农文化，也需要在实践中深化和提升对传统炎帝神农文化的认识。"传统的复活不必重新征服社会的中心，就可以显得生气勃勃。"当然，弘扬、复兴优秀传统文化的目的不是为了"复古"，而是为了"创新"。只有把炎帝神农文化与当代中国社会主义先进文化贯通起来，把炎帝神农文化与社会主义价值观有机融合起来，培育和践行源于中国传统文化又高于中国传统文化的社会主义核心价值观，才能使社会主义核心价值观既有深厚的历史文化底蕴，又充满鲜活的时代气息；既能实现对炎帝神农文化的继承、创新和发展，又能充分体现社会主义的本质属性，实现社会主义核心价值观对传统文化的升华和超越。

中国文化传统在当代中国核心价值中的位置

冯　平[*]

【摘　要】　在国际国内风云变幻、价值观复杂多样的环境中，中国文化传统有着自身独特的优势，在当代中国核心价值的构建中，中国文化传统有着相当于母体根基的作用。

【关键词】　中国文化　当代中国　核心价值

一　历史坐标与现实难题

要确定中国文化传统在当代中国核心价值中的位置，必须洞察当下中国的历史方位。当下中国正处于现代化与中华文明复兴、社会主义与资本主义、民族国家与全球化三大张力之中。这三大张力构成了当今中国的世界历史坐标，也构成了当今中国现代化的三大难题。

第一大难题关乎现代化的普遍性和特殊性。现代化是否反映人类历史发展的必然趋势，其间是否蕴含着一组现代化进程必须遵循的普遍价

---

　*　冯平（1956~ ），复旦大学哲学学院教授，博士生导师。此文是由冯平任首席专家的国家社科重大项目课题组全体成员的共同成果。

值？一个现代化国家是否可能既具有现代化的总体特征，又守护自身的文化传统？第二大难题关乎社会主义与资本主义这两种现代性筹划的历史境遇。这两种筹划各自的理念和价值中包含着什么样的理性和解放潜能，同时具有怎样的局限性？它们在历史展开中给人类带来了什么样的收获和难题？第三大难题关乎民族国家与全球化之间的张力。西方的现代化运动是矛盾的，其整个理念层面都是普遍主义和全球取向的，在资本和技术层面也有全球化的取向，但其法律制度和政治权力是建立在民族国家基础上的。民族国家要求坚持主权的独立与统一，全球化趋势则要求具备全球的视野与解决超国家的全球问题。民族国家归结到底是一个排他性的政治主权安排。这种主权形式以及与它相关联的民族主义情感投注，很容易走向自身理念的反面。那么，中国的崛起能否包含一种超越民族国家的行动逻辑？在现代性的话语框架中，能否存在一个不同于民族国家的文明国家样态？现代的民族主义认同应是一种种族的、文化的认同，或是一种共同体生存方式、社会制度和价值体系的认同？

处于三大张力中的中国，是蕴含前所未有希望的中国，也是面临前所未有挑战的中国。其希望在于，中国已经融入了世界文明的发展洪流，坚定地走上了现代文明国家建设之路，改革开放为中国现代化开辟了新的可能性。其挑战在于，苏联版本社会主义的巨大惯性尚未完全消除，而资本主义的因素又随着市场经济的建立裹挟而入。在新的生活样态中，在多种文化突如其来涌入的情势下，原有的信仰受到最严峻的挑战，虚无主义、犬儒主义乘虚而入，当下中国面临三大难题，我们亟须建设当代中国核心价值观。

二 复杂现代性与活着的三大传统

当今中国的希望与挑战都昭示，中国正处于"现代性转型"，即一个"现代文明秩序的建立"之中。作为现代化的后发国家，我们在尚未完成现代化之时，已经遭遇了思想家对现代性的强烈批判；尚未实现现代化的潜能解放，已经经历了现代化的种种弊端。这一境遇使我们在确立未来发展方向时，颇有腹背受敌、左右为难、进退失据之感。面对这一艰难情境，我们认为，需要建立"复杂现代性"的理论框架，并以此作为分析中国现实问题的理论手段和探寻中国未来发展方向的方法论原则。

"复杂现代性"概念的基本立场，是在肯定"现代性"的普遍性、共性和相对确定性的基础上，强调"现代性"在空间、时间和内在结构上的特殊性、多样性和实现过程中的不确定性。"现代性"肯定自由、平等、法治、民主、理性、个体尊严等价值观。肯定"现代性"的普遍性、共性和相对确定性，使我们可以避免相对主义，把握人类社会发展的趋势，确定当代中国社会核心价值的基本方向。强调"现代性"的特殊性、多样性和实现过程的不确定性，使我们可以避免绝对主义，根据中国的现实、中国的文化传统，探索更加切合中国实际的现代性的实现方式，从而形成一种能够尽可能克服以往现代性的缺陷，不仅对中国的发展更好，而且对整个人类的发展都更具借鉴意义的"完备的现代性"。

面对三大难题，我们需要建立与"复杂现代性"相应的思维方式，以当下中国活着的三大传统为基础，创造一种中国现代化文明。当下中国的三大传统为：现代文明传统、社会主义传统和中国文化传统。现代文明是当代中国核心价值构建的基准。对人的价值、自由和权利的尊重，对国家治理民主、法治原则的尊重，是现代文明最根本的理念。社会主义是构建当代中国核心价值的方向。马克思主义的科学社会主义旨在超越资本主义的现代性筹划，重新规定现代性的内涵。它不仅对人类的现代性建设意义重大，而且直接决定着中国现代化事业的性质。作为中华文明血脉的中国传统文化是当代中国核心价值的"大地"。对于中国现代化而言，现代文明的原则和社会主义的原则都必须也只能生长在中国传统文化这块大地上，并且也只有汲取这一大地独特的养分，中国现代化才能为人类现代文明创造出一种新的可能性。

三 现代文明的缺陷与中国家、国、天下理念的意义

中国传统的"家"、"国"与"天下"观念形成于农业文明时代，该观念对生命与道德、个体与家庭、民族与文明、世界与天下以及人类与自然之类的关系有着独到的见解，有着独具特色的价值取向。经过现代转换，它不仅可以与现代性对于个体自由、理性批判和宽容精神的价值追求相衔接，而且能够对商业文明与工业文明时代盛行的个体主义、功利主义和消费主义的消极作用进行某种程度、某种范围的限制。

现代文明的标志在于对人的尊重最终落实到对每一个个体的自由、权利和尊严的尊重。个体的自由、权利以及尊严构成现代社会建立的根基，是现代经济制度的先决条件和现代国家的基础，乃至现代价值体系的基准点。然而，个体主义有积极和消极两种形态：积极的个体主义有限度、有理性，扎根于个体权利和责任的对称性，而消极的个体主义由于缺失普遍性的向度，每每蜕变为自我异化的唯利是图和享乐主义。因此，超越个体主义的消极后果，是当代中国核心价值必须保持的基本维度。

但在中国的现代语境中，对个体主义的理解始终晦暗不清。在超越个体主义的假相中，中国社会依然徘徊于现代价值形态之外，"个体"也从未在理论上得到明确论证，制度上的保障则暧昧模糊。而由市场经济培育出来的强烈"占有型个体主义"越来越充分地显现其消极后果：利己主义横流，相对主义流行。因此，澄清现代社会的基本价值形态在中国具有了双重的困难：传统的误解以及现实中消极作用的释放。

中国传统的"家"、"国"与"天下"观念在经过现代转换之后，完全可以转化为构建当今中国核心价值的重要因素与原则，从而因应由消极性个体主义所带来的现代挑战，规范已经失范的诸多现象。

中国文化传统中的"家"既是人类实现自身再生产的基本单位，也是价值观念得以再生产的基本单位。个体本位强调个人的"欲望"、"利益"、"自由"、"权利"和"快乐"，而基于"家"的基本价值观念则是

与"关系""责任""义务""慈爱""孝顺""和谐""幸福"等观念联系在一起。"家"是价值形态中的一个独立单位，从中所产生的价值观念与从个体本位产生的价值观念有着完全不同的价值取向，并且对个体主义的消极影响有很好的制约作用。

现代性建构的一个重要环节是国家认同。现代社会由于建立在个体本位的基础上，社会离心力大，因此一个现代社会如果没有足够的文化凝聚力，社会就会分崩离析，国家就会分裂。从某种意义上讲，中国是被迫接受"民族国家"观念，被迫进入"民族国家"的世界体系的。一方面这种民族国家的"转化"似乎是现代中国进入现代世界的必由之路，另一方面，一种以天下为己任的宏大胸怀则被迫转化为一种狭隘的民族意识，这似乎又与中国文化传统格格不入。民族国家的论述使中国这样一个多民族的"文明国家"在现代民族国家体系中显得格格不入。只有转变狭隘的民族观念，复兴"文明国家"的概念，才能解决长久困扰我们的边疆问题和少数民族问题。"文明国家"的概念提醒我们"天下关怀"的责任，提醒我们对于世界历史的使命。

"天下"观念是中国文化中最具特色、最具宏大愿景的观念。它表达的是中国文化对世界关系的一种道德化、整体化的理解，"生生不息""和而不同""天人合一"是它的丰富内涵。中国文化的"天下"意识，着眼于人类的"公理"。在全球化时代，作为文明中国，应该在"文明国家"的形态下重新伸张"天下为怀"的价值理念，不仅包容天下，还须以"天下为怀"的境界，回馈整个世界。

今日之中国已将"富强、民主、文明、和谐，自由、平等、公正、法治，爱国、敬业、诚信、友善"确立为中国社会主义核心价值观，无论在构建这一核心价值观还是在践行这一核心价值观中，中国文化传统都具有极其独特的位置和特别重要的作用。对于中华民族而言，开创一种新的现代性的可能性永远都不能脱离中国文化传统这一大地。大地，这就是中国文化传统在当代中国核心价值中的位置。

儒家文化

《论语》中的父子伦常

周海春[*]

【摘　要】　父子伦常的重点应该是对弱者的照顾。年老的父母和年幼的子女是关照的重点。当然这其中会赋予成年人以较高的付出的期待，而年幼的子女和年老的父母则处在接受者的地位。这既是正义的，也是慷慨的。正义的是说这种伦常关系符合付出和获得的对应关系。成年人对父母的付出对等于父母相应的付出，成年人的付出和从父母那里的获得是对应的。而对子女的付出和将来子女对自己的付出相对应。这是代际正义的要求。由于时代的原因，这种对应不是一一等值的，不过总体上存在一个模糊的对应性。慷慨和仁爱恰好就在于这种模糊性要求不计较获得和付出无条件地照顾弱者。

【关键词】　《论语》　父　子　伦常

在父子伦常中，一般情况下，人们认为要孝顺父母，这是天经地义的事情。为什么要孝敬父母呢？理由有很多，如父母曾经付出过，子女也应该有对等的付出，或者即便父母没有太多的付出，从人情和天理来看，大家是一家人，也应该孝敬父母。这是很多人都承认的道理，但现

---

* 周海春（1970～），男，汉族，内蒙古扎兰屯市人，湖北大学哲学学院教授，博士生导师，湖北大学国学研究所所长，湖北大学中国文化研究中心主任，《文化发展论丛·中国卷》主编，《价值论与伦理学研究》执行主编，主要研究方向为中国哲学史和伦理学。

实生活中的成年人却面临着太多的生活困境，来自子女的需要，来自家庭其他成员的意愿，来自社会的压力，以及个人的认知和德性的发展等的限制，孝敬父母总是很困难。

如何理解父子伦常，父子的伦理关系究竟该如何？本文认为当动态地考察父子关系，并把人生分成不同的阶段来理解伦常关系。在不同的阶段，父子伦常有不同的伦理内涵，有不同的德性要求。"孟懿子问孝。子曰：'无违。'樊迟御，子告之曰：'孟孙问孝于我，我对曰：无违。'樊迟曰：'何谓也？'子曰：'生，事之以礼；死，葬之以礼，祭之以礼。'"（《论语·为政》）不违什么？有说是礼，有说是理，有说是本分。因为不违的是礼，所以包含着一种处理父子关系的反思性关系，儿子不能苟且尊亲，而是要尊礼。从这段话来看，"孝"和"无违"联系在一起。"孝"涵盖了人的一生，起点是"生"，终点则延续到死及死以后。从这一文本来看，可以把父子伦常分成以下几个大的阶段来谈，即幼年时期、成年时期和老年时期。

一　子女幼年时期的父子伦常

在幼年时期的父子关系中，子女具有弱势的地位，父母已经具有独立的人格和一定的独立经济和文化能力，子女和父母之间具有一定的依赖关系。这个时候的重点是父母对子女身体的照顾和精神的支持，而要求子女孝敬父母显然不现实。幼年的子女缺乏理性能力，缺乏独立生活的条件。不过也有人会说，这个阶段的子女应该听父母的话，听从父母的教导，学习父母生活和生存的智慧，学习人生的道理。从这一意义上说，子女应该孝敬父母。不过，把这一道理讲给小孩子听，尤其是幼儿听，基本不会起到什么效果。有过小孩子的父母都有一个基本的经验，幼儿是一个绝对命令者，他们以柔弱的身躯，唤起大人的慈悲之心，要求成人无条件地付出，对于三岁以前的幼儿尤其如此。他们柔弱，但他们胜刚强，显然子女幼年时期，讲孝只能对成年人讲，而孝敬的内涵是如何全心全意地照顾小孩，并在这种照顾中让小孩获得安全感，获得足够的爱，从而让小孩子能够给予父母以足够的回报。能否有这一视野关系到一种文化对伦常思考的完备性。"对童年的忽视伴随着对老年以及对人生任何阶段中残疾和依赖性经验的忽视。"①

从《论语》来看，涉及这一阶段的资料是比较少的，这或者说明《论语》的编辑者没有突出这一阶段，或者孔子本身缺乏相关的表述。不过，《论语》里面不是完全没有相关思想的印记。"子曰：'老者安之，朋友信之，少者怀之。'"（《论语·公冶长》）在这里出现了对"少者"的关怀，不过这里更多的是从他人或者社会的角度提出对少者"关怀"问题。从社会或者他人的角度提出关怀年少者的问题，显然兼容了父母对弱小子女的照顾和关怀。父母照顾弱小子女具有一定的不言自明性，尤其是在父母照顾子女没有经常性出现问题，需要提出理论思考的情况下，这一问题或许不需要理论来专门回答。"子曰：'予之不仁也！子生三年，然后免于父母之怀。夫三年之丧，天下之通丧也。予也有三年之爱于其父母乎？'"（《论语·阳货》）在这里，孔子坚持三年之丧的理由是小孩子要靠父母照顾到三岁左右，二者之间应该存在一定的互惠关系。麦金太尔（Alasdair MacIntyne）对这种接受和给予的互惠关系有过很好的说明："某些他人能够为我们提供所需，通过参与到和他们的一系列关系之中，我们成为独立的实践推理者。在成为独立的实践推理者之后，我们通常（虽然或许不总是如此）也就获得了给予那些处在我们之前的需要状态之中的他人所需要的东西。我们发现自己处于一个给予和接受的关系网络的特定位置，通常我们能够给予什么、给予多少在一定程度上取决于我们之前接受了什么、接受了多少。我们要考虑这些关系如何在从孕育到死亡的过程中延伸，同时假设人类的身份就是动物的身份。我们所接受的东西来自父母和家庭中的其他长者、老师和师傅，以及那些在我们生病、受伤、因年龄增长而衰弱，或失去正常生活能力时关心我们的人。后来，他人、孩子、学生、那些因不同方式失去正常生活能

① 〔美〕阿拉斯戴尔·麦金太尔：《依赖性的理性动物：人类为什么需要德性》，刘玮译，译林出版社，2013，第81页。

力的人，以及那些有着重大和迫切需要的人，必须依靠我们的给予。有时候那些依靠我们的人正是我们从他们那里有所接受的人。但我们通常从一些人那里接受，而另一些人需要我们给予。如果这样理解，那么使独立的实践推理者出现并得以维持的那些关系就是一些他们从一开始就有所亏欠（in debt）的关系。"① 麦金太尔指出：我们知道从谁那里得到了好处，并因此对谁有所亏欠。但是我们经常不知道需要对谁给予；使我们成为独立的实践推理者所需要的关心，如果要行之有效，就必须是对人本身无条件的关心，而不管结果如何。这就是我们现在反过来应当给予他人或将来应当给予他人的关心。

初生的孩子是脆弱的，需要父母全身心的付出。父母与子女的这种关系，与孝敬父母的关系类似，也可以说是"孝"。照顾小孩是父母德性的一次重要历练。父母需要适度地放下自我，全身心地关心孩子，给孩子提供安全感和正确的反应性的认识。"要为孩子提供正确的安全感和正确的反应性认识，母亲、父亲和其他家庭成员必须拥有哪些德性呢？父母和孩子之间的关系与其他师生关系有所不同，这种不同表现在三个方面。首先，如果父母，尤其是母亲，要为孩子提供他们所需要的安全感和认识，就需要将这个孩子作为他们持续关心和承诺的对象，因为这是他们的孩子，他们对他负有独特的责任。其次，他们最初的承诺在很多方面必须是无条件的。父母，尤其是母亲的态度，必须用这种誓言的形式表达出来：'无论世事如何变化，我都会在你身边。'第三，尽管那是他们的孩子这一事实使这个孩子成为他们的责任，但最重要的是孩子的需要，而非与孩子的关系中他们的需要。这种关系的全部三个方面都反对按照孩子的品性和天资区别对待他们。"②

对幼小子女的照顾的思想是否存在于《论语》之中呢？"孟武伯问孝。子曰：'父母唯其疾之忧。'"（《论语·为政》）疾，疾病，或者泛

---

① 〔美〕阿拉斯戴尔·麦金太尔：《依赖性的理性动物：人类为什么需要德性》，刘玮译，译林出版社，2013，第81~82页。

② 〔美〕阿拉斯戴尔·麦金太尔：《依赖性的理性动物：人类为什么需要德性》，刘玮译，译林出版社，2013，第74~75页。

指不良的品格或者行为。关于此处的看法有，孝子不罔为非，只有疾病让父母担心；子女非常担忧父母的疾病；父母爱子，无所不之至，唯恐儿子有疾病。可以把"唯其疾之忧"看成一个显示意义的情境。这一情境是在面对疾病、残疾等特殊情况时表现出来的关心和无条件奉献，表现出一定的英雄气概。不管是父母还是孩子处在这一情境下，都需要有人挺身而出，尤其是那些具备一定的独立生活能力，能够付出的理性独立者，更是如此。"父母的关心怎样才是好的在某种程度上是通过孩子遭受严重残疾的可能性来定义的。"[①] 当孩子处在弱小的情况时，其情境与此情境高度相似，因而也需要父母表现出相应的对待弱者的德性。

二　子女成年时期的父子伦常

随着子女成年，父母逐渐变成弱者。这个交替的过程是最容易发生父子冲突的时期。子女成为理性独立者，父母也是理性独立者，彼此之间不再是强者和弱者的关系，而是强者之间的关系。这会带来很多的伦理问题。在现代社会中，一个成年人"事父母"的难题主要有三：一是"色"，即肉体需求以及相应的功利和福利。为了实现这一福利需要更多地服务社会而不是服务父母。二是对民族、国家和社会的回报和给予，社会提出的给予要求，需要进行回应。三是自己也是父母，需要承担生养子女的责任和义务。《论语》中有资料明显涉及第一点和第二点，有资料间接反映了第三点。

其一，成年子女需要对"色"保持一定的超越态度。"子夏曰：'贤贤易色，事父母能竭其力，事君能致其身，与朋友交言而有信；虽曰未学，吾必谓之学矣。'"（《论语·学而》）对"贤贤易色"有很多解释方式，如解释成对妻子重视品德，不重视容貌；能够看出他人之贤德，从而升起尊重之心，并改变自己的容貌；以好色之心好贤。其中的争议主要是对

---

① 〔美〕阿拉斯戴尔·麦金太尔：《依赖性的理性动物：人类为什么需要德性》，刘玮译，译林出版社，2013，第75页。

"贤贤易色"的抽象理解，还是具体理解的问题。如果具体理解，贤，就是贤人，与父母等相对应。如果抽象理解，"贤贤易色"的要求就会涵盖"事父母能竭其力"，好贤之心构成了"竭其力"的条件。

这段话包含了父子关系、君臣关系、朋友关系和师生关系。父子关系、君臣关系、朋友关系不同于师生关系，但是如果实现了善的价值，也相当于师生关系。父子关系涉及理性判断之道的时候涉及师生关系，涉及体力的付出和情感的投入的时候则不是师生关系。从道的角度来讲，成年子女有自己的道，父母有父母的道，彼此之间应当遵守那个最应该遵守的道，但是这一点并不总是那么顺利实现的。《论语》给父子之间的理性判断保留了空间。子女可以谏争，并且保留自己的"志"。"子曰：'事父母几谏。见志不从，又敬不违，劳而不怨。'"（《论语·里仁》）这里面其实包含了一定的层次性。"谏"和"志"涉及是非对错，涉及观点分歧和价值的多样性问题；"敬"和"怨"则是情感层面的事情，"不违"是礼节规范层次的问题，"劳"是体力付出层面的事情。从这段来看，在父子之间面临矛盾的时候，理性观点方面需要保持弹性和多样性，但是在感情和体力方面则要求子女对父母无条件地付出和给予。

其二，就是家国的冲突，即人伦亲情的价值和更广阔的社会领域之间的矛盾。青年阶段的人面临很严重的伦理冲突，其中一个就是履行家庭责任和履行社会责任的冲突。"子曰：'父母在，不远游，游必有方。'"（《论语·里仁》）孔子似乎倾向于家庭的价值，当然孔子也不否定社会的价值，子女需要在家庭和社会之间有一个合理的权衡。"然而家庭当然是本地共同体中非常关键、不可缺的组成部分，家庭生活的很多领域都需要运用承认依赖性的德性。事实上，正像我之前说的，父母与幼年的孩子、成年人与年老的父母之间的关系都是只有通过那些德性才能维系的关系的典范；健全和独立的家庭成员与其他永久残疾、部分或完全依赖他人的家庭成员之间的关系也是这样。"[1] 人生很多的责任最

---

[1] 〔美〕阿拉斯戴尔·麦金太尔：《依赖性的理性动物：人类为什么需要德性》，刘玮译，译林出版社，2013，第 111~112 页。

终是要靠家庭成员来承担的，这就需要青年人更多地关注家庭的付出。一方面要履行对父母的责任，给予父母回报，另一方面社会往往又不允许这样做。尤其是在现代社会背景下，家庭成为社会的一个组成部分，日益缺少独立的地位和价值，缺少足够的合理性。"正是因为家庭缺乏自足性，承认依赖性的德性要求认识到的那种公益就无法在家庭内实现，至少在将家庭理解为分散和分享的社会单位的意义上无法实现。"① 理想的状况当然是各方面都能得到照顾，都给予相应的付出。"子曰：'出则事公卿，入则事父兄，丧事不敢不勉，不为酒困，何有于我哉！'"（《论语·子罕》）但事实上，这一点往往是很难做到的。当二者出现冲突的时候，一方面，孔子强调不能顺从政治权威和社会权威之恶。"曰：'然则从之者与？'子曰：'弑父与君，亦不从也。'"（《论语·先进》）而应保持自我的价值判断。另一方面，也不能利用政治权力来为父母谋取特殊的利益。"子华使于齐，冉子为其母请粟。子曰：'与之釜。'请益。曰：'与之庾。'冉子与之粟五秉。子曰：'赤之适齐也，乘肥马，衣轻裘。吾闻之也，君子周急不继富。'"（《论语·雍也》）

在这种弹性中，家庭亲情是有一定的价值优先性的。"叶公语孔子曰：'吾党有直躬者，其父攘羊，而子证之。'孔子曰：'吾党之直者异于是。父为子隐，子为父隐，直在其中矣。'"（《论语·子路》）父为子付出，子给予父一定的对应的付出关系，是"直"所要求的。这是一种对等的恩惠关系，不是算计的关系。"亏欠的概念不适用于任何非自愿承担的关系或交易。根据这种看法，我与他人之间就有两类关系。一类是为了关系中各方的利益设计出来，并因这些利益得到辩护的关系。这些就是交易性的关系，由来自理性选择理论（theory of rational choice）的准则支配。另一类是由自愿承担的同情和情感引发的关系。"② 在麦金太尔看来，理性选择加给我们的首先要求只扩展到处于合作性交易中的

---

① 〔美〕阿拉斯戴尔·麦金太尔：《依赖性的理性动物：人类为什么需要德性》，刘玮译，译林出版社，2013，第111~112页。

② 〔美〕阿拉斯戴尔·麦金太尔：《依赖性的理性动物：人类为什么需要德性》，刘玮译，译林出版社，2013，第94页。

同伴或可能的同伴。因此我们与非人类动物或残疾人的关系都依赖我们在情感上的同情。一些学者强调"隐"的合理性来自人伦情感，这在一定层次上看是合理的。"除了最短期的社会关系形式之外，这两种关系都内嵌于某套给予和接受的关系之中，并且需要由这些关系来描述。情感和同情是我们应当给予他人的东西。支配感觉和决定感觉恰当与否的规范与其他给予和接受的规范不可分享，因为我们通常正是在给予和接受中表现情感和同情。"① 或许，从法的角度看，父子互隐会带来一定的隐患，不过法的规范毕竟是一种理性的规范。而这一理性的规范总是要被某种接受和给予的关系，尤其是其中包含的情感关系所调整，并在生活中被实际运作起来。"理性的交换关系受到某些规范的支配，遵守这些规范对每个参与者都是有好处，理性的交换关系也以一种类似的方式内嵌于某些关系之中并由这些关系维持，而这些关系则受到不加计算和不可预期的给予和接受规范的支配。因此，正是那些制度化的关系让市场交换成为可能。市场关系如果要对整体的幸福有所贡献，而非像它们事实上经常的那样损害和腐蚀共同的纽带，那么市场关系的维持就必须内嵌于某些本地的非市场关系——那种不加计算的给予和接受关系——之中。我们的情感纽带和市场关系在很大程度上都预设了给予和接受的规范。"②

其三，成年人自己也成为父母，双重身份让成年人同样面临着艰难的选择和巨大的压力。"子曰：'老者安之，朋友信之，少者怀之。'"（《论语·公冶长》）这句话反映了成年人的处境和道德要求，成年人要敬老，要对朋友讲诚信，还要养护小孩，爱护年幼者。当然古人也力求寻找彼此之间的逻辑关联，如"要知亲恩，看你儿郎。要求子顺，先孝爷娘"。（吕得胜《小儿语》）力求说明孝敬父母的付出会得到子女相应的给予。养护子女在中国古代哲人看来，本来就是对父母的孝。

---

① 〔美〕阿拉斯戴尔·麦金太尔：《依赖性的理性动物：人类为什么需要德性》，刘玮译，译林出版社，2013，第95页。
② 〔美〕阿拉斯戴尔·麦金太尔：《依赖性的理性动物：人类为什么需要德性》，刘玮译，译林出版社，2013，第96页。

不过，在养护子女的同时，能够尽自己最大的努力帮助父母当然是最好的选择。"子曰：'父母之年，不可不知也；一则以喜，一则以惧。'"（《论语·里仁》）相对于孩子来说，父母是没有未来的。"奉养无多日，钱财毋较量，果能亲意慰，不愧作儿郎。"（谢泰阶《小学诗》）基于这个理由，子女需要尽最大的努力奉养父母。"父母呼，应勿缓。父母命，行勿懒。父母教，须敬听。父母责，须顺承。冬则温，夏则凊。晨则省，昏则定。出必告，返必面。居有常，业无变。事虽小，勿擅为，苟擅为，子道亏。物虽小，勿私藏，苟私藏，亲心伤。"（《弟子规》）这段文字内容全面，要求从早到晚、从春到冬都要奉养好父母，在出入、做事、待物方面也要有合理的表现，并且全面执行父母的命令，完成父母的心愿。"毋使父母怒。"（吴麟征《家诫要言》）这里则强调了照顾父母情感的重要性。"侍奉高堂亲，时时结念真，寝膳须着意，温凊要留神。亲色平心察，亲言仔细听，须知亲意向，当顺在无形。挞骂低头顺，糟糠背自吞，但求亲适意，吃苦也甘心。若说万千差，爷娘总不差，你心曾尽否，能遽悦亲么？"（谢泰阶《小学诗》）这里强调了奉养父母的自我磨砺。"兄弟休推托，专心服事勤，譬如单养我，推托又何人？"（谢泰阶《小学诗》）这里强调了奉养父母需要有勇于承担的精神。

三 子女老年时期的父子伦常

当子女本身成为老人的时候，父母可能已经不在人世，这个时候重要的是自己能够成为父母之道的继承者和体现者。"子曰：'父在，观其志；父没，观其行；三年无改于父之道，可谓孝矣。'"（《论语·学而》）"其"，有说指代父亲，也有说指代儿子。"三年"，有说是实数，有说是虚数。"道"，有说是政道、国法、风政，有说是家中大小事务，有说是行为准则或道路。"观其志"，强调儿子不能自专。

一般认为，《论语》及儒家的父子伦常关注的重点在于父母，比较强调子女对于父母的照顾。但这一理解的前提是子女具备一定的理性能力，可以完成奉养父母的责任。"儿子继承着父亲的独一性，但又外在于父亲；儿子是独一无二的儿子。""父子关系是与陌生人的关系，他完全是他者又是我自己，是自我同时对我来说仍然是一个陌生人的自我的关系，儿子实际上不是我的作品，就像一首诗或一个工艺品，也不是我的财产。不是权力范畴或财产范畴能指涉与孩子的关系，不是原因概念也非所有权概念让人可以去掌握多产的事实。我不是拥有我的孩子，我以某种方式就是我的孩子。"①从这一意义上说，成年人把自己的孩子放在重要的位置上，有其合理之处。

道家讲"复归于婴儿"。(《道德经》第28章)《传道书》中说："少年人哪，你在幼年时当快乐。在幼年的日子，使你的心欢畅，行你心所愿行的，看你眼所爱看的，却要知道，为这一切事，神必审问你。所以你当从心中除掉愁烦，从肉体克去邪恶，因为一生的开端和幼年之时，都是虚空的。"(《传道书》第11章)《马太福音》则对"婴儿"另有不同的态度。耶稣说："让小孩子到我这里来，不要禁止他们，因为在天国的，正是这样的人。"(《马太福音·耶稣为小孩祝福》) 在这里，小孩和天国中的人具有相似性。在道家那里，"婴儿"的诞生是得道的标志。在《马太福音》中耶稣肯定了婴儿的谦卑。"我实在告诉你们：你们若不回转，变成小孩子的样式，断不得进天国。所以，凡自己谦卑像这小孩子的，他在天国里就是最大的。凡为我的名接待一个像这小孩子的，就是接待我。"(《马太福音·天国里谁最大》) 在这个文本中，婴儿和天国之间建立了逻辑联系，和天国中的"人"建立了逻辑联系。泰戈尔也是从神的角度来看待"婴儿"的价值的。泰戈尔说："每一个孩子出生时都带来信息说：'神对人并未灰心失望。'"②(《飞鸟集》) 在泰戈尔看来，孩子的内在的精神境界是乐土。"孩子永不知道如何哭泣。他所住的是完全的乐土。"③ 老子的"复归于婴儿"与泰戈尔和基督教的

① Emmanuel Levinas, *Totality and Infinity：An Essay on Exteriority*, Alphonso Lingis（trans.），The Hague：Martinus Nijhoff Publishers and Duquesne University Press, 1979, p. 279.
② 〔印度〕泰戈尔：《泰戈尔诗选》，郑振铎译，上海三联书店，2011，第78页。
③ 〔印度〕泰戈尔：《泰戈尔诗选》，郑振铎译，上海三联书店，2011，第7页。

思想不完全相同。老子讲"婴儿"更多是联系"道"来讲的，而泰戈尔和耶稣是联系神、天国、乐土来讲的；另外，泰戈尔和耶稣讲的"婴儿"是现实的婴儿，肯定婴儿是肯定婴儿的"样式"，也就是婴儿具有的谦卑、快乐、希望的品质，而老子所讲的是一个意义性的"婴儿"，是从道的经验的角度来讲的，得道就是"复归于婴儿"，这里的婴儿不是现实生活中的婴儿。

从常识经验的角度来看，成年人已经不再是"婴儿"，既然肉体变化了，相应的心理也会变化，精神生活会受到社会的影响，受到文化的影响，变得远比婴儿复杂得多。在常识经验来看，成年人的心理很难再变回婴儿的心理了，即便是努力让自己的心灵保持婴儿的状态，也只是成年人的"婴儿"心理。从"道的经验"来看，人悟道以后，就意味着生命的再生，虽然在外表上看是成年人，但就内在的本真的生命来看，是一个新的生命的诞生，这个生命开始迈向回归于道的家园的旅途，是一个崭新的生命，也可以说是一个"婴儿"。"复归于婴儿"是就开悟而言的，开悟者的"婴儿"状态可以与成年人的心理和身体状态无关，也就是说一个悟道者的婴儿状态可以引起人的心理和身体的变化，表现出婴儿的某种特征，也可以不表现出这些特征，不管是否引起了变化，就生命的内在本质而言，都是"新生"。

父子伦常在人的一生中具有一定的恒定性，不过随着父母的过世，一个人会失去子女的身份。而随着子女的诞生，一个人会获得父母的身份。另外，如果把子女看成造化所创造，而人不过是这一创造力造人的媒介，则父母对人来说，就失去了根本的至上性。如在泰戈尔心目中，孩子即为创造力所生。"我们的生命是天赋的，我们唯有献出生命，才能得到生命。"[①] 纪伯伦说："你们的孩子并不是你们的，而是'生命'对自身的渴望所生的儿女。他们借你们来到世上，却并非来自你们，他

①〔印度〕泰戈尔：《飞鸟集》，郑振铎译，外语教学与研究出版社，2010，第29页。

们虽与你们一起生活，却并不属于你们。"① 这一前提是无法用经验来证明的部分，但是一个文化是否有这一视野往往会影响对父子地位的把握和理解。如果预设了子女由造化所创造，父母的地位自然就被限制了，而子女地位就得以提高。如纪伯伦就是如此。"你们可把爱给予他们，却不能给予他们思想。你们能够庇护他们的身体，却不能庇护他们的灵魂。因为他们的灵魂居于明日的华屋，那是你们无法想见的，即使在梦中。你们可以努力以求像他们，但不要试图让他们像你们。因为生命不能走退步，它不可能滞留在昨天。你们是弓，你们的孩子则是从你们的弓弦上射出的实箭。"②（《论孩子》）

无论如何，父子伦常的重点都应该是对弱者的照顾。年老的父母和年幼的子女是关照的重点。当然这其中会赋予成年人以较高的付出的期待，而年幼的子女和年老的父母则处在接受者的地位。这既是正义的，也是慷慨的。正义的是说这种伦常关系符合付出和获得的对应关系。成年人对父母的付出对等于父母相应的付出，成年人的付出和从父母那里的获得是对应的。而对子女的付出和将来子女对自己的付出相对应。这是代际正义的要求。由于时代的原因，这种对应不是一一等值的，不过总体上存在一个模糊的对应性。慷慨和仁爱恰好就在于这种模糊性要求不计较获得和付出，无条件地照顾弱者。

---

① 〔黎巴嫩〕纪·哈·纪伯伦：《纪伯伦散文诗全集》，李唯中译，中国城市出版社，2010，第293页。
② 〔黎巴嫩〕纪·哈·纪伯伦：《纪伯伦散文诗全集》，李唯中译，中国城市出版社，2010，第293页。

孔子"天"的思想之哲学考察

——以《论语》为中心

黄 盖[*]

【摘 要】 "天"的思想乃孔子思想的核心。本文通过考察孔子"天"的意蕴,还原孔子"天"的宗教本质及人文内涵。通过与诸子思想的比较,我们可以发现孔子"天"的思想在先秦学术发展史上的特殊地位。在作者看来,这种对孔子宗教思想的发掘,可以使我们更全面、深刻地认识儒家文化的丰富内涵,这对于儒家文化与西方文化的交流及儒家文化在新时期的充实和成长都有很大的意义。

【关键词】 孔子 天 宗教 人文

在中国学术史上,有一个问题一直作为所有问题的基础和核心,即天人关系问题。"天人之道,经之大训萃焉",[①] 在所有保存下来的古代典籍中,没有一个不围绕它而展开,并且此二者的通达往往被视为最高和最后的理想。实际上,不单在学术领域,即使在生活实践中,人们对这个问题的热情和兴趣也十分引人注目。如果我们稍微将眼光投向世界其他民族,如印度,如希腊,便可见此种持续的兴趣乃富有一种特殊的兴味,它表征了中华民族特立独行的气质和心灵,而我们恰是于这种微

---

* 黄盖,武汉大学中国传统文化研究中心中国哲学专业博士生。
① (清)戴震:《孟子字义疏证》,中华书局,1982,第61页。

妙的差异中认取自己。

显而易见，对这个问题的持续的兴趣，至少表明这样一个事实：这里面包含真理，伟大而不容忽视。即使在科学高度发展、古代的思想主题往往被视为过时的今天也是如此。此处涉及对待民族传统文化的问题。对于现代人而言，回顾过去（自然不是回到原点①），"在已经丢失的文化传统中获得新的知识，并且用现代的眼光重新理解和评估它，将其转换为对现代生活有益的新形态"，② 不能说没有意义。而我们正是在这个尺度上来考察此问题的。

本文的主题在于重新检视孔子"天"的思想，通过考察孔子"天"的意蕴，还原孔子"天"的宗教本质及人文内涵。通过与诸子思想的比较，我们可以发现孔子"天"的思想在先秦学术发展史上的特殊地位。关于孔子思想的材料，我们主要以《论语》为参考，作为孔门弟子对孔子言行的直接记载，它对于我们理解孔子的思想最为忠实和可靠。至于儒家的其他经典如《易传》《中庸》等，我们皆持谨慎的态度，我们会在讨论孔子思想的发展时涉及它们。在笔者看来，与其说它们是孔子思想的直接体现，毋宁将其视为孔门弟子在新时期对孔子思想的新发展。

一 孔子的"天"是宗教

在检视孔子"天"的思想之前，我们先对前人的研究稍作回顾。在冯友兰所著的《中国哲学史》（两卷本）中，他认为孔子之所谓"天"，乃一有意志的上帝，即"主宰之天"，而"天命"即上帝之意志。孔子既然以"天"为主宰之天，这是他对于传统信仰的守旧态度，因此他的"天"并不带有"自然天"的含义。在冯友兰看来，孔子唯于鬼神观上

---

① 蒙培元先生在《重新解读孔子的天人之学》（此文载于王中江主编《中国儒学》，商务印书馆，2009，第119页）一文中，认为我们应当"回到原点，重新解读孔子"，这句话颇耐人寻味。事实上，不单在现实中，即使是从解释学的角度，这都是不能实现的。

② 孙波：《徐梵澄精神哲学入蹊》，华东师范大学出版社，2013，第147页。

有较新的见解，他的 "敬鬼神而远之" 表明了他对鬼神迷信的排斥。①
与冯友兰这种观点相近的，有废名、蔡尚思等，他们皆从宗教方面来理
解孔子。

有趣的是，在《十批判书》中，郭沫若的观点与冯友兰几乎全相反。
郭氏从 "天何言哉" 章及墨子批评 "儒以天为不明，以鬼为不神，天鬼不
说"② 出发，认为孔子所称道的天和有意想行识的人格神 "上帝" 完全不
同，孔子是否定 "天" 或 "上帝" 的，因此在他的心中，"天只是一种自然
或自然界中流行的理法"，而命（或天命）则表示自然界的一种必然性。③

对于孔子 "天" 的另一派看法，则以徐复观为代表。在其《中国人
性论史》中，他认为孔子的天命，乃 "道德性之天命，非宗教性之天
命"，天命对于孔子是有血有肉的存在，实际是 "性" 的有血有肉的存
在。徐复观排斥孔子思想中的宗教性，而把 "天命" 和 "性" 直接等同
起来，他的目的在于借此而阐发孔子的人文精神。④

对于同一问题，学者的看法竟如此异趣，这本身就表明了问题的复
杂性。实际上，后来的研究者讨论孔子 "天" 的问题，大致不能逃出这
种思维模式以及此处提及的几种观点，他们摇摆于其间，或者侧重其中
一种，或者以一更综合的姿态分而梳理之。例如，在郭齐勇主编的《中
国哲学史》教材中，孔子的 "天" 即有超越之天（宗教意义的终极归
宿）、道德之天（道德意义的秩序与法则）、自然之天（自然的变化与规
律）、偶然命运之天等不同内涵。⑤ 自然，这种做法较之以上三方面的观
点优点不少，更能体现孔子 "天" 的思想的丰富意蕴。不过，它也存在
不少的问题：

一是，此种把 "天" 分为多级的方法，虽然于思想的理解为必要，

---

① 参见蔡尚思主编《十家论孔》，上海人民出版社，2006，第 147、148 页。
② （清）孙诒让：《墨子闲诂》，中华书局，2001，第 449 页。
③ 参见蔡尚思主编《十家论孔》，上海人民出版社，2006，第 196 页。
④ 参见徐复观《中国人性论史》，上海三联书店，2001，第 77 页。
⑤ 参见郭齐勇编《中国哲学史》，高等教育出版社，2006，第 26 页。

但此种解析是否遗失孔子思想中"天"的整全的意义？①

二是，即使于赞成此派方法的学者中，他们一涉及具体的问题，则意见不能统一。以"天何言哉"章为例，有人认为此处是"自然之天"，却立即有反对者以为是"主宰之天"。在某种程度上，这反映了学术界在这个问题上的模糊态度。事实上，这不单无助于理解孔子"天"的意义，反而增加了思想的迷雾。

以下我们且检视《论语》中孔子"天"的思想的相关章节。实际上，孔子很少谈到"天"（至少就《论语》的记载是如此），就连他的高足子贡也曾感叹"夫子之言性与天道，不可得而闻也。"（《公冶长》）——这或许亦可视作我们对于孔子"天"的思想的第一个印象。饶有趣味的是，如果严格以"天道"作为标准，我们会发现孔子甚至连一次也不曾说到它。这当然不足以使我们丧气，因为孔子实在常常谈到天、天命、命、道。不过，值得特别注意的是，虽然天、天命、命、道等概念在含义上有相通的地方，但在具体的使用中，其确切的意味却有很大的不同。如果我们把范围扩大到诸子甚至这以后的学术史，情况就更为复杂了。因此，对于我们而言，如果想要真正把握孔子的思想，就必须对之"加以精密的解析"，② 而不能笼统视之为相等。③

《八佾》第十三章：王孙贾问曰："与其媚于奥，宁媚于灶，何谓也？"子曰："不然；获罪于天，无所祷也。"④

据王船山《四书稗疏》：灶者，火之主，人之所以养也。⑤ 古有祭祀灶的习俗，其时在夏季。按船山言，此礼需"先席于门奥西东者，以迎神也"，而后设主于灶陉（即灶的边缘）。朱熹在《集注》中以为设主于灶陉在先，祭祀完毕再设馔于奥以迎尸，祭祀的顺序和船山所说恰恰相

---

① 参见赵发生《论孔子的信仰》，《世界宗教研究》2010 年第 4 期。
② 张岱年：《中国哲学大纲》，中国社会科学出版社，1982，第 18 页。
③ 这并不是一个不值一提的问题，如蒙培元先生《重新解读孔子的天人之学》一文，几乎是混而用之，实际上，这种做法在其他研究者那里也并不鲜见。
④ 本文关于《论语》原文的引用，均参考杨伯峻《论语译注》。
⑤ 参见程树德《论语集释》，中华书局，2013，第 207 页。

反，当以船山说为准。由于五祀都需要先迎神于奥，因此朱子说奥有"常尊"，但奥祭又从来不是主祭，而灶虽仅仅在一年夏季被祭祀，却专四时之一，当时而用事。这是王孙贾说此话的背景，他话里隐含的意思，乃是欲令孔子归附于他。

我们如何看待孔子的"获罪于天而无所祷"呢？显然，孔子将"天"和奥神、灶神联系起来，无疑表明他的"天"的宗教内涵。我们可以说"天"是他的宗教，远远高于奥和灶而为一至上之存在。实际上，即使把"天"置于王孙贾所隐射的现实政治而言，它也仍然被孔子视为最高和最后的审判。

《雍也》第二十八章：子见南子，子路不说。夫子矢之曰："予所否者，天厌之，天厌之！"

南子，系卫国小君，即灵公夫人。据史书记载，卫夫人淫乱，灵公被她迷惑。当时孔子到卫国，南子请见，孔子不得已而见之。① 此事子路颇以为不然，认为不合于君子之道。在孔子，于是以"天"起誓，如果他的行为果然背礼，那么"天"厌弃他吧！理解此处孔子"天"的意思，仍是一个神圣的概念，是宗教，与上一次"天"意义同。

《述而》第二十三章：子曰："天生德于予，桓魋其如予何？"

桓魋，宋国司马。据《史记》记载，孔子与弟子习礼大树下，桓魋欲杀孔子，拔其树。弟子曰，"可以速矣"，于是有孔子这句话。按《论语》此章，透露孔子"天"的两个意思：一是，"天"是孔子行动的依据和保证；二是，由"天"而"人"，以"德"系之，"天"赋予孔子以使命，而且正是这种天赋之命令孔子即使身处困厄依然满怀乐观。约而言之，此处"天"仍是一宗教义，而又出现"德"的问题，可见"德"的属天之性。②

---

① 《史记·孔子世家》对于"子见南子"的情况有详细描述。
② 之所以要特别提到这一点，乃是因为有学者（郝长墀：《〈尚书〉中以"天"为核心的政治神学——论〈尚书〉是墨家经典著作》，此文见于郭齐勇主编《儒家文化研究》第六辑，三联书店，2013，第380页）认为孔子只重视德的表现，而不重视德的根源，观此章孔子之言而知此种看法乃是误解，其误解的原因，在于以孔子为人本主义，完全不理会孔子"天"的宗教意义。

《泰伯》第十九章：子曰："大哉尧之为君也！巍巍乎！唯天为大，唯尧则之。荡荡乎，民无能名焉。巍巍乎其有成功也，焕乎其有文章！"

巍巍，高大貌。荡荡，广远之称。此章孔子盛赞尧的政治，涉及"天"者，则以"天"为至上，广大。在孔子看来，人间最殊胜的政治，乃是以此至上、广大之"天"为准则而达成。

《子罕》第五章：子畏于匡。曰："文王既没，文不在兹乎？天之将丧斯文也，后死者不得与于斯文也。天之未丧斯文也，匡人其如予何？"

据《史记》记载，孔子离开卫国，准备到陈国去，经过匡。由于匡人曾遭受阳虎的掠夺和残杀，又因为孔子的相貌与阳虎长得像，因此被匡人误为阳虎而遭围困。在这危难之际，孔子对"天"的呼喊显示了他信仰的虔诚，是"天"赋予他使命，带给他战胜困难的力量。

《子罕》第十二章：子疾病，子路使门人为臣。病间，曰："久矣哉，由之行诈也！无臣而为有臣，吾谁欺？欺天乎？且予与其死于臣之手也，无宁死于二三子之手乎！且予纵不得大葬，予死于道路乎？"

臣，朱熹《集注》认为是指"家臣"，孔子因为去位的缘故，此时已无家臣。王船山《四书稗疏》则认为，孔子既然已经是大夫，必不能无家臣，因此此处"臣"当指小臣。盖春秋时期，大夫而僭侯礼，于是乎本无小臣，遇丧事而立之。此处孔子谓自己本无臣，而子路却以门弟子为臣，于礼为违背，孔子因此批评子路的举动为欺天，万不可行。也有人认为孔子这里对子路的指责实际隐射对当时鲁国家臣用事的批评。[①]总之，此章"天"为神圣、至上义，它是孔子判定自己行为的标准和依据，在它面前，我们所做一切均暴露无遗而不能隐藏。

《先进》第十章：颜渊死。子曰："噫！天丧予！天丧予！"

此章孔子哀叹颜渊之死，乃是因为在所有孔门弟子中，颜渊最得孔子信赖，他的死自然引起孔子哀恸。"天丧予"者，悼道无传，若丧己也。此处"天"，为一宗教义。

---

① 唐李翱持此观点，见其与韩愈合著之《论语笔解》，此处转引自程树德《论语集释》，中华书局，2013，第693页。

《宪问》第三十五章：子曰："莫我知也夫！"子贡曰："何为其莫知子也？"子曰："不怨天不尤人，下学而上达，知我者其天乎！"

此章于理解孔子"天"的意思至为重要。据《左传》载，哀公十四年春，西狩于大野，叔孙氏之车子钥商获麟，以为不祥，以赐虞人。孔子感叹麟之出现非时而见害，十分伤感，他大概亦无奈于当时糟糕的政治状况，甚至认为自己已"道穷"了，因此有上面的对话。不过，即使是这样，孔子仍然坚持他的理想，在他看来是真理，即是"天"。孔子不埋怨"天"——我们知道怀疑和埋怨"天"是那个时代的人较普遍的想法，检之于《诗经》尤可见。他甚至也厌倦去责备其他人，那不是他的理想。他行自己的路，即他的道，通过人事的历练而上达于天。此处正见孔子的伟大，"天"在他那里是实在的了，而"达"字乃表一关键，它表明：一是，孔子的"天"乃至上的，上达于"天"是最高境界；二是，孔子并非认为心就是天，他是通过"下学"而上达于天。后一点尤其表明他和后来宋明理学特别是心学的差别，此暂不提。

《阳货》第十九章：子曰："予欲无言。"子贡曰："子如不言，则小子何述焉？"子曰："天何言哉？四时行焉，百物生焉，天何言哉？"

此章讨论"言"的问题，而涉及古代学术的流传，有赖于语言的，如"圣人在而观其行，圣人没而观其言"，由此可知圣人言行对于文明持续发展的重要，我们因此体谅子贡的疑问，因为这实在系传统学术的一大特征。如再以实践学衡之，有"言曰从"，"主忠信"，"讷于言而敏于行"，"巧言令色，鲜矣仁"，则"言"即成为一门实践的学问矣，兹事体大，不具论。此处孔子的"予欲无言"，是否饱含对无力转变现实的慨叹呢？不过，当子贡进一步追问时，孔子立即把问题带入一个更深刻的层面，即"天"的无言。"天何言哉？四时行焉，百物生焉"，"天"作为最高存在，作为真理，它说了什么呢？它什么也没说，然而有四时的交替，有百物的出生，这是"天"的伟大权能了，四时和百物乃"天"的显现。这里有两层意思值得注意：一是，天的权能，或者说为"意志"，它超越一切言语而为至上；二是，天不言而四时行，百物生，这表明"天"创造这个世界，且以某种法则让它运行。这后一个意思，同于《诗经》所说"天生庶民，有物有则"了。

以上为《论语》中孔子论及"天"的章节之诠释。除此之外，与之最为相关的是"天命"这一概念。孔子认为，作为君子，应该"知天命"，他曾自述自己"五十而知天命"。（《为政》）此外，君子还应该对"天命"保持敬畏。此处所谓"天命"，如朱熹所言，乃"天道之流行而赋于物者"，即事物所以当然之故也。① 与"天命"相关，又有另一概念，则为"命"。在《论语》中，"天命"和"命"是两个不同的概念。陈几亭曾总结其规律，"四书言命，凡贯以天者，皆理也。专言命者，皆数也"。② 在现代，徐复观也主张将"天命"和"命"分而观之，认为《论语》中凡单言一个"命"字，则指运命之命而言（当然，作为政令、诏命含义的"命"除外），是一种客观的事实，而"天命"则强调人禀之于天的使命。③

于此，我们可稍稍做一总结，即"天"之于孔子，是宗教，是真理，而其表征，则为创造主，为意志，为终极皈依，为最后审判之权能。

我们将孔子的"天"视为宗教、真理，这大概难免引起学者的争议。首先是因为，在现代社会，人们受科学主义影响，对任何事情都会提出质疑，且乐于以科学精神去考察它，对于他们难以理解的东西，往往取排斥的态度。这表现在对传统学术的研究上，是以理性为标准，将传统学术纳入西方近代哲学或科学的话语体系，仿佛"这样才表示中国也有学问"。④ 而宗教，则往往被他们斥为迷信，不可靠，要让中国落后，让外国人看不起了。在这个意义上，我们前面提到郭沫若的"自然之天"、徐复观的"道德性命之天"等论断，都有相同的本质。我们当然理解他们的用心，不可谓之不善。然而事实果真如此？还是我们的解释一定要迎合潮流，才能称为进步？笔者认为，当我们检视了孔子"天"的思想后，这个答案是显而易见的。

---

① 见朱熹《四书集注》，此处转引自程树德《论语集释》，中华书局，2013，第 85 页。

② 程树德：《论语集释》，中华书局，2013，第 85 页。

③ 参见徐复观《中国人性论史》，上海三联书店，2001，第 74 页。

④ 废名：《废名集》，北京大学出版社，2009，第 1956 页。

当然，我们把孔子的"天"视为宗教，并不表示它就是西方一般意义的宗教。在孔子那里，"天"并不像古希腊"宙斯"那般全能，也不像希伯来的"上帝"在六天内创造了世界——我们知道，孔子甚至从未表现对这方面知识的关心。实际上，我们或许可以将这一神圣至上之"天"理解为一种"最高的精神""神圣的完善"。① 对于人而言，他通过知觉和行动了解这种神圣的完善，遵照（或忠于）它，彻内彻外过一种神圣的生活，他自身从而也化为神圣，即"下学而上达"。这实际上显示了孔子宗教思想的实践性特征，由此而身心之功夫存焉、治国平天下之理想附焉。②

二　孔子"天"宗教下的人文内涵

以上我们将孔子"天"的宗教内涵揭出，如果想要知道此"天"的宗教之所以为孔子的宗教而不是其他，则还需要将其置于孔子之前的历史及春秋战国诸子之争鸣中加以比较。

众所周知，至迟在殷商时期，就已经产生了"天"的观念。③ 经过殷周之际的革命，"天"的位格上升。到周武王时，"帝"开始被称为"天"，由此而产生了"天"和"帝"的互用。④ 事实上，周代在思想领域的最大进展，乃在于建立了一个更广大的"天"的信仰，这和其政治上的统一可谓同其步伐。在周人看来，其政治之命正是来自"天"的，"天"是其政权的合法性。要想保证这种天命不丢失，则需以德配之。

周代的这种"天"的至上意义（即信仰）和人通过"德"（也即通

---

① 孙波：《徐梵澄精神哲学入蹊》，华东师范大学出版社，2013，第151页。
② 实际上，仅从儒学实践性一条，即可看出它与西方哲学（以概念思辨为主流）的巨大差异。此外，在古人如孔子那里，天乃一实在，其真实性不容怀疑，而为他行动之依据。在现代则不然，学者们即使谈论"天"，也仿佛一个口头禅，缺乏实际的意义。这不仅是儒学和西哲的差异了，简直是古典与现代的差异。
③ 参见欧阳祯人《先秦儒家性情思想研究》，武汉大学出版社，2005，第8页。
④ 参见胡厚宣《殷代之天神崇拜》，载《甲骨学商史论丛初集》（上），河北教育出版社，2002，第238页。

过"礼"）与"天"沟通的思想被孔子所继承。孔子曾经盛赞文王、周公的德行，把他们作为自己的榜样，在和弟子的谈话中，他不止一次表示了对西周文明的向往（"周监于二代，郁郁乎文哉，吾从周。"《八佾》）。即使在他的理想不能实现，对现实政治的糟糕状况已感到十分厌倦时，他仍念念不忘周公的理想之世，由此而感叹"久不梦周公"了。

不过，需要注意的是，孔子"天"的宗教虽然承自西周，但二者之间仍然存在很大的差异。有学者据青铜器铭文进行了表格分析，显示在周代特别是在西周，周人关于祖、天、帝的观念并没有发生很大变化，即"祖"仍然占据周人信仰的最高位置。① 对"祖"的信仰使周人观念中的"天"带有浓重的人格神色彩（如《诗经》"帝谓文王"），这在孔子却大不同。孔子以"天"为至上，为最高权能，但他的"天"并不带有人格神的阴影，而"祖"的位置自然下到"天"之下。此外，在周公那里，他的"以德配天"乃是为了"祈天永命"，这使他的德行具有强烈的功利意味，在孔子是没有这一层意思的。这或许是因为他们所处位置的差异，也因为时代的差异，因此孔子更强调肩负天之使命而积极勇敢地作为，这是孔子对于西周"天"的信仰在精神方面的拓展。

另一个可见孔子"天"的宗教特征的，乃在于他对待鬼神及祭祀的态度。我们知道，在古代，"鬼"是指死去祖先的灵魂，在《周礼》中也被称为"人鬼"。至于"神"，则指天上伟大的事物，如帝、日神、月神、雨神等，由于他们在天上，因此也被尊为"天神"。除鬼神外，还有被称为"地祇"的，则指与大地有关的各种神灵，如山神等。这种对鬼神的信仰，显示古代万物有灵论的普遍流行。实际上，在现实中，人鬼、天神和地祇常常混用，如墨子就说"天鬼"。

这种对于鬼神的信仰，直到春秋时仍很流行。在《左传》《国语》等典籍中，其"为鬼神灾祥占梦所充满"，使读者"恍如置身殷周之

---

① 参见张荣明《中国的国教》，中国社会科学出版社，2001，第107页。

际",① 由此可见其时人们对鬼神祭祀的热衷。孔子生活于此环境中，自然不能不涉及。在和弟子的一次谈话中，孔子曾称赞禹"菲饮食而致孝乎鬼神，恶衣服而致美乎黻冕；……吾无间然矣"。(《泰伯》) 他甚至认为，真正的"智"(我们知道"智"乃孔子提倡的三德之一)，即"务民之义，敬鬼神而远之"。(《雍也》) 由此可见他至少是承认鬼神存在的。②

不过，孔子虽然承认鬼神的存在，并且对于鬼神的祭祀持慎重的态度，但他的"敬鬼神而远之"实在透露出某些新的讯息。结合孔子"未能事人，焉能事鬼"(《先进》)、"子不语怪力乱神"(《述而》)、"祭如在，祭神如神在"(《八佾》) 等表述，有人甚至以为孔子根本怀疑或本来就不承认鬼神的存在，他不愿采取反抗的、否定的激进态度，"而只是在利用它以为自己道德哲学的辅助"。③ 这种观点当然是不确切的。实际上，如朱熹《集注》所言，"怪异勇力悖乱之事，非理之正，固圣人所不语，鬼神造化之迹，虽非不正，然非穷理之至有未易明者，故亦不轻以语人也"，这实在是孔子对于世俗祭祀"鬼神"者的批评，乃在于他们祭祀"鬼神"的功利态度以及在情感上对此事的痴迷。④ 此外，孔子面对子路问如何事鬼神的问题，回答他"未知生，焉知死"，这显示出他对生死问题的通达态度，乃以生死为一而二、二而一之事，因此尽事人之道即尽事鬼之道。这种对于人之现实生活的极大关怀，正是孔子"天"的宗教之人文特质的表现。

事实上，与孔子对待鬼神态度极相似的，有老子。《道德经》第六十章："以道莅天下，其鬼不神。非其鬼不神，其神不伤人；非神不伤人，圣人亦不伤人。夫两不相伤，而德交归焉。"

① 傅斯年：《性命古训辨证》，见刘梦溪主编《中国现代学术经典·傅斯年卷》，河北教育出版社，1996，第116页。
② 在《墨子·公孟》中，墨子曾批评儒家"以天为不明，以鬼为不神，天鬼不说"，我以为，这个批评至少对孔子是不适用的（或者墨子本来也并不针对孔子发此批评）。
③ 周予同：《孔子》，参见蔡尚思主编《十家论孔》，上海人民出版社，2006，第244页。
④ 《左传·僖公五年》中虞公"吾享祀丰洁，神必据我"就是一个很好的例子。

孔子曾自述其"述而不作，信而好古，窃比于我老彭"，（《述而》）作为孔子的老师，老子与孔子至少在鬼神的问题上走到一起了。不过，稍微不同的是，孔子的最高存在（或最高精神）是"天"，"道"则具有天命流行之法则的意义，表示一种秩序；① 而老子以"道"为至上存在。在老子那里，"天"反而成为与"人""地"并列的存在，不过仍旧比后两者要高一些，三者皆被置于"道"的权能之下，这是老子思想的核心。在《道德经》第十六章中，当老子把"道"置于鬼神之上时，我们看到他和孔子同样的对人之存在的殷切关照。②

老子的"天道、地道、人道"三分的思想直接为《易传》所继承。而"道"在《易传》中接近孔子"道"的含义。《易传》又提出"太极"作为至上存在，"太极"实际成为一种最高的理性，与"绝对"是同义词，或近于古希腊所谓"逻各斯"。于此我们似乎可见儒、道之间的渊源关系。

此外，孔子"天"的宗教之另一面，即由"天"而"人"而至于人之内在德性发展，却是由《中庸》《孟子》完成的。《中庸》提出"天命之谓性，率性之谓道，修道之谓教"，由"天命"开展出儒家的性命修养之学。到孟子提出"性善"二字，更直接成为人之道德性理的根据。不过，需要注意的是，随着思孟学派对于道德主体性的强调，最终使他们逸出了孔子"天"的意义。在思孟学派那里，"天"的宗教意蕴逐渐被消解，人文意蕴却渐渐增加。于人文精神而言，这是一种进步，不过，孔子"天"的含蓄且广大的气象亦已永远失去了。这一派思想后来为宋明理学特别是心学一派所继承，他们甚至强调"只心便是天"，此时，"天"已成为"人"背后一个淡淡的阴影，或者渐渐与人合二为一了。这种人与天的直接的合一恐怕是孔子最初难以想象和预料的。

总之，我们说孔子的"天"是宗教，乃在于在孔子"天"的信仰中

---

① 在《论语》中，"道"出现有近60次，它实在是孔子思想中非常重要的一个问题，此处限于篇幅，不具论。

② 我们在前面曾经提到，在分疏诸子思想时，一定要注意分辨其所运用概念的实际蕴含意义，而不仅仅注意词语表面的差异。

所流露的伟大人格。实际上，它表征了一种"精诚信仰、坚贞不二的精神"，一种"博爱慈悲、服务人类的精神"，一种"襟怀广大、超脱尘世的精神"，[①] 这种伟大精神的流露正是儒家思想深刻性的表现，它有利于我们更为全面地认识儒家文化，促进儒家思想同西方思想的交流。

此外，当我们检视完孔子"天"的意义，并且将其置于诸子的思想中加以比较后可以发现，我们之所以把孔子的"天"归结为"宗教"，而不视之为哲学，与其说这是一个中西学术差异的问题，不如说它表征了古典和现代的不同。即使仅仅考察中国思想史，这种前后的差异也是清晰可见的。不过，笔者并不愿意把这种差异看作本质性的，而仅将其视为程度上的差异。在笔者看来，认识和区分这种古今的差异，挖掘和提炼古典文化的优秀价值，积极参与现代文化建设，即实现古典文化和现代文化优秀价值的融合（大综合），如果真做到这一步，笔者认为，我们建立一个更理想和美好的社会不是没有可能[②]——事实上，这正是时代向传统文化研究提出的任务和挑战。

① 贺麟：《文化与人生》，商务印书馆，1988，第8页。
② 参见黄心川《印度近代哲学家辩喜研究》，中国社会科学出版社，1979，第45页。

生与义的关联：孟子
"取舍"思想刍议

荣光汉*

【摘　要】　"生"与"义"的关系是理解孟子"取舍"思想的关键。"生"与"义"相互涵摄，"生"是"义"之基石，也是"义"之所向；"义"是对"生"的精神性超越，赋予"生"以"类"的整体性和连续性；"取"与"舍"唯心所思、唯义所向、唯乐为成，在普遍性和情境性的权衡中实现生命之乐，以达至天人合一的生命圆满境界。

【关键词】　孟子　生　义　取　舍　心

在孟子的思想体系中，"生"与"义"都是核心问题。孟子贵生，其性善学说即奠基于生命的自然情感和原初体验之上，生命的"四心"即仁、义、礼、智四端，由"不忍人之心"到"不忍人之政"，由"无恒产因无恒心"到"明君制民之产"，孟子始终强调生的本原性和目的性。在取舍之间，孟子提出了"义"的价值标准："生亦我所欲也，义亦我所欲也，二者不可得兼，舍生而取义者也。"（《孟子·告子上》）一般认为，生与义虽同为人之所欲，但有着价值层级上的差别。"生"所

---

* 荣光汉（1980~），男，湖北大学哲学学院 2014 级博士生。

对应的是人的"小体""形色"，即耳、目、口、鼻、四肢等生命感官之喻，亦可引申为人的工具性、功利性存在；而"义"对应的则是源于"天命"的"大体"，即心、道、善、仁、义、礼、智等价值范畴。二者价值上的分殊，使得人们将"舍生而取义"视为理所当然，"从其小体为小人，从其大体为大人"（《孟子·告子上》）。人总是具有道德价值取向的超越现实生活的精神性存在，"人人有贵于己者。"（《孟子·告子上》）但是，这种"生"与"义"之间的价值对立性理解也会导致道德价值与现实生命之间的对峙与冲突，"道德倘若不是从生命的利益出发，而是从本身出发进行谴责，它便是一种特别的谬误"。① "生"是否为"义"而生？"义"是否是取舍的普遍性原则？"生"与"义"之间到底存在怎样的关联？

一

人的生存境遇和价值指向始终是儒家哲学的深切关注所在。生是身体、生命在世界中的创生和维续过程，人的"生"和其他生命物种一样，需要通过自身的生产活动来与生存系统进行物质和能量的交换。因此，人的"生"首要问题就是"利"的问题，直接表现为人的身体感官之欲，即与口、目、耳、鼻、四肢所对应的味、色、声、臭、安佚等身体感官需求。"口之于味也，目之于色也，耳之于声也，鼻之于臭也，四肢之于安佚也，性也，有命焉，君子不谓性也。"（《孟子·尽心下》）朱子认为，此欲虽"不能皆如其愿，不止于贫贱"，然"皆性之所有而命于天者也"。② 在孟子看来，这些身体之欲是"天"所赋予的，"形色，天性也"（《孟子·尽心下》），因此，正视并努力去实现这些人欲，便是行天道，是义之所在。"天不言，以行与事示之而已矣"，"天视自我民视，天听自我民听"。（《孟子·尽心下》）人的欲求就是天意的表现，努

---

① 〔德〕尼采：《偶像的黄昏》，周国平译，光明日报出版社，1996，第33页。
② （宋）朱熹：《四书章句集注》，中华书局，2011，第346页。

力实现人欲、确保人的生命需求即为循天道。"得天下有道：得其民，斯得天下矣；得其民有道：得其心，斯得民矣；得其心有道：所欲与之聚之，所恶勿施，尔也。"（《孟子·离娄上》）相反，无视人欲，甚至直接戕害人的生命，则为祸害，"祸福无不自己求之者。诗云：'永言配命，自求多福。'太甲曰：'天作孽，犹可违，自作孽，不可活。'此之谓也"。（《孟子·公孙丑上》）

表现为"利"的"生"是"义"之基石，也是"义"之所向。《孟子》开篇即为孟子与梁惠王的义利之辨，面对梁惠王对于"利"的迫切渴望，孟子直接以仁义相对，"王！何必曰利，亦有仁义而已矣"。为什么拒利而直指仁义呢？孟子从正反两个方面来论述仁义之必要。一是唯利会导致"不夺不厌"，作为"利"的感官之欲无穷无尽，对"利"的无尽追求必然导致"弑"的严重后果，"上下交征利而国危矣"（《孟子·梁惠王上》）。二是仁义的功利价值，仁义能够使亲、君、大夫、士庶人均处于一个共生的和谐境地，"未有仁而遗其亲者也，未有义而后其君者也。"（《孟子·梁惠王上》）仁义之必要无论从哪个方面来看，皆与"利"相关联，或者说仁义是为更普遍的利、为了人"生"的根本大欲。不行仁义，民则处于"民有饥色、野有饿莩"的生存危局，"生"就毫无保障。孟子把对人的"生"的漠视斥为"率兽而食人"，在其王政学说中，能否以"生"为本，甚至直接成为政治合法性的衡量标准，"为民父母，行政，不免于率兽而食人，恶在其为民父母也？……如之何其使斯民饥而死也？"（《孟子·梁惠王上》）不行仁义而直接趋利危害了民之"生"，孟子继而对梁惠王提出了"恒产—礼义—恒心"的为政思路。"无恒产而有恒心者，惟士为能。若民，则无恒产，因无恒心。苟无恒心，放辟邪侈，无不为已。及陷于罪，然后从而刑之，是罔民也，焉有仁人在位罔民而可为也？是故明君制民之产，必使仰足以事父母，俯足以畜妻子，乐岁终身饱，凶年免于死亡；然后驱而之善，故民之从之也轻。"（《孟子·梁惠王上》）民有恒产，才能"不饥不寒"，有足够物质得以保全自己、父母、妻子的生命，免于死亡的威胁，才能"驱而之善"，去自觉认识、把握"孝悌之义"。相反，如果民无恒产，民在生死存亡的紧急关头，在"生"与"义"之间该作何抉择呢？孟子实际上也是认同民无恒产而难以顾及礼义的，"今也制民之产，仰不足以事父母，俯不足以畜妻子；乐岁终身苦，凶年不免于死亡。此惟救死而恐不赡，奚暇治礼义哉？"在这里，孟子清楚地指出了作为人"生"的恒产对于"义"的基础性关系，"存在先于本质……是说首先有人，人碰上自己，在世界上涌现出来——然后才给自己下定义"。①

　　一般而言，人的生命是物质与精神的双重存在。对自身存在价值的追问与探求构成了人异于物、超越物的根本原因。而"义"作为一种对人自身价值的反思与追问，正是构成人独特的存在价值与意义的精神性力量，孟子把它看成人与禽兽的一点点区别所在。"人之所以异于禽兽者几希，庶民去之，君子存之。舜明于庶物，察于人伦，由仁义行，非行仁义也。"（《孟子·离娄下》）"舜之居深山之中，与木石居，与鹿豕游，其所以异于深山之野人者几希；及其闻一善言，见一善行，若决江河，沛然莫之能御也。"（《孟子·尽心上》）舜虽然独处于深山之中，但因为他能自觉地体悟、保养、践行善的价值，而把自己与野人区别开来，行走在仁义的正道上。"义"是人之大欲，是"可欲之善"，它与"耳目口鼻四肢"之欲一样，源于"生"的内心欲求。"饥者甘食，渴者甘饮，是未得饮食之正也，饥渴害之也。岂惟口腹有饥渴之害？人心亦皆有害。人能无以饥渴之害为心害，则不及人不为忧也。"（《孟子·尽心上》）人心对"仁义"的渴望犹如口腹对于"甘食甘饮"的渴望，没有"食"和"饮"，人的"生"就难以保证；同样，没有人心对"仁义"的渴求，人的"生"就不足以使人"异于深山之野人者"，"人之有道也，饱食、暖衣、逸居而无教，则近于禽兽"（《孟子·滕文公上》）。食、衣、居是人的"生"之欲，这种身体感官欲望与禽兽之欲无异，只有仁义之教才能把人与禽兽区别开来，否则，人只能沦为被奴役的对象，"不仁、不智、无礼、无义，人役也"。（《孟子·公孙丑上》）人如果为食、衣、居等"生"的感官欲望所环绕而绝仁弃义，那只能被这些物的存在所奴役而

① 〔德〕尼采：《偶像的黄昏》，周国平译，光明日报出版社，1996，第33页。

失去人之为人的自我规定性。

"义"构成了人生命价值的超越性存在：一方面超越了"生"的感官之欲而指向本心欲求，把仁义道德视为人之根本价值，"不由其道而往者，与钻穴隙之类也"（《孟子·滕文公下》），同时也超越了个体的"生"而指向作为"类"的、连续性、整体性的人的"生"。个体的"生"和宇宙中其他生命个体一样，是一种生物性概念；类的"生"才是真正的"人"的概念，"他在社会秩序中会采取一定的立场，并策划一系列的行动，以达成某种特定的目标。每一种文化，对于个体该怎么做才算扮演好各种不同的角色，都会做出不同的界定，并赋予一定的意义和价值。借由各种社会化管道，传递给个人"。① "义"这种文化价值和意义的社会化传递使"生"由个体化的生存转向连续性、整体性的类的生存。

二

"生"与"义"皆为人之所欲，在二者不可得兼的情况下，作为选择主体的"我"必然面临着"取"与"舍"的两难境地。孟子认为，"我"的价值自主性就是通过"心之思"对所欲的"取""求""养""舍"而体现出来。"人之于身也，兼所爱。兼所爱，则兼所养也。无尺寸之肤不爱焉，则无尺寸之肤不养也。所以考其善不善者，岂有他哉？于己取之而已矣。"（《孟子·滕文公下》）人对自己身体的爱表现为养，身体是生命器官机能的综合承载体，考察对身体的养是否真正实现爱的目的，只能看人"取"身体哪一部分了。孟子认为身体器官是有大小、贵贱之分的，"体有贵贱，有小大"，对身体真正的爱护就必须取贵取大，"无以小害大，无以贱害贵"，"今有场师，舍其梧槚，养其樲棘，则为贱场师焉。养其一指而失其肩背，而不知也，则为狼疾之人也。"

① 黄光国：《"道"与"君子"——儒家的自我修养论》，《华中师范大学学报》2014 年第 3 期，第 167 页。

（《孟子·告子上》）梧槚之于樲棘、肩背之于一指是贵与贱、大与小的关系，人在二者之间的"取"与"舍"本身就是基于价值排序的自我选择过程，而不同层次的价值选择又会导致不同的后果，取贵取大合乎自我的生命保全原则，而取贱取小则只会伤害身体。

在孟子的身体话语中，心是体之贵、大所在，因为"心"具有"思"的功能："耳目之官不思，而蔽于物。物交物，则引之而已矣。心之官则思，思则得之，不思则不得也。此天之所与我者。"（《孟子·告子上》）耳目之官只是单纯的以物为动力发生源的感受器官，没有反思的能力；心则不同，心既是身体器官，有其直观感受性，又有着自我的反思能力。"在中国传统文化中，心理生理被看作是'思'这一连续统一体的两个方面。……'思'字，心上有田，心可以理解为脑门的中心，这样一来，'思'就类似于'守中'，推广出来就是'记着'，扩展出来就是发现意义，也就是批判反思。"① 这种"思"的自我认识、自我反思性是"天之所与"，构成了人之为人的独特根据，是高于耳目之官的大体所在，因此，人应该以"心"为"取"，遵照自己"心"所思的方向去决断"取"与"舍"。"从其大体为大人，从其小体为小人"，"先立乎其大者，则其小者不能夺也。此为大人而已矣。"（《孟子·告子上》）能"思"的"心"并非贤者、圣人所独有，"人人有贵于己者，弗思而已。人之所贵者，非良贵也"。（《孟子·告子上》）"心"之"思"是人人都具有的，人的"思"只能从自己的内心出发，而不能以别人的"思"来代替自己的"思"。但是，"欲贵者，人之同心也，弗思而已矣"。（《孟子·告子上》）作为类的"人"，所贵和所思的必然具有整体性和连续性，由"思"所做出的"取"与"舍"就会有着一般规范的原则性。

作为"大体"的"心"通过"思"会做出怎样的"取"与"舍"？心有其先天的直观情感性，心有所偏有所感，这种主观情感是真实不自欺的。"今人乍见孺子将入于井，皆有怵惕恻隐之心——非所以内交于

---

① 周海春：《〈论语〉哲学》，中国社会科学出版社，2013，第71页。

孺子之父母也，非所以要誉于乡党朋友也，非恶其声而然也。"（《孟子·公孙丑上》）看到即将堕入井的孺子，人的内心会原发性地产生紧张、焦虑、怜悯之心，"不忍人之心"迫切地指引人要去救，这种"救"无现实功利之求，也与具体的人际关系无关，而仅是遵从当时内心的情感指示。这种"不忍人之心"是"天之所与"的不学而能、不虑而知的良知良能，但这种"我固有之"的良知良能还只是"义之端"，扩而充之，达之所为才为"义"。"羞恶之心，义之端也。"（《孟子·公孙丑上》）"人皆有所不忍，达之于其所忍，仁也；人皆有所不为，达之于其所为，义也。人能充无欲害人之心，而仁不可胜用也；人能充无穿逾之心，而义不可胜用也；人能充无受尔汝之实，无所往而不为义也。"（《孟子·尽心下》）作为"良知良能"的"不忍人之心"必须要付诸行动才能真正达至"义"，也就是要完成从道德情感到道德行动的实质性转变。如果不能顺从"不忍人之心"，"绝仁弃义"，人就要接受来自内心的审判。"盖上世尝有不葬其亲者，其亲死，则举而委之于壑。他日过之，狐狸食之，蝇蚋姑嘬之。其颡有泚，睨而不视。夫泚也，非为人泚，中心达于面目。"（《孟子·公孙丑上》）眼见自己亲人的身体被狐狸啃咬、蚊虫噬吸，额头上会不由自主地流汗，不忍直视，这种悔恨情感源于实际行为与内心良知良能的不一致，内心指引人要"掩其亲"，要"由仁义行"。如果遵从良知良能去"救"，人所获得的也不是物质性、工具性的"利"的奖赏，而是返回内心、内心油然生发的"乐"。"乐之实，乐斯二者，乐则生矣，生则恶可已也，恶可已，则不知足之蹈之手之舞之。"（《孟子·离娄上》）

在现实生活层面，"生"一方面表现为"天降下民"或"生民"的共同之"生"，另一方面表现为个体之"生"，当天下生民的整体性、连续性的"生"遭受威胁，为民立命即为践行天道的"义"。"左右皆曰可杀，勿听；诸大夫皆曰可杀，勿听；国人皆曰可杀，然后察之；见可杀焉，然后杀之。"（《孟子·梁惠王下》）"贼仁者谓之'贼'，贼义者谓之'残'。残贼之人谓之'一夫'。闻诛一夫纣矣，未闻弑君也。"当桀纣之辈滥杀无辜，视民如草芥，即为残害仁义，奉行仁义之道就是要诛之，以使民有生。"争地以战，杀人盈野；争城以战，杀人盈城，此所谓率土地而食人肉，罪不容于死。"（《孟子·离娄上》）现实生活中因为利益而相互争杀，这样的行为连死刑都不足以为愤。相反，如果以利于整体之生的"义"来杀生，民虽死而不怨，"以佚道使民，虽劳不怨。以生道杀民，虽死不怨杀者"。（《孟子·尽心上》）

对整体之"生"的"义"并不意味着对"个体"之"生"的舍弃。"生"始终是"取"与"舍"的"义"之标准。"今人乍见孺子将入于井，皆有怵惕恻隐之心，"（《孟子·公孙丑上》）这种"义之端"直接源于自我对于幼小生命濒临死亡境地的直观感受性，"心之大体"即指引人去救。"嫂溺不援，是豺狼也。男女授受不亲，礼也；嫂溺，援之以手者，权也。"（《孟子·离娄上》）个体之"生"是"小体"，男女授受不亲是仁义礼智的要求，是"大体"。在这里，还有一个更高的"大体"，即源于本心的"四心"同样要求必须救人性命，这是比"男女授受不亲"更高的"大体"，"权，然后知轻重；度，然后知长短。"（《孟子·梁惠王上》）在这种"小体"与"大体"相互权衡、取舍的境地，"嫂溺，援之以手"虽然舍的是"小体"，救的也是"小体"，但做出这种取舍选择的深层理由仍然是"大体"——仁义礼智之心。"嫂溺"可以突破"男女授受不亲"的礼制去援救，这是"小体"之援。"天下溺"只能以"大体"去援救，"天下溺，援之以道；嫂溺，援之以手——子欲手援天下乎？"（《孟子·离娄上》）但是"以道援天下"与"以手援嫂"并不构成"二者必居其一"的选择关系，二者的"取"与"舍"都是基于"生"的整体性、连续性原则而做出，只不过在具体情境中有所权重。

三

在"孺子将入于井"和"嫂溺"的情境中，取和舍之间的对立还处于"生"的自我可控制范围内，但在"箪食豆羹"的假设中，人就直接面临着"得之则生，弗得则死"的二元选择了。"一箪食，一豆羹，得之则生，弗得则死，嘑尔而与之，行道之人弗受；蹴尔而与之，乞人不屑也。"（《孟子·告子上》）如果真的是在"得之则生，弗得则死"的极端境地，即使施舍食物的人态度不敬，濒临死亡的乞人又怎能以拒绝生的机会来践行义呢？对于乞人而言，万钟之礼义似乎太过于高贵，乞人面对的头等大事是如何不饿死，这是一个无关礼义的现实生存问题了（否则乞人就不会放下自身的尊严去乞讨了）。但是乞人却真的会做出"弗受、不屑"的选择，那一定是有比生更可贵的东西指引着他去做，"所欲有甚于生者，故不为苟得也；……所患有甚于死者，故患有所不辟也。"（《孟子·告子上》）做出"死"的选择的乞人舍弃的是"生"的小体，而没有"失其本心"。问题是乞人是否能"不失其本心"？由"本心"而萌发的"义"是否具有普遍性？

孟子所说的"心"主要是在性善论基础上而言的"道德之心""良心本心"。[①] 理论上讲，人具有生命的共同性，人人心中都有这种"良知良能"，"人皆有不忍人之心。"（《孟子·公孙丑上》）"故凡同类者，举相似也，何独至于人而疑之？圣人，与我同类者也"；"故曰，口之于味也，有同耆焉；耳之于声也，有同听焉；目之于色也，有同美焉。至于心，独无所同然乎？心之所同然者何也？谓理也，义也。圣人先得我心之所同然耳。故理义之悦我心，犹刍豢之悦我口。"（《孟子·告子上》）人的"口、耳、目"对"味、声、色"有着相似的主观感觉，人的心则对"理、义"有着共同的爱好和欲望。虽然人皆有其本心，但这种心还只是"仁义礼智之端"，必须扩而充之才能成为"仁义礼智之实"。孟子以扩而充之、达之所为的程度区分了圣人（君子）和民，而这二者在"取"与"舍"的实际选择上可能是有很大差异的。"君仁，莫不仁；君义，莫不义；君正，莫不正。一正君而国定矣。"（《孟子·离娄上》）对于"先得我心"的君子来说，"义"是行动选择的首要理由，也是一种自觉的道德意识，所以君子是"由仁义行"，而非"行仁义"。而对于民而言，这种道德萌芽状态的"仁义礼智之端"还没有"若火之始然、泉

---

① 杨泽波：《孟子性善论研究》，中国人民大学出版社，2010，第30页。

之始达"，"君子犯义，小人犯刑"（《孟子·滕文公下》），也即可能会做出"失其本心"的选择。

"取"与"舍"在总体上有"大体"的普遍性原则，也有因"位"而权衡变通的灵活性。"有官守者，不得其职则去；有言责者，不得其言责去。我无官守，我无言责也，则吾进退，岂不绰绰然有余欲哉？"（《孟子·公孙丑下》）"礼，朝廷不历位而相与言，不踰阶而相揖也。"（《孟子·离娄下》）自我所处的不同的"位"有着不同的"职"，而这些"职"在实质上都是"义""道"等"大体"的整体原则在特定情境下的体现，这些特定情境下的取舍只要合乎"心之大体"即为"义"。"非其道，则一箪食不可受于人；如其道，则舜受尧之天下，不以为泰——子以为泰乎？"（《孟子·滕文公下》）"今有同室之人斗者，救之，虽被发缨冠而救之，可也。乡邻有斗者，被发缨冠而往救之，则惑也；虽闭户可也。"（《孟子·离娄下》）同样是"斗"，因为与我之间"位"的差异，我只能做出与"位"相合的特殊性选择。同室之人与我相关，在自己的能力和责任范围之内，不顾礼节去救是我之责；而乡邻是远，与自己关系不大，自然责任义务也小，不顾礼节去救人就是不妥当的。

总的来看，"取"与"舍"唯心所思、唯义所向、唯乐为成。"心"之"思"指引人"立乎其大，成其大体"，在"取"与"舍"中返回内心、观照内心，体验到的是洋溢着生命整体的"乐"，"乐之实，乐斯二者，乐则生矣，生则恶可已也，恶可已，则不知足之蹈之手之舞之"。（《孟子·离娄上》）遵从内心的指示，"由仁义行"，人的生命就会充满油然而生的快乐，"万物皆备于我也，反身而诚，乐莫大焉。"（《孟子·尽心上》）这种"乐"是"我"与"天""物""人"相交融的君子之乐，"仰不愧于天，俯不怍于人"，（《孟子·尽心上》）个体的"生"因为"道"的传承而融入不朽的生命洪流，从而使生命达到天人合一的圆满境界。

孟子与康德，"人禽之辨"*

郭　坦**

【摘　要】　本文以孟子和康德的思想为背景，以"人禽之辨"为视角对二者的人性论进行分析对比，探寻中西思维的异同及其对当下的借鉴意义。孟子认为人与动物的区别在于四端之心；人与人的区别在于品格的塑造，并提出了养心寡欲等方法；人的根本性是对至善的追求。康德将人性分为三个层面：动物性禀赋、人性禀赋、人格性禀赋；以善恶相对角度，从理论和现实两个层面实现善对恶的胜利，实现人格性禀赋。总之，孟、康二人都坚信人的根本性为善，人有去恶向善的能力，并为世界发展的美好留下希望。

【关键词】　孟子　康德　人禽之辨　善

在人类思想发展的长河中，孟子和康德都是里程碑式的人物，人性为善是他们思想的共同指向。"人禽之辨"是指人与动物的辨析，人的族类性与根本性的辨析，最终证明人之为人在于善，并能实现为善去恶。"人禽之辨"是孟子和康德论证人性问题时采用的重要方法。有鉴于此，笔者从"人禽之辨"的角度对比探析孟、康人性思想之异同及对当代的积极意义，并就教于各位方家。

---

　　*　本研究受中央高校基本科研业务费专项资金资助，项目编号：2014631020202。
　　**　郭坦（1982～），男，汉族，河南南阳人，武汉大学中国传统文化研究中心博士生。

一 孟子：几希、恒心、形于内而显于外

从天命论的角度，孟子坚定地认为人性善。

《诗》曰："天生烝民，有物有则。民之秉夷，好是懿德。"孔子曰："为此诗者，其知道乎！故有物必有则，民之秉彝也，故好是懿德。"① (《孟子·告子上》) 天是人、物、规则、道德的来源；天赋予人的根本性是追求懿德，懿德即"孟子道性善"(《孟子·滕文公上》)。人与动物同源而出，故会有相同之性；同时又有差别，人的本性是追求善，此为孟子人性论之关键。李存山说："孟子所讲的人性，是人之所以为人，即人之区别于其他物类的特性。"②

在自然状态下，孟子认为人与动物的区别"几希"，而"几希"却恰好是彰显人性的起点。

孟子曰："人之所以异于禽兽者几希，庶民去之，君子存之。"(《孟子·离娄下》) 人与动物之间相异的内容非常细少，普通百姓把它丢弃了，君子则保留。孟子以"几希"将人和动物进行定性式区分：人与动物不同；庶民去掉（隐而不彰）"几希"则类同于动物；若保存则可为君子。

对于"几希"，孟子并没有做出系统论述，笔者认为可以归结为三点。其一，表现为人有"不忍之心"。

"盖上世尝有不葬其亲者，其亲死，则举而委之于壑。他日过之，狐狸食之，蝇蚋姑嘬之。其颡有泚，睨而不视。夫泚也，非为人泚，中心达于面目。盖归反虆梩而掩之。掩之诚是也，则孝子仁人之掩其亲，亦必有道矣。"(《孟子·滕文公上》)

子曰："仁者人也，亲亲为大。"(《中庸》) 对动物而言，绝对不会

---

① 金良年：《孟子译注》，上海古籍出版社，2004，第237页。（本文所引《孟子》原文皆取自此书）
② 李存山等：《中国文化通志·哲学志》，上海人民出版社，2002，第150页。

掩埋"父母"的尸体；但人不同，不管不顾父母身后之事，任由蝼蚁噬咬，还能算是个人吗？此既体现孔孟思想的一脉传承，也是对人与动物区别的实证。

其二，"不忍之心"具体表现为人有"四端之心"。

"所以谓人皆有不忍人之心者，今人乍见孺子将入于井，皆有怵惕恻隐之心。非所以内交于孺子之父母也，非所以要誉于乡党朋友也，非恶其声而然也。由是观之，无恻隐之心非人也，无羞恶之心非人也，无辞让之心非人也，无是非之心非人也。恻隐之心，仁之端也；羞恶之心，义之端也；辞让之心，礼之端也；是非之心，智之端也。人之有是四端也，犹其有四体也。"（《孟子·公孙丑上》）

在环境的触动下，人会显露"四端之心"，此非人情、非钓誉、非厌恶，乃出于人之本性。孟子将"不忍之心"阐释为"四端之心"，再由"四端之心"推出仁义礼智萌芽，并认为这是人所共有的特征。

其三，"四端之心"是良知良能，是善之开端。

孟子曰："人之所不学而能者，其良能也；所不虑而知者，其良知也。孩提之童无不知爱其亲者，及其长也，无不知敬其兄也。"（《孟子·尽心上》）

"乃若其情则可以为善矣……仁、义、礼、智非由外铄我也，我固有之也。"（《孟子·告子上》）

"四端之心"不学而知、不虑而能，是人所固有善端，孩子亦能行之。孟子以孩提之童为例，寓意良知良能先天存在于人性之中，发明"几希"是所有人力所能及之事，此为孟子对孔子思想的创见。

以此，在人性与动物性混杂的自然天性中，孟子通过"几希"将人与动物完全区别开来。所谓人，即在于其先天具有"不忍之心""四端之心""良知良能"，且发明"几希"并未超出人的能力范围，同时，这也构成了孟子性善论的理论基础。

在人类社会中，人的发展显然没有按照孟子善端的预设，对此，孟子通过人格的塑造层层推进以达到"至善"。其一，恒产与恒心、民与士的对立及转换。"无恒产而有恒心者，惟士为能。若民，则无恒产，因无恒心。"（《孟子·梁惠王上》）民以追求固定的产业为归属，士以追求成善的恒心为指向，民不能得到固定的产业，因而不能转向求善的恒心。联系上文，对士的恒心，孟子持肯定态度；同时，对于百姓追求恒产之心，孟子并不认为是恶，而是持关怀的态度，提出应"制民之产"，（《孟子·梁惠王上》）以保障百姓的生存和生活，并希望通过恒产使民实现恒心的转向。在此，需要指出的是，孟子所谓的"恒产"仅够百姓温饱而已；[①] 百姓作为大多数人的代表，实现恒产向恒心的转向必须以解决最基本的、保障生命的物质保障为基础；若民求恒产之心过与不及，都会重新回到类于动物的老路。

其二，士到君子的递进。士能秉持"四端之心"，君子则汇集性命于一身。实现由士向君子的转变，孟子视修心为第一要务，需要"存心""放心""养气"等一系列功夫。

"君子所以异于人者，以其存心也。君子以仁存心，以礼存心。"（《孟子·离娄下》）

"仁，人心也；义，人路也。舍其路而弗由，放其心而不知求，哀哉！人有鸡犬放，则知求之；有放心而不知求。学问之道无他，求其放心而已矣。"（《孟子·告子上》）

"行有不慊于心，则馁矣。"（《孟子·公孙丑上》）

君子与他者的不同在于通过心的存养与收放、气的不断汇集、寡欲，以求"四端之心"的坚固、扩充、持久、宏大。其中，寡欲尤为重要。

孟子曰："养心莫善于寡欲。其为人也寡欲，虽有不存焉者，寡矣；其为人也多欲，虽有存焉者，寡矣。"（《孟子·尽心下》）

孟子曰："口之于味也，目之于色也，耳之于声也，鼻之于臭也，四肢之于安佚也，性也，有命焉，君子不谓性也。仁之于父子也，义之于君臣也，礼之于宾主也，知之于贤者也，圣人之于天道也，命也，有性焉，君子不谓命也。"（《孟子·尽心下》）

---

① 笔者依据《盐铁论》对孟子所述的十亩之桑等产出进行计算，其所得收益仅够温饱，没有抗击疾病和灾害的经济能力。

口、眼、耳、鼻、肢体愉悦之性，此为人之所欲，君子能克己，遵守仁义礼智之命；但若只知有命而忽视天性之乐，则生命枯燥如槁木，唯君子能汇集性命于一身。因此，修心并不是单纯地遵守外在的规则，即"克己复礼"，（《论语·颜渊》）它更是一种发自内心的快乐和追求人生真谛的幸福。

其三，圣王品格的确立。仁义礼智不但要形于内，还要显于外，这是人性善的应有之义。"舜明于庶物，察于人伦，由仁义行，非行仁义也。"（《孟子·离娄下》）舜是先秦儒家的最高理想人格的代表。孟子以舜为例，强调善不仅要存于内心，还要在现实中贯彻如一；同时，暗示了此为至善的重要标准。

综上所述，笔者认为孟子所言人性善包括人性有善和人要向善，表现在以下三个层面：其一，人与动物不同是因为人先天固有"四端之心"，若去掉则人活一世草木一秋，若保存则可为君子。因人先天皆有"四端之心"，故孟子言"人皆可以为尧舜"，（《孟子·告子下》）又因人后天有去与存的可能，故非人人皆成为尧舜。其二，在向善的进程中，孟子从内外两个方面明晰人之为人应该走的道路，并提出一系列方法，保证"由仁义行，非行仁义也"，（《孟子·离娄下》）最终达成"善人道也"①的目的。至此，孟子人性善的理论构建方才完成。其三，孟子所讲的人性善是一个动态的概念，从民到圣王，善存在不同的标准，对应不同的等级；我们在定义善的时候，需要结合具体的环境来说明。同时，它也是一个宽泛的概念，人先天皆有"四端之心"，从这个层面讲，人就是善的。

必须说明的是，孟子坚定人性善，同时也注意到"舍则失之"。如钱穆先生讲："孟子所谓性善者，谓人人之性皆有善，非谓人人之性皆纯乎善。"②

其一，受环境的影响，"几希"会人为地自我遮蔽。

---

① "仁形于内谓之德之行，不形于内谓之行……四行和谓之善。善人道也。"参见《五行》。
② 钱穆：《孟子研究》，开明书店，1948，第80页。

"一日暴之、十日寒之，未有能生者也。"（《孟子·告子上》）

"故苟得其养，无物不长；苟失其养，无物不消。"（《孟子·告子上》）

"发明本心"的力量若江河之决堤，但外在的环境如果漆黑一片，发明人之为人的根本性"几希"矣。

其二，人性有恶，会反噬"几希"。

"富岁，子弟多赖；凶岁，子弟多暴，非天之降才尔殊也，其所以陷溺其心者然也。"（《孟子·告子上》）

人性有懒、有暴，"若夫为不善，非才之罪也。"（《孟子·告子上》）

其三，人性转为兽性，"率兽以食人"。

"狗彘食人食而不知检，涂有饿莩而不知发。"（《孟子·梁惠王上》）

"庖有肥肉，厩有肥马，民有饥色，野有饿莩，此率兽而食人也。兽相食，且人恶之；为民父母，行政不免于率兽而食人，恶在其为民父母也？"（《孟子·梁惠王上》）

所以，孟子说的人性善属应然层面，而非实然，[①] 是一个有待于展开的起点而非已经达成的结果。

二 康德：动物性禀赋、人性禀赋、人格性禀赋

康德的第三个问题——我可以希望什么，由其宗教哲学回答。在《单纯理性限度内的宗教》一书中，康德详细地说明了自己的人性论。

首先，自由是讨论人本性的前提。

"如果本性这一术语（像通常那样）意味着，出自自由的行动的根据的对立面，那么，它就会与道德上的善或者恶这两个谓词是截然对立……这里把人的本性仅仅理解为（遵从客观的道德法则）一般地运用

---

① 参见郭齐勇《孟子三论》，《中原文化研究》2014 年第 5 期。

人的自由的……"①

讨论人的本性必须以自由为前提；至于自由从哪里来，对立面是什么？无须再问。同时，不是经自由选择而形成的结果与人的本性无关，且无所谓善恶。

其次，运用自由来分析人性，康德认为人具三种原初禀赋。

所谓原初禀赋，是指"天生具有的那种意念……人不是意念的造成者……意念，即采纳准则的原初主观根据……普遍地指向自由的全部应用……我们称它为任性的一个属性，这个属性是任性天然地具有的"。②根据人性的特点，康德提出了三种分类："1. 作为一种有生命的存在物，人具有动物性的禀赋；2. 作为一种有生命同时又有理性的存在物，人具有人性的禀赋；3. 作为一种有理性同时又能够负责任的存在物，人具有人格性的禀赋。"③

对于动物性的禀赋，康德认为，"人的动物性的禀赋可以归在自然的、纯粹机械性的自爱的总名目下，这样一种自爱并不要求有理性。它又有三个方面：首先是保存自己本身；其次是借助性本能繁衍自己的族类，并保存那些由于和性本能相结合所产生出来的东西；其三是与其他人共同生活，即社会本能。在这种禀赋之上，可以嫁接各种各样的恶习"。④

在动物性的禀赋中没有理性，自爱是人的行为原则。它具体可以表现为保存自己生命、后代的延续以及由性结合所产生的个人欲望。这些自然状态下人的本能不能算是恶。但是因为人是群居的动物，自身与他人共存于社会之中，个人上述行为会对他人产生影响，因此会嫁接各式各样恶的内容。

① 〔德〕康德：《单纯理性限度内的宗教》，李秋零译，中国人民大学出版社，2003，第3页。
② 〔德〕康德：《单纯理性限度内的宗教》，李秋零译，中国人民大学出版社，2003，第8～9页。
③ 〔德〕康德：《单纯理性限度内的宗教》，李秋零译，中国人民大学出版社，2003，第9～10页。
④ 〔德〕康德：《单纯理性限度内的宗教》，李秋零译，中国人民大学出版社，2003，第10页。

对于人性禀赋，康德认为，"人性的禀赋可以归在虽然是自然的，但却是比较而言的自爱（为此就要求有理性）的总名目下；也就是说，只有与其他人相比较，才能断定自己是幸福的还是不幸的。由这种自爱产生出这样一种性好，即在其他人的看法中获得一种价值，而且最初仅仅是平等的价值，即不允许任何人对自己占有优势，总是担忧其他人会追求这种优势。最终由此产生出一种不正当的欲求，要为自己谋求对其他人的优势。在这上面，即在嫉贤妒能和争强好胜之上，可以嫁接这样一些极大的恶习，即对所有被我们视为异己的人持有隐秘的和公开的敌意"。

在人性的禀赋中，比较的自爱是人的行为原则，它隶属于他者动机。人有追求幸福的权利（这里的幸福是指自爱内容的实现），与他人比较是幸福的来源；他人的价值认可是自身幸福的证明。这些也并不能称之为恶。但是为了满足不正当的欲望，以期在比较中获得优势就会嫁接极大的恶。同时，人是通过比较而证明幸福，因此人就已经具有某些理性的因素（道德法则）；为了欲望而抛弃这些理性的因素就会嫁接极大的恶。

对于人格性禀赋，康德认为，"人格性的禀赋是一种易于接受对道德法则的敬重，把道德法则当作任性的自身充分的动机的素质。这种易于接受对我们心中的道德法则的纯粹敬重的素质，也就是道德情感"。[①]人格性禀赋是接受道德法则，并将它作为唯一、充分的行为动机。

再次，虽然康德认为三种禀赋都是人本性存在的可能，但是作为人的根本性，很明显康德指向人格性禀赋。

"当我们依照其可能性的条件，来考察上述三种禀赋时，我们发现，第一种禀赋不以理性为根源；第二种禀赋以虽然是实践的，但却只是隶属于其他动机的理性为根源；唯有第三种禀赋以自身就是实践的，即无条件地立法的理性为根源。人身上的所有这些禀赋都不仅仅（消极地）是善的（即它们与道德法则之间都没有冲突），而且都还是向善的禀赋

---

① 〔德〕康德：《单纯理性限度内的宗教》，李秋零译，中国人民大学出版社，2003，第11页。

（即它们促使人遵从道德法则）。它们都是原初的，因为它们都属于人的本性的可能性。"①

三种禀赋对应不同的行为原则，且都是人存在的可能，但唯有在人格性的禀赋中，把对道德法则敬重的理性作为自身充分的动机，并承担起全部的责任，才是自我实践的，才无条件地成为立法原则。

最后，人格性禀赋实现的路径。人格性禀赋实现的关键是道德律的确立，康德从善恶相对角度，从理论和现实两个层面展开论证。

其一，理论上恶只是嫁接在善之上，人的行为应秉持善的原初禀赋。康德将善或向善称为原初禀赋，将恶称为倾向，所谓倾向，是指"它虽然也可能是与生具有的，但却不可以被想象为与生具有的，……或者由人自己招致的"。② 从善恶来源的先后顺序看，禀赋是先天具有，倾向是人滥用自由选择的结果，因此恶应从属于善，人的行为应该遵守善的原初禀赋。

其二，进入经验领域却如康德所说世界一片混乱。"人天生是恶的，这无非是说，这一点就其族类而言是适用于人的。"③ "在道德上就会同时是既善又恶的。"④ 人具有向善的原初禀赋，但并不意味着人在现实中就已经是善的。为了实现现实中的善，康德提出：

第一，假定道德永存人心。

"当然，我们在此必须假定，善的种子以其全部的纯洁性被保留了下来——不能被清除或者败坏。"⑤

"这种宣示着一种圣洁起源的禀赋，即便是其不可理解性，也必然对心灵起着振奋的作用，鼓舞它做出只有对自己义务的敬重才能要求它做出的牺牲……因为它正好抑制着把我们的任性的准则中的动机颠倒过来的那

---

① 〔德〕康德：《单纯理性限度内的宗教》，李秋零译，中国人民大学出版社，2003，第12页。
② 〔德〕康德：《单纯理性限度内的宗教》，李秋零译，中国人民大学出版社，2003，第13页。
③ 〔德〕康德：《单纯理性限度内的宗教》，李秋零译，中国人民大学出版社，2003，第17页。
④ 〔德〕康德：《单纯理性限度内的宗教》，李秋零译，中国人民大学出版社，2003，第22页。
⑤ 〔德〕康德：《单纯理性限度内的宗教》，李秋零译，中国人民大学出版社，2003，第33页。

种生而具有的倾向……并由此而重建人心中向善禀赋的纯粹性。"①

第二，以德性战胜动物性禀赋中存在的恶的倾向。

"重建向善的原初禀赋，并不是获得一种丧失了的向善的动机……建立道德法则作为我们所有准则的最高根据的纯粹性……应该以其全然的纯粹性，作为规定任性的自身充足的动机，而被纳入准则……虽然自身还并不由此就是圣洁的，但却是已经踏上了在无限的进步中接近圣洁性的道路。在遵循自己的义务方面的这种已经运用自如的坚定决心，就作为其经验性的特性的合法性而言，也叫作德性。"②

在动物性禀赋中，以善的动机作为自由选择的准则，以消除人过度的自然欲望。

第三，从习俗的改变转向思维方式的改变。

习俗的改变是为了获取比较优势或者是为了追求幸福，其背后可以怀着各种各样的动机，并且这种动机可以是和道德法则完全相反的，或不是出自义务但是结果和义务完全合拍。因此，康德认为习俗的改变，其结果只是使人仅仅成为一个法律上善的人，而这和道德上善的人不是同路。

"人的道德教养必须不是从习俗的改变，而是从思维方式的转变和从一种性格的确立开始。"③

"一个恶人的意念之转变为一个善人的意念，必须建立在按照道德法则对采纳其所有准则的最高内在根据所做出的改变之中，而这个新的根据（新的心灵）本身是不再改变了的。"④

习俗的最大问题是通过比较来证明自己的高尚，这种人类族性不能称为善，受族性影响最少的儿童对此最为敏感。只有坚守圣洁起源的禀赋，自己为自己立法，从内心中散发出来的遵守道德原则才是善。因此，康德强调善不是从习俗而是从思维方式的改变开始，强调的是道德的智

---

① 〔德〕康德：《单纯理性限度内的宗教》，李秋零译，中国人民大学出版社，2003，第39页。
② 〔德〕康德：《单纯理性限度内的宗教》，李秋零译，中国人民大学出版社，2003，第35页。
③ 〔德〕康德：《单纯理性限度内的宗教》，李秋零译，中国人民大学出版社，2003，第37页。
④ 〔德〕康德：《单纯理性限度内的宗教》，李秋零译，中国人民大学出版社，2003，第40页。

性特征。这需要人在意念中掀起一场革命，把被恶的倾向颠倒了的心灵重新扭转过来，使道德法则成为我们行事的唯一动机。

第四，为了实现这一革命，需要神恩。

"假定为了成为善或者更加善的，还需要一种超自然的协助……人都必须事先就使自己配得上接受这种协助，并且必须假定有这种援助（这是非同小可的事情）。也就是说，把力量的积极增长纳入自己的准则。"①

"就道德的宗教而言（在迄今为止所存在过的所有公开的宗教中，唯有基督教才是这样的宗教），一条原理就是：每一个人都必须尽其力所能及去做，以便成为一个更善的人。只有当他不埋没自己天赋的才能（路19：12－16），他才能够希望由更高的协助补上他自己力所不能及的东西。"②

思维方式的转变需要一种心灵对道德法则的重新定位，把道德原则作为自己的行为准则，且为唯一的准则，每个人都必须尽其力所能及去做。同时，这个希望还必须有神恩的援助推动，因为只有上帝才是至善的，在此，康德设立一个善的榜样，或是一个彼岸世界。

"下面这个原理也是有效的：'知道上帝为他的永福在做或已做了什么，并不是根本的，因而也不是对每个人都必要的'；但是知道为了配得上这种援助，每个人自己必须做些什么，倒是重要的，对每个人都是必要的。"③人获得永福，配得上上帝的援助，人要做什么呢？就是把原初道德禀赋作为自己行为准则的唯一动机，在神恩的援助下成为更善的人。康德在《实践理性批判》中说："有两样东西，人们越是经常持久地对之凝神思索，它们就越是使内心充满常新而日增的惊奇和敬畏：我头上的星空和我心中的道德律。"④因此，理解康德哲学应该将他的道德

---

① 〔德〕康德：《单纯理性限度内的宗教》，李秋零译，中国人民大学出版社，2003，第33页。
② 〔德〕康德：《单纯理性限度内的宗教》，李秋零译，中国人民大学出版社，2003，第41页。
③ 〔德〕康德：《单纯理性限度内的宗教》，李秋零译，中国人民大学出版社，2003，第42页。
④ 〔德〕康德：《实践理性批判》，邓晓芒译，杨祖陶校，人民出版社，2003，第220页。

哲学与道德宗教视为一体，① 这时，道德律不仅是一种绝对的命令，而且有血有肉地丰满起来。

三　"人禽之辨"之异同辨析及对当代的借鉴意义

基于不同的社会环境和学术背景，孟子与康德在"人禽之辨"上开辟了不同的路径。从源头上看，孟子认为性源自天；康德在自由的基础上分析人性。天化生万物，植物、动物、人都是由天创生的，同源而出自然具有相同性。因此，孟子要凸显人性就必须首先将人与物分开。自由是人脱离了神（中世纪宗教思想禁锢）的重要发现，是西方启蒙运动获得的重要成果，是启蒙以后西方哲人讨论人性问题的前提。因此，康德思考的人性是已经与其他事物分离，需要从人性自身来寻找根本性。

在人性与动物性的区别中，孟子认为唯人有"四端之心""良知良能"，并将此作为人与动物的分界标准；人若无此则为禽兽，从这个角度看，孟子是将人与动物对立，其善恶虽未明言，但倾向于恶。康德是以自爱为目的来解释动物性禀赋，以德性区分人性与动物性。他认为人性中有动物性的一面，它们都具有自爱的特点；若人的行为以德性为限度则为善，超出则会嫁接各种恶。

在人性与人的根本性辨析中，孟子以品格为标准，他提出了民与士、士与君子、君子与圣贤的区分，按照财产、恒心、形于内、形于内而显于外逐层推进，最终得出人道性善的结论；同时，孟子也意识到受环境影响，人的"几希"会被遮蔽，做出恶的事实。因此，孟子讲的人性是养心寡欲的修身，他所讲的人的根本性是人能够坚持沿着修身的道路前行，直至圣王品格的达成，具有动态的特点。康德以理性为标准，将其区分为人性禀赋和人格性禀赋。自爱的比较是人性禀赋的标准，它是以自身与他者的比较获得幸福为标示；可以为善，但也会嫁接更大的恶；

① 参见 James Carter，"Reconsidering Virtue：Kant's Moral Religion"，"The Dominican Council"，Blackwell Publishing Ltd.，2011。

因为比较的存在，故人性禀赋具有了理性的因素。人格性的禀赋完全是以理性为指导，是一种纯善，以道德法则为标示，具有智性，是康德人性理论的最高级。

值得一提的是，在人性（族类性）论证过程中，孟、康二人都认为：第一，欲望存在合理性。孟子说"口之于味也……性也"，眼、耳、口、鼻、四肢之安逸是天性，与生俱来；在君子品格的修身中，孟子倡导的是寡欲而不是去欲。康德认为与性有关的本能的欲望是人保存自身种族延续的本性，遵守比较自爱的原则而获取的幸福，这些在道德理性可以接受的范围内。第二，对生命的尊重。孟子讲要为民制产，其背后的含义就是让百姓拥有一定的物质基础，以期乐岁终饱、凶年免亡。康德将生命权和生存权视为人的本能，只要在德性的范围之内就应该得到保护。

人根本性的共同特征——纯善（追求至善）。圣王品格的确立是孟子判断人根本性确立的标准和最终指向，这是一个动态的过程。因此，不能说只有达到圣王品格才实现了人的根本性，而是人只要脱离物性，并沿着人性的道路前行，那么他就获得了对人根本性的认知。康德的观点明确，所有与自由无关的道德都不能成为对人性的规定；只有把原初的道德禀赋（道德律）作为行为唯一、充分的动机，才能达成人格性禀赋，获得配享上帝赐福的资格。因此，孟子至善的特点是重视善端，提出一系列身心修养的方法，循序渐进来达成善的成熟，同时，善成自然恶去，是完全自我做主的事情。康德则是两头并举，从理论和经验两个层面，在神恩的援助下，以善对恶的革命性胜利来实现至善。

在论证方法上，孟子和康德都使用了批判的武器。任何一种伟大的思想，莫不是于当世的风高浪急之中挺立出来，表现出理论上的扬弃和含化。在孟子之前，人性善恶已经是先秦诸子争论的议题，并且能从不同的角度进行论证，形成了极为丰富的思想。"周人世硕以为人性有善有恶，举人之善性，养而致之则善长；性恶，养而致之则恶长。如此，则性各有阴阳，善恶在所养焉。故世子作《养性书》一篇。宓子贱、漆雕开、公孙尼子之徒亦论情性，与世子相出入，皆言性有善有恶。"

（《论衡·本性》）以此观之，远在孟子之前，先秦诸子已经开始关注人性善恶的问题，并且所持观点各异。鉴于西方哲学的传统，康德在人性问题上的讨论必然会以批判的形式借鉴前人研究的途径和成果，具体来说就是从自由本性处认定善恶，驳斥霍布斯、洛克和卢梭三者将人性分为自然状态和社会状态的说法。道德禀赋挑战生命和生存权，是对天赋人权的重新解读，用心灵的革命取代了契约模式。同时，康德对《圣经》也做了创造性解读，表现为用理性分析恶的起源，驳斥了基督教原罪说，以智性代替信仰救赎论作为获得永福的前提。

孟、康都运用了批判的方法，但存有区别。孟子批判的对象不在儒家之内而在儒家之外，如杨、朱、墨等是其批判的主要对象。康德则秉承了"我爱我师，但我更爱真理"的方式，其思想来源同样可以被纳入批判的对象，如卢梭。因此，二者批判的方向和范围不一样。就对理论传承体系自身的批评而言，康重于孟。但是，孟子继承儒家天人合一的传统，在修身达至一定境界时就不再需要神或最高统帅，如葛兰言所说："中国人的智慧不需要上帝这一观念，"[1] 康德则必须为上帝留一席之地，因此，在批判高度上孟重于康。

孟、康的人性论对当代有所启示。一是使人能够明晰人性中的善之所在。无论善是天性还是自由的选择，还是"四端之心"人皆有之，"善良意志"人皆有之，发现善端，并在此处着力，人会明辨是非，并朝善良的方向发展，以此，人与人就能以善相待、和平相处。二是经济快速发展与道德水平提升并不成正比，官员道德沦丧，政治腐败泛滥时有见之。从人性角度寻找其病根去对症下药，则需要我们回到精神家园，明晰民与士、士与君子的差别，体认原初道德禀赋，实现心灵革命。三是"徒善不足以为政，徒法不能以自行"。（《孟子·离娄上》）为达成人性善，法制建设应加强三个方面。一是自上而下培养向善的社会环境。"君正，莫不正。"（《孟子·离娄上》）二是保障物质分配公平，以弱化人类因比较心而嫁接恶的倾向。恶依善而立。三是法律必须建立在人性

---

① Marcel Granet：《中国人的思想》，Editions Albin Michel, 1934, p.478。

为善的基础上，同时，我们必须清醒地认识到惩恶只是手段，扬善方为目的。

所谓人，首先是一种动物性的存在，他要求有肉体的生命；其次，人是一种社会的动物，他需要在群体中凸显生命存在的价值；最后，在生命价值的追求上，能为善是其重要的特点。人性是善是恶，人为善为恶？不否认人性有恶，人会为恶；但是我们只有坚信人性善，人能为善，并将所有的理论构建在这一基础之上，才能给人类社会发展趋于美好留下希望。

朱子与阳明的孝道思想以及比较

张翅飞 *

【摘　要】　作为宋明理学的高峰，朱子和阳明各以其理本论和心本论为
　　　　　 哲学立场，对中国文化里的孝道思想进行了形而上的提升和哲理的
　　　　　 深层阐发；且在对孝道主体性、孝行原动力、孝之仪节知识等问题
　　　　　 的探讨中各有胜场而甚具比较意义。

【关键词】　朱子　阳明　孝道思想　比较

中国传统文化极重视孝道，并以之为人伦根本和修身基本功。[①] 如
《论语·学而》篇云："孝弟也者，其为仁之本与？"视行孝为行仁的起
点和基本功；孟子则明确提出"五伦"，而把蕴含孝的"父子有亲"列
为首位。孔孟从人伦和修身的层面提出孝道的问题。中国文化早期的辞
书《尔雅》则言："善事父母为孝"，东汉许慎的《说文》对之有进一步
的解释："孝：善事父母者。从老省，从子，子承老也"。同样以"善事
父母"界定孝。如此看来，孝似乎只是家庭成员的日常行为，只是经验
层面的事情。实际上，孝也有着丰富的哲理意蕴，在中国哲学融合期的

＊　张翅飞（1975～），男，汉族，湖北孝感人，武汉大学中国传统文化研究中心中国哲学专
　　业博士生。研究方向为宋明理学、阳明学。
①　中国传统文化极重视伦理，可以说是一种以伦理为中心内容的文化。在传统的五伦系统中，
　　家庭伦理即占了三项；而家庭伦理的核心为父子——父母与子女的亲子关系，于是由亲子
　　关系而来的"孝道"很自然地成为中国文化里最为基本的德目。

宋明理学那里，尤其在理学宗师朱熹和心学集大成者王阳明那里，伴随着理学的发展与转进，孝道的哲理意蕴也得到了极大的阐发。

一　朱子的孝道思想

朱子的孝道思想是以其理本论为哲学基础的。在朱子，形上而超验的天理为统摄一切的根本，孝则为分殊之理而依于整体性的天理，为天理之发用流行。

朱子重视孝道的实践性，认为孝道是道德实践最重要的基础。朱子对孝道的研究依托于他对先秦孔孟之学的诠释，在对《论语·学而》篇的孝思想诠释中，朱子肯定了孝道在道德实践中的基础性地位。《学而》篇云："其为人也孝弟，而好犯上者，鲜矣；不好犯上，而好作乱者，未之有也。君子务本，本立而道生。孝弟也者，其为仁之本与?"《学而》篇此处文本简略，明显是在讨论作为家庭伦理的孝悌与社会政治治理的关系问题。但朱子却不为文本所局限而给予了理学的诠释："论性，则仁是孝悌之本。惟其有这仁，所以能孝悌。仁是根，孝悌是发出来的；仁是体，孝悌是用；仁是性，孝悌是仁里面事。"（《朱子语类》第一一九卷）朱子以其理本论哲学为据，对《论语·学而》之孝悌与仁的关系进行了理学意义上的创造性诠释。在朱子看来，仁即整体性的天理，而孝悌则为仁之落实于经验层面的一分殊之理，仁与孝悌是体用关系，层面自有分别。而孝悌作为分殊之理，其在经验层面而言有其特殊的作用和地位："仁便是本了，上面更无本。如水之流，必过第一池，然后过第二池，第三池……仁便是水之原，而孝弟便是第一池。"（《朱子语类》第二十卷）朱子认为，孝悌与超越性之仁（天理）相比虽然层次较低，但就道德行为之经验层面而言，则具有优先性地位。如以仁为水源，则孝是水所流经的第一关；对于行仁的道德性实践，孝具有最基础性的优先地位。

朱子认为，孝道的终极依据在于超验性的天理，以此提升了孝道的形而上品位。孔子论孝具有政治伦理意味，但重视父慈子孝的合理互动；

孟子论孝则重顺亲,有强调顺从父母意志之意;西汉独尊儒术后,孝德政治化,更是以顺从和服从为孝的主要规定,此在学界已为定说,在此不必细论。而朱子以其理学的立场,对《孟子》之孝道思想重新加以阐释。孟子很重视孝道,认为:"仁之实,事亲是也……事,孰为大?事亲为大。"(《孟子·离娄上》)甚至认为:"不得乎亲,不可以为人;不顺乎亲,不可以为子……人悦之、好色、富贵,无足以解忧者,惟顺于父母可以解忧。"(《孟子·万章上》)孟子的"顺乎亲"明显有顺从父母意志之意。朱子的阐释策略是先对"得乎亲"与"顺乎亲"进行区分。朱子解释"得乎亲"云:"不问事之是非,但能曲为承顺,则可以得亲之悦。"(《朱子语类》第五十六卷)认为"得乎亲"不问是非曲直,只讲服从与顺从而已,只是层次很低的世俗层面的孝。对"顺乎亲"则解释为:"'顺乎亲',则和那道理也顺了,非特得亲之悦,又使之不陷于非义,此所以为尤难也……惟顺乎亲,则亲之心皆顺乎理,必如此而后可以为子。"(《朱子语类》第五十六卷)朱子以使"亲之心皆顺乎理"解"顺乎亲",实际上是以"顺乎理"取代了"顺乎亲";而所谓的"理"超然于经验之层面,乃人性内在的本质规定,这样,朱子以理学提升了孝的形而上学内涵,使之得以以超越性之"理"为内在依据,使孝道从注重服从和顺从的世俗之孝的层面解放和提升出来了。朱子此解是否符合孟子原义且不论,却无形中对西汉后重顺从和服从的意识形态化的孝道哲学做出了重要的思想转向。

朱子以天理为孝道终极依据,这样其思想之逻辑发展自然以孝道为做人应尽之伦理义务,以行孝为子女的理分和天职。一方面,朱子以"理"作为孝超越性的内在依据,使孝得到了形而上的提升和解放;另一方面,朱子也将孝行统摄于超越而外在的理中,使子女的行孝转换成为一种理分和义务。"未有这事,先有这理……未有父子,已先有父子之理。不成元无此理,只待有君臣父子,却旋将道理入在里面!"(《朱子语类》第九十五卷)在朱子,虽然理与事在经验层面是相即不离的,但在逻辑上而言,理还是在经验事物之先而具有独立存在的意义。故父子关系依于孝慈之理而成立,而孝慈之理先于父子关系的存在而存在。

"万物皆有此理，理皆同出一原……为子须孝，为父须慈。"（《朱子语类》第十八卷）朱子的理有整体性的天理和分殊性的万物之理之别，在朱子看来，父慈子孝无疑为一分殊之理而依于整体性的天理，这样理的超越性规定决定了孝的应然性和合理性，尽孝成为做子女者的天职和应尽义务。

朱子很重视孝道之仪节规矩的独立意义。朱子视孝为天理之流行，为流行之天理在行孝主体身上一具体的分殊，这样朱子很重视孝德主体之道德理性的一面，道德理性的外在化即表现为仪节规矩，故朱子很强调仪节规矩之于培养孝德的重要性。"事君、事父、事兄、处友等事，只是教他依此规矩做去。"（《朱子语类》第七卷）朱子很重视礼的规矩约束之义和制外养内功能，如在《讲礼记序》中云："所谓礼之实者皆践而行之矣……智崇礼卑，礼以极卑为事，故于饮食居处洒扫咳唾之间，皆有仪节闻之……夫如是故，成性存存而道义出矣。"（《朱子语类》第七十四卷）朱子很重视形而下之仪节规矩的独立意义，并长期率领门生整理礼仪制度，曾作社会影响深远的《朱子家礼》，而孝之仪节规矩显然是其中的重要内容。

总的来说，朱子重视孝道实践，通过仁孝关系的讨论，将孝道定位为道德实践过程中最重要的基础。且朱子以超验性的天理作为孝道之终极依据，以此提升了孝的形而上品位，对西汉以来重顺从和服从的意识形态化的孝道做出了重要的思想转向。朱子以天理为孝道之内在超越性依据，以行孝为当子女的理分和天职，从而把孝行转化为一种伦理义务。朱子最重理，理的外化即表现为仪节规矩，故仪节规矩在朱子亦有一定的独立存在意义。朱子的孝道哲学思想大体如是。

二　阳明之孝道思想

阳明的孝道思想以其"心即理""良知即天理"的心学为哲学基础。阳明的良知学重视德性主体性，重视主体的德性自觉；在阳明，所谓孝道就是德性主体之良知发用流行而已。

阳明心即理的哲学以良知天理为一，由此重视并建构孝的德性主体性，认为孝道的理性根据与原动力皆内蕴于人之良知德性。"心即理也。天下又有心外之事，心外之理乎……且如事父不成，去父上求个孝的理？事君不成，去君上求个忠的理……都只在此心，心即理也。此心无私欲之蔽，即是天理，不须外面添一分。以此纯乎天理之心，发之事父便是孝，发之事君便是忠……"（《传习录》上）阳明孝道思想以其心即理的心学立场为阐发基础。阳明以"善事父母"为孝道，并认为"善事父母"的关键在于求得孝之理，此点好似同于朱子；但阳明所谓的理并非对象化、客观化之理，而是心理同一的。因此阳明认为孝之理并不在行孝的对象父母身上，也不是出于超验而客观化的天理，而是出于具有善恶判断功能的天理良知之心——心即理的德性主体上。阳明重视具有善恶判断功能和道德创生能力的德性主体，因此，包括孝之仪节德目在内的道德规范在他看来并非对象性的存在，而是"渗入于主体的情感、意向、信念等之中，并进而转化为主体意识的内在因素"①，是内蕴于主体德性之中的。这样孝之理交融于德性主体，而孝道行为也就只是主体的孝德之发用流行，随具体的人伦情景而相应随机呈现而已。阳明"心即理""良知即天理"的哲学将天理收摄于良知，收摄于德性主体，这样，良知内蕴天理而具善恶判断功能。而良知之心则因蕴含个体情意的维度而具有真诚的德性情感；这样在阳明，不但孝之道德理性根据内蕴于良知，孝道的原动力正在于人的良知之中。"盖良知只是一个天理，自然明觉发见处，只是一个真诚恻怛，便是他本体。故致此良知之真诚恻怛，以事亲便是孝……"（《传习录》下）"真诚恻怛"为良知所内蕴的德性情感，故阳明孝行的原动力在良知所内蕴的"真诚恻怛"之德性情感。

阳明以孝道依据于良知，依据于主体内在之德性，其思想之逻辑展开，必然以孝道行为为德性主体之意向性的建构；而以孝道行为实践之关键在于主体孝意识之诚。阳明言："身之主宰便是心，心之所发便是意，意之本体便是知，意之所在便是物。如意在于事亲，即事亲即是一

---

① 杨国荣：《心学之思——王阳明心学的哲学阐释》，华东师范大学出版社，2009，第59页。

物。"(《传习录》上)又言:"心外无物,如吾心发一念孝亲,即孝亲便是一物。"(《传习录》上)在阳明哲学,物并非游离于主体之外的事实存在,而是通过主体的意向性活动所建构出来的意义存在,故"事亲"与"孝亲"并非客观化之物事或外在的行为,而是主体德性在某种人伦情景中当场建构出来的。在阳明,就事亲而言,孝德意识对亲的指向过程,同时也是事亲、孝亲的实践过程,这样所谓的事亲和孝亲并非一个客观外在的行为,而是随着主体孝德意识的指向于具体情景中不断地显发与生成,为德性主体当场的建构之"物"。这体现了阳明主体性哲学的道德创生性。而孝道行为实践之关键在阳明看来,不是外在性的有关孝之仪节德目,而在于孝意识的真诚。"爱曰:'闻先生如此说,爱已觉有省悟处,但旧说缠于胸中,尚有未脱然者。如事父一事,其间温清定省之类有许多节目,不知亦须讲求否?'先生曰:'如何不讲求,只是有个头脑……就如讲求冬温,只是要尽此心之孝,恐怕有一毫人欲间杂……此心若无人欲,纯是天理,是个诚于孝亲的心,冬时自然思量父母的寒,便自要去求个温的道理;夏时自然思量父母的热,便自要去求个清的道理。这都是那诚孝的心发出的条件。却是须有这诚孝的心,然后有这条件发出来。'"(《传习录》上)在阳明,孝德为本,而孝行为末;对孝之德性意识的纯化最重要,经纯化使之无"一毫人欲之杂",则孝之行为过程于情景动态中会自然生成而无须特别讲求。在阳明,"温清定省"等孝之德目没必要刻意地去研讨与追求;孝之德性的培养最重要,离开了"诚孝的心","温清定省"等孝之具体德目并无独立存在的意义。

阳明哲学重知行合一,重视德性意识与德性行为的合一,因此,有关孝的仪节等德目知识在阳明看来并没有独立存在的意义;在阳明看来,孝之德目知识内摄于孝德意识,而孝德意识和孝道行为是合一的。阳明认为,能知解孝的客观性仪节知识的人并不一定就真能知孝。"就如称某人知孝,某人知弟,必是其人已曾行孝行弟,方可称他知孝知弟。不成只是晓得说些孝弟的话,便可称为知孝弟。"(《传习录》上)阳明提倡知行合一,他所谓的"知"是德性意识之自觉而非普通客观性知识;而德性自觉之良知和德性行为是互为构建、相即不离的,故孝的德性意识自觉和孝行也应该是合一的。如前面所论述，阳明并不反对温清定省等有关孝的客观性仪节知识，只是认为如果执着孝的仪节性知识之概念而缺乏主体孝德意识的自觉，这种文字概念之知则只是无人格之逻辑形式而已，反而会有碍孝知与孝行的境域性互构，有碍于孝的知行合一，这样并非真正的知孝。真正的知孝并非仅仅对孝之客观性的知解，而行孝也非仅仅是行为对孝之仪节的符合。"若只是那些仪节求得是当，便谓至善，即如今扮戏子，扮得许多温清奉养的仪节是当，亦可谓之至善矣。"（《传习录》上）包括行孝在内的德性行为必以真实的德性人格为保障，如果仅仅追求外在规范形式的合理性，那就如同做戏而失去了本来的意义。阳明并不关注客观化的孝道知识和仪节，在阳明看来，真正的对孝之知并不能与孝之行分开，孝德意识之知和孝道行为是合一的。

阳明哲学以良知天理为一，故以孝道之理性根据与原动力皆内蕴于德性主体之良知。阳明以良知为孝道之依据，故孝道行为即为主体孝德之意向性的建构，而孝道行为的关键在于主体孝德意识之诚。阳明认为孝之德目知识内摄于孝德意识，而孝德意识和孝道行为是合一的，有关孝之仪节等德目知识并无独立存在意义。

三　比较与合论

朱子与阳明的孝道思想在哲学基础上根本不同，一为理本论，一为心本论，由此引发了对孝道的主体性、对孝行的原动力、对孝之仪节知识等孝道之不同层面的理解差异问题。

一般而论，道德哲学是不能离开主体性问题的。朱子与阳明皆重视孝道的主体性问题，然他们所言的主体一为道德理性主体，一为良知德性主体，其内涵差异甚大。朱子视孝为分殊之理，孝的分殊之理在朱子并非落在客观对象身上，而体现于行孝之主体。"为子须孝，为父须慈，物物各具此理，而物物各异其用，然莫非一理之流行。"（《朱子语类》第十八卷）这样孝之理不在行孝的对象父母身上，而在行孝的主体人子身上，这样朱子也重视孝道的主体性问题，只是这个主体性偏重于孝德理性。"子之所以孝……皆人心天命之自然，非人力所能为也。"（《朱文公文集》第十五卷）在朱子，孝道的主体性不但偏重于孝德理性，而且受至上的天理之规约，这样孝道主体的主观能动性大打折扣。同时，朱子以子女行孝为合乎天理，为当子女的天职所在，这就有将孝理绝对化的倾向。如对于《孟子》里舜始终如一地孝敬恶父瞽瞍的故事，朱子就取肯定和赞赏的态度，评之曰："是以知天下之为子者，知天下无不可事之亲。"（《孟子集注》第七卷）朱子由孝为天理的绝对性理论预设，转而肯定父母为孝行的绝对对象，这样，孝道转变成了对子女的单向度要求。"道者，古今共由之理，如父之慈，子之孝，君仁臣忠，是一个公共的道理。"（《朱子语类》第十三卷）在朱子，包括孝在内的分殊之理具有公共性，是客观性的公共之理。可见朱子的孝道主体只是一个理性的主体，而缺乏情意的维度，其主观能动性可疑，这样可能会导致孝德主体的虚无化。如前文所论述，阳明心即理的哲学以良知天理为一，由此重视并建构孝的德性主体，而内蕴理性根据与情意原动力为一，此为阳明心学所擅长，正可与朱子的理性主体形成鲜明对比。

阳明孝道哲学以良知为孝行的根据和原动力；而朱子哲学以天理为核心范畴，以孝为天理统摄下之一分殊之理，这样孝行虽可以天理之客观普遍性为根据，但行孝的内在动力会出现问题。朱子言："君臣、父子……是皆必有当然之则，而自不容已，所谓理也。"（《大学或问》下）"孝弟者，天之所以命我，而不能不然之事也。"（《论语或问》第一卷）在朱子，天理具有强制性的意味，人的行为从根本上受孝悌等内在规范性之理的主宰，故孝行等行为并非出于主体内在的自我选择，而是不得不为之事；对朱子而言，对理性规范的认同似乎仍然属于主体的内在决定，但是"这种决定往往带有勉强的性质……以规范的单向认同为前提，自我的决定在某种意义上成了外在命令的转换形式"，① 故朱子的孝行从根源上仍然是来自外在的道德命令而非主体内在之自我选择，这样会缺乏内在动力。阳明的良知则既蕴含天理，又包含情意的维度和个体

---

① 杨国荣：《心学之思——王阳明心学的哲学阐释》，华东师范大学出版社，2009，第101页。

性自我，比如阳明对如好好色、如恶恶臭的诚意的强调。阳明以良知为内在的道德意识和理性原则，以天理为良知的内容，"是理也，发之于亲则为孝，发之于君则为忠……千变万化，至不可穷竭，而莫非发于吾之一心"。① 在阳明，天理良知化后，已不同于外在的道德命令，而是内在的德性要求，由此原动力充足而能发用为孝亲等鲜活的道德行为。

朱子和阳明由于哲学立场的不同，对孝之仪节知识的认识和定位截然有异，亦各有其意义。朱子以孝为天理以下之分殊之理，由此重视孝的理性化，强调了孝在仪节制度层面的独立意义。朱子重视孝的理性化，而孝之理性化具体的落实则体现为仪节制度。如前文所述，朱子重视孝道之礼仪规矩，并曾撰《朱子家礼》，对包括孝道在内的家庭伦理进行了深入具体的研究，对孝之仪节和制度进行了细致的规定，以期礼仪对人行为的约束力。朱子重孝之仪节规矩层面的独立价值之思想可以说来自孔子，如《论语·学而》言道德行为："不以礼节之，亦不可行也。"包括孝行在内的道德行为离不开礼的节制。《为政》篇云："生，事之以礼；死，葬之以礼，祭之以礼，可谓孝矣。"礼之仪节规矩在制度和行为规范的层面自有其独立意义。孝心要转化为孝行，礼的角色很重要，能提供可操作的规范和程序。阳明哲学重知行合一，重视德性意识与德性行为的合一，因此认为有关孝的仪节等德目知识并没有独立存在的意义，前文已有详论。虽然《礼记·内则》对子女的日常孝行有详尽的规定，比如冬温夏凊、晨省昏定等，阳明也并非不知此；但阳明论孝重视孝道主体的独立人格，主张内化的德性之自律而反对盲目遵守外在机械的道德教条，反对外在化权威或理性对德性的宰制，认为孝道行为只能由主体之德性人格作为保障，由此而重视孝道主体的独立人格和自律道德，这对于发扬孝道之道德活力、冲破礼制的僵化有其历史意义。随着社会的发展，冬温夏凊、昏定晨省等烦琐的孝之仪节规矩必然要发生简化和变迁，现代社会也更强调子女的自由意志和人格自由。古代社会的孝由于礼制秩序的统摄而有上

---

① 吴光等编校《王阳明全集》，上海古籍出版社，1992，第277页。

下等级关系的意味，而现代社会是走向民主和自由的公民社会，孝道也只能建立在人格平等、道德自律的基础上，于此而言，阳明以孝德意识统摄孝仪知识的思想甚具现代意义。

在孝道的主体性问题上，朱子的理性主体以行孝为子女天职，但理性的抽象性蕴含着绝对性和道德僵化的危险；阳明则以良知德性主体转化天理，并内蕴情意的维度而保证了孝德主体的鲜活。朱子以客观普遍的天理为孝行之内在根据，行孝的动力成为问题；阳明以行孝等道德行为皆出于内在良知而非某种外在的命令和强制性，良知的情意维度保证了孝行充足的原动力。朱子重视孝的理性化，强调了孝在仪节制度层面的独立意义，从而强化了孝道的可操作性；阳明重视德性意识与德性行为的合一，认为孝的仪节等德目知识并无独存意义，突出了孝道主体的独立和自律。

"道""器"三种诠释视角

——基于"形而上者谓之道，形而下者谓之器"的历代注释

夏 芬[*]

【摘 要】 "形而上者谓之道，形而下者谓之器"出自《系辞传》，而
历代学者对文本语词的不同侧重与理解带来了"形而上者谓之道，
形而下者谓之器"，尤其是"道""器"的丰富的解释视角。主要有
三种，一是用时间上的先后生成关系来刻画空间上的上下关系，这
种诠释视角的内在逻辑结构为两阶：无（道、先）——有（器、
后）。二是通过功能作用、伦理价值的认知与定位来直接解释"道"
"器"，两类体用关系虽凸显了道与器之分殊与不同，但都侧重强调
体用一源、道器不离的哲理内涵。三是借助"谓之"之语法规则来
梳理"道器"的本意。

【关键词】 道 器 三种视角

"形而上者谓之道，形而下者谓之器"出自《系辞传》，构成《周
易》诠释体系中不可缺少的组成部分。在该段文本中，有"形""道"
"器"三个实词，有"上""下"两个虚词，还有"谓之"一个动宾组
合。而历代学者对这些文本语词的不同侧重与理解带来了"形而上者

---

* 夏芬（1989～），湖北谷城人，中国人民大学2014级中国哲学博士生，专业为中国哲学，
研究方向为宋明理学。

谓之道，形而下者谓之器"，尤其是"道""器"的丰富的解释视角。

一 "上""下"：先后

先后，其实就是用时间上的先后生成关系来刻画空间上的上下关系，上就是有形之先（也就是无形），下就是有形之后。该诠释视角将先后、有无、生成、外内四种解释视角糅合在一起来解释"上""下"，进而凸显"道"与"器"的分界与差异。这种诠释视角有着明显的老庄、玄学特色，但在唐以前并未产生该诠释视角。据所查资料显示，汉魏时期并未对"形而上者谓之道，形而下者谓之器"做出明晰的、丰富的解释。西汉京房《京氏易传》、东汉郑玄《周易郑注》、东晋韩康伯《周易略例》都没有该段文字的解释，而由清人孙堂所辑佚的《汉魏二十一家易注》也没有出现"形而上者谓之道，形而下者谓之器"的相关解释。这种思维方式始于唐代孔颖达。

孔颖达在《周易正义》提到，"'是故形而上者谓之道，形而下者谓之器'者，道是无体之名，形是有质之称。凡有从无而生，形由道而立，是先道而后形，是道在形之上，形在道之下。故自形外已上者谓之道也，自形内而下者谓之器也。形虽处道、器两畔之际，形在器不在道也。既有形质，可为器用，故云'形而下者谓之器'也"。① 孔颖达明确交代"凡有从无而生"，既然有"生"，就必然存在先与后、有与无的不同与区分，而区分的关键在于"形"之生。在"形"之前，是形之先、形之外、形之上，是无形、无质、无，就是"道"。而"形"之生，就是有"形""生""质"，就是"器"。"道""器"也就截然对立、彼此区分。"宋初三先生"之一的胡瑗在《周易口义》中也用"生成"视角来解释"道""器"，"言天之道始于无形而终于有形，皆由道之所生。道者，人可以为之法，由而通之谓之道。前乎天地则混于元气，散乎方

---

① （唐）孔颖达：《周易正义》，赵荣波校点，《儒藏·精华编》（二），北京大学出版社，2009，第228页。

隔则潜于象类，浩然而不局于器用，……器者，是有形之实。言天始于无形而生于有形，故形于下者则为其器。器者，则为有形之用，但可止一而用之也。故在形之外者谓之道，在形之内者谓之器也"。① 在这里，胡瑗先后提到"始于无形而终于有形"，"始于无形而生于有形"，其将天地视为从"无形"到"有形"的生成过程。"道"就是"无形之始"，是生之前、形之外，是至大至广、至精至微的宇宙法则和伦常规范；"器"就是"有形之终"，是生之后、形之内，因形质而有妙用。

孔颖达、胡瑗的诠释视角主要围绕"形如何上、下"这个问题展开，时人虽不能直接回答"形"的"上""下"问题，但因生活经验而清楚有形之体所必然面临的先后、有无的不同与差异，进而也就有了道与器的区分与界定。这种诠释视角的内在逻辑结构为两阶：无（道、先）——有（器、后）。这种逻辑结构与亚里士多德的"Metaphysics"（物理学之后）具有一定的相通性，也就有了"形而上学"的哲学译名。

二 "道""器"：体用

体用，则通过功能作用、伦理价值的认知与定位来直接解释"道""器"。所谓"体用"，一指体上之妙用，二指本末之殊途。前者体为逻辑在前，而用为逻辑在后；后者体为本则逻辑在前，用为末则逻辑在后。二者因对逻辑时间的不同认知而对"道器""体用"有着不同的界定。体用的诠释视角不再仅拘泥于虚词"上、下""形"的解释，开始直面"道""器"自身并试图探索出二者深层次的哲理内涵。其所选择的道路则是回归《系辞传》本身，结合上下文的语言环境和内在深意进而发现该段文本的可能解释空间。

关于体上之妙用的体用关系，则是强调器为体，道为用。唐代李鼎祚在其《周易集解》解释"形而上者谓之道，形而下者谓之器"文本

---

① （宋）胡瑗：《周易口义》，陈京伟校点，《儒藏·精华编》（三），北京大学出版社，2009，第416页。

时，则引用唐代易学家崔憬的体用思想，"崔憬曰：此结上文，兼明易之形器变通之事业也。凡天地万物，皆有形质。就形质之中，有体有用。体者即形质也。用者即形质上之妙用也。言有妙理之用，以扶其体，则是道也。其体比用，若器之于物，则是体为形而下，谓之为器也。假令天地圆盖方轸为体为器，以万物资始资生为用为道；动物以形躯为体为器，以灵识为用为道；植物以枝干为器为体，以生性为道为用"。① 结合《系辞传》中"形而上者谓之道，形而下者谓之器"的上下文本，"凡天地万物，皆有形质"凸显了观世界的出发点和思考的逻辑起点只是有形有质的、变化万千的物质世界，而并不关心宇宙世界的生成渊源及运动法则。基于这种有形世界的认知与界定，万事万物既是器具，又有"形质上之妙用"，② 如《周易集解》中所提到的天地、动物、植物皆有其器体，又有其道用。此时，道与器不再因"上""下"之区分而截然对立，反而因"体用"之紧密而耦合，其内在的逻辑结构也只能是一阶的：体（器）与用（道）。

关于本末之殊途的体用关系，则是强调道为体、本、理，器为用、末、气。南宋杨万里在其《诚斋先生易传》中提到，"今夫笾豆，器譬也。所以秩笾豆者，道譬也。吾身之手足，器譬也。所以使手足者，道譬也"。③ 笾豆，是用来盛放祭祀东西的礼器，而如何盛放东西、怎么摆放的秩序规范就是道；手足可视为器，而如何使用手足就是道。在这里，器、体仍是指可见的物体，而道、用则是器体自身所蕴含的当然之则、必然之理。南宋大儒朱熹更是直接说："卦爻阴阳皆形而下者，其理则道也。"④ 据此可以知道，"道"，就是易、理。元代胡一桂则通过将

---

① （唐）李鼎祚：《周易集解》，张文智校点，《儒藏·精华编》（二），北京大学出版社，2009，第547页。
② （唐）李鼎祚：《周易集解》，张文智校点，《儒藏·精华编》（二），北京大学出版社，2009，第547页。
③ （宋）杨万里：《诚斋先生易传》，张敬之校正，梁韦弦校点，《儒藏·精华编》（四），北京大学出版社，2009，第217页。
④ （宋）朱熹：《周易本义》，王铁校点，《儒藏·精华编》（四），北京大学出版社，2009，第407页。

朱熹关于"形""道""器"的文本罗列成"附录"来解释朱熹的易学思想。其引用朱熹的"一物便有阴阳,便有作用,寒暖生杀皆见得,是形而下者",[①]来解释说明物、阴阳皆为形而下。此外,更用大量文本来论证"道"与"器"虽分而不离的状况,"器亦道也,道亦器也。道未尝离乎器,道只是器之理"。[②]而元代胡炳文又提到,"形者,谓动而可见之时。自此而上则无体,故谓之道,即上文所谓'易'也。自此以下而有体,故谓之器,即上文所谓乾坤奇偶之画也。理一而神,气两而化"。[③]在这里,则将划分的视角回归"形","形"有静与动、不可见与可见、上与下、无与有等多种角度的区分,实则都是"道"与"器"之明确区分。在这里已经没有生成思想,但暗含着将"理""易""道"作为内在的、根本的法则,并推动着运动、变化。

第一类体用关系看重的是器具与其自身妙用,视道为用、器为体,回归到体、用本有意思;第二类体用关系看重的是器具与其自身所蕴含的理则,视道为体,器为用,凸显天理流行而生成万物的宇宙生成模型。两类体用关系虽凸显了道与器之分殊与不同,但都侧重强调体用一源、道器不离的哲理内涵。

三 "谓之":语言规则

语言规则,则通过字斟句酌的考据功力发现古语的语言习惯与语法规则以及古文本的语意重点和原本意蕴。清代诸多学者不再因循前人对"形""上下""道器"的阐释与发挥,而是试图梳理"谓之"这一动宾组合的本意与初衷。清代学者注意到"谓之"与"之谓"不同,而前人

---

① (元)胡一桂:《周易本义附录纂注》,刘彬校点,《儒藏·精华编》(五),北京大学出版社,2014,第373页。
② (元)胡一桂:《周易本义附录纂注》,刘彬校点,《儒藏·精华编》(五),北京大学出版社,2014,第373页。
③ (元)胡炳文:《周易本义通释》,刘彬校点,《儒藏·精华编》(六),北京大学出版社,2014,第332页。

对"形而上者谓之道，形而下者谓之器"文本的理解则错把"谓之"当"之谓"，失之毫厘，谬以千里，走向偏差。回归《系辞传》文本，"谓之""之谓"两种措辞都大量使用，"谓之"共19见，"之谓"共12见，且常常密集出现而构成一个语言群落。如，"富有之谓大业，日新之谓盛德，生生之谓易，成象之谓干，效法之谓坤，极数知来之谓占，通变之谓事，阴阳不测之谓神"，①"形而上者谓之道，形而下者谓之器，化而裁之谓之变，推而行之谓之通，举而错之天下之民，谓之事业"。②

清初王夫之率先梳理对"谓之"的新认识，"'谓之'者，从其谓而立之名也。'上下'者，处无定界，从乎所拟议而施之谓也。然则上下无殊畛，而道器无异体，明言也，而人特未之察耳"。③"形而上者，非无形之谓。既有形矣，有形而后有形而上。无形之上，亘古今，通万变，穷天穷地，穷人穷物，皆所未有者也。"④ 前段话点明"谓之"是给一个名称以称之，故该段文本的通俗解释是"形而上"就是"道"；"形而下"也就是"器"；"上下"并不存在一个严格的、明确的区分，故"道""器"之间不存在必然的、明确的区分。后段话鲜明地点明了"形"对于"道""器"都非常重要，先有"形"，才可能有"形而上""形而下"，即"道""器"。因有"形"才有"道""器"，故而谈"道"则不能离于"器""形"，陷于空疏。戴震则进一步看到"谓之"与"之谓"的不同，"凡曰'之谓'，以上所称解下，……凡曰'谓之'者，以下所称之名辨上之实。如《中庸》'自诚明谓之性，自明诚谓之教'，此非为性、教言之，以性、教区别'自诚明''自明诚'二者耳。《易》曰'形而上者谓之道，形而下者谓之器'，本非为道、器言之，以道、器区别其形而上、形而下耳"。⑤ "谓之"的语言规则就是其后为名

---

① （魏）王弼：《周易注：附周易略例》，楼宇烈校释，中华书局，2011，第347页。
② （魏）王弼：《周易注：附周易略例》，楼宇烈校释，中华书局，2011，第359页。
③ （清）王夫之：《周易外传》，萧汉明校点，《儒藏·精华编》（八），北京大学出版社，2013，第201~202页。
④ （清）王夫之：《周易外传》，萧汉明校点，《儒藏·精华编》（八），北京大学出版社，2013，第202页。
⑤ （清）戴震：《孟子字义疏证卷中·天道》，《戴震全书》第6册，第178页。

称概念，用来指称其前的事实。故而，对于"形而上者谓之道，形而下者谓之器"，"道"只是名称，用来辨明"形而上者"这一事实；"器"这一名称用来辨明"形而下者"之事实。

王夫之、戴震等诸多清代学者不再致力于用有无形体来发挥"道""器"的内涵，而借助"谓之"之语言规则来梳理"道""器"的本意。这一方面打破了曾经错乱语序而陷入有无先后、本末体用的解释模式；另一方面梳理出"道""器"就是用来分别称谓乃至区分辨别"形而上"与"形而下"的名称的本意。但是，语法规则的梳理与重塑难免会让文本曾有的丰富义理萎缩乃至枯竭。故而近代以来的学者仍回归曾经的义理分析，进而引申出"道""器"的丰富内涵。高亨通过举例揭示"道"与"器"的不同，"器，物也。形而上者如思想学术理论方法制度等是也。形而下者如天地动物植物器械等是也。此将天地间之一切分为道器两类，其义尚简单"。① 刘大钧则直译该文本为"形体以上（而不可见）的叫作道，形体以下（而可见）的叫作器"。② 两位大师的诠释路径又回归到曾经的义理解释，而"道""器"也再次彼此隔断区分。

综上可知，汉魏时人并未重视"形而上者谓之道，形而下者谓之器"文本的解释；唐代孔颖达《周易正义》和李鼎祚《周易集解》则先后引入"有无""体用"两种视角，并为后人所继承；明清以来考据之风盛行，学者注重从字词本义和语言规则入手诠释该段文本，具有很高的说服力，但并未为近代以来学者所接受。对"形而上者谓之道，形而下者谓之器"的文本诠释，由虚词"上""下"到名词"道""器"，再到"谓之"这一动宾组合词，不断创新的视角恰恰契合着各个时代的学术氛围和时代主题，一方面扩大了原文本的诠释空间，另一方面更启发了对传统经典文本的多元化的思维方式与创造性的文化建构。

---

① 高亨：《周易大传今注》，齐鲁书社，2009，第 484 页。
② 刘大钧：《易传全译》，巴蜀书社，2005，第 104 页。

"绝地天通"与"天人之际"

田 丰[*]

【摘 要】 本文试图从历代对"绝地天通"的注解出发，以超越宗教人类学的方式去诠释"绝地天通"，以展示幽明视域中的鬼神问题在古代理解的变迁，并由此看到，"绝地天通"不是一个一次性编年史事件，它既是圣人作礼之先必需的奠基性开启，又标志着华夏民族历史中不断失落又努力维系的天人之际的平衡。

【关键词】 绝地天通 鬼神 幽明 礼 天人之际 历史

对于"绝地天通"这类半人（历史）半神（神话）的记载，我们固然可以单单从实证主义的考证层面去发掘上古史的某些所谓真相，也可以从宗教人类学层面去还原一种所谓原始思维下原始宗教与社会的建构与进化，但这两个层面距离真正的思想都较远，甚至时常对思想的空间造成戕害。正如特洛伊古城的寻获与发掘并不能帮助现代人超越黑格尔、尼采等大师对古希腊神话的解读，反倒会先入为主地以实证疑古的态度在最现成性的层面上理解历史与神话。

况且，这两个研究层面并非像它们自己标榜的那样具有真正的科

---

* 田丰（1977~），河南人，武汉理工大学政治与行政学院讲师，北京大学哲学系博士，专业方向为儒家哲学与儒家经典。

学性与严格性。熟悉上古史研究现状的人都知道,上古材料——无论是传世文献还是出土文献——的运用都具有非常大的歧义性与不确定性,所以上古材料的运用与解释相较近现代历史研究更根本地受到研究者自身的视域决定,而非像实证史学标榜的那样有某种客观标准。①历史人类学总是基于对现存原始民族的考察研究建立理论模型,却不知每个伟大民族的原始开端都必定有其无与伦比之处,试图用某些前文明的人类模型来强行理解一个成熟伟大的文明之原初开端,这种削足适履行为的根基是进化论思路的傲慢,它势必将那些伟大民族丰富的源初世界之开启削夺为未开化部落的简陋习俗,古史辨派只是这种思路的极端表现之一,它的更多流裔与变体依旧充斥着今天的上古史研究。

更何况,在一个民族源头出现的那些关于世界、历史、人神的言说,总是会成为这个民族后来不断返回、诠释和重新开启的经典,毫不夸张地说,是这些经典塑造着这个民族,对于这样的言说,一切外在的研究——无论是疑古的、实证的还是自我标榜为客观而科学的历史研究态度,只能提供给我们不无可疑的外在知识,而对于这个民族真正的自我理解则无异于买椟还珠,收效甚微。对于这样的言说,我们必须在效果历史的视域下,对其进行精神本质的诠释,也只有在此诠释的背景中,前述实证主义和人类学思路赢获的知识才可能枯木逢春,对民族精神的自我理解有所裨益。具体来说,对"绝地天通"作为民族精神事件的诠释史的研究才是更加本质性的,相较而言,"绝地天通"如果被当作所谓客观历史事件进行考证研究,则不仅会陷入对模糊难定的上古材料的郢书燕说,也难以洞见民族的真理。本文试图借助"绝地天通"的古代诠释史,努力为今天重新进入古代思想的丰富世界赢获些微契机。

---

① 这一点在一切历史研究中都是如此,在上古史研究中犹然,可参看伽达默尔《真理与方法》第二部分"Ⅱ·1-理解的历史性上升为诠释学原则"。

绪　论

我们先对"绝地天通"的现代研究状况略作述评，这也是为回归古代思想作必要准备。

徐旭生先生是较早用现代学科眼光研究"绝地天通"的学者，他在20世纪40年代的研究奠定了现代研究"绝地天通"乃至上古史的几个基本思路。其一，古代生产力低下，因此思维水平原始，对自然事物的不理解与畏惧造成了原始巫术和宗教；其二，随着生产力发展，氏族部落的联盟与融合，原始巫术和宗教随着需要也产生了融合与进化，主要标志在于神职人员秩序的建立。①

第一个思路的前提是进化论。进化论渗透现代研究的方方面面，就此例而言，默认的前提不仅在于古代生产力的低下，还在于相伴而生的思维水平之原始，这种原始的前提是将人对真理的探寻等同于理性能力，又将理性等同于知性分析，古代人知性分析能力不足，只能在同一性中理解万物，故而古代人所说的天地神人之相通被定性为典型的"原始思维"，它在傲慢的现代人看来是含混、模糊的，充斥着难以理解的迷信因素。由此，又延伸出第二个思路：我们身为知性发达而且有科学方法的现代人，可以将这种古代原始思维作为科学研究对象，将现存原始民族作为实验案例，从中抽取归纳出某种人类学模型，再加于各个民族的古代史中，由此，我们就能比古人更好地理解他们的世界。显然，这是一种科学主义泛滥所带来的将实验科学方法强加于人文学科的暴力。

杨向奎先生的基本观点同上，② 只不过补充说上古时候神的意思是守山者，而守土者为诸侯，又将帝王与天相通的独断权与封禅之礼建立了传承关系。这是现代研究上古史的第三个基本思路，即使用现代社会

---

① 参见徐旭生《中国古代史的传说时代》（增订本），文物出版社，1985。此书最早出版于20世纪40年代，50年代增订重印，即为笔者所见版本。
② 参见杨向奎《中国古代社会与古代思想研究》，上海人民出版社，1962，第163页。

契约论以及由之衍生出的阶级学说来解读古代政治，将一切前现代政治或精细或粗糙地解释为权力关系。粗糙的方式如阶级学说解读常见于新中国成立后出版的诸多历史学著作，在今天已比较罕见，然而其内在思路依旧是许多海内外学者所秉持的。张光直先生的研究可以算是典型例证，他借助福柯理论，用知识和权力的关系来解释绝地天通："天，是全部有关人事的知识汇集之地……取得这种知识的途径是牟取政治权威。古代，任何人都可借助巫的帮助与天地相通。自天地交通交绝之后，只有控制着沟通手段的人，才握有统治的知识，即权力。"[①] 张先生接下来在讨论"铸鼎象物"（它和"绝地天通"的关系后文有论）时反驳了两种对"象物"的解读，一种是传统式的哲理修养的解释，另一种是以李泽厚、马承源、刘敦愿为典型的阶级统治说。而张先生没有看到的是，这种自认为站在更"现代"的理论上的解读与批判对于古代精神世界始终是格格不入的，这种思考所依赖的视域除了前述进化论外，还有一个重要倾向，就是在后马基雅弗利的世界，权力和利益的博弈成了现代人理解政治的唯一模型，一切前现代民族对"政治－真理"的诉求与建构都要在此模型中被阉割、肢解与重新缝合，在古代通向卓越人性的政治理想身上，这样的研究者只能看到他们用古代肢体拼凑出的"弗兰肯斯坦"。

本文并非列举所有相关研究，但以上三种基本思路或多或少地体现在现在几乎所有的上古史研究中，譬如，就"绝地天通"这个例子来说，李学勤先生认为是宗教改革，是氏族部落联合体追求权力统一的必然后果，而且为脑力劳动、体力劳动的分工奠定了基础。[②] 李零先生虽然借助"绝地天通"重新考察职官变化，但还是认同基本的政治权力解读以及原始思维学说。[③] 杨阳先生在其书中非常典型地论述了现代想象中的原始思维模型，又将西方政教观念强加于中国文化。[④] 除此还有大

① 张光直：《美术、神话与祭祀》，辽宁教育出版社，1988，第33页。
② 参见李学勤《中国古代文明与国家形成研究》，云南人民出版社，1997，第203页。
③ 参见李零《中国方术考》，东方出版社，2001，第13～18页。
④ 参见杨阳《王权的图腾化——政教合一与中国社会》，浙江人民出版社，2000，第116页。

量类似的论文，只有极少数文章能够跳出前述思路在精神层面进行解读，却也难道其详。① 接下来我们将对"绝地天通"的古代诠释进行细致研讨。

"绝地天通"在先秦最早见于《尚书·吕刑》："苗民弗用灵，制以刑，惟作五虐之刑曰法。杀戮无辜，爰始淫为劓、刵、椓、黥。越兹丽刑并制，罔差有辞。民兴胥渐，泯泯棼棼，罔中于信，以覆诅盟。虐威庶戮，方告无辜于上。上帝监民，罔有馨香德，刑发闻惟腥。皇帝哀矜庶戮之不辜，报虐以威，遏绝苗民，无世在下。乃命重、黎，绝地天通，罔有降格。群后之逮在下，明明棐常，鳏寡无盖。皇帝清问下民鳏寡有辞于苗。德威惟畏，德明惟明。乃命三后，恤功于民。伯夷降典，折民惟刑；禹平水土，主名山川；稷降播种，家殖嘉谷。三后成功，惟殷于民。士制百姓于刑之中，以教祗德。"

对"绝地天通"最重要的解读来自《国语·楚语下》②：昭王问于观射父，曰："《周书》所谓重、黎实使天地不通者，何也？若无然，民将能登天乎？"对曰："非此之谓也。古者民神不杂。民之精爽不携贰者，而又能齐肃衷正，其智能上下比义，其圣能光远宣朗，其明能光照之，其聪能听彻之，如是则明神降之，在男曰觋，在女曰巫。是使制神之处位次主，而为之牲器时服，而后使先圣之后之有光烈，而能知山川之号、高祖之主、宗庙之事、昭穆之世、齐敬之勤、礼节之宜、威仪之则、容貌之崇、忠信之质、禋洁之服，而敬恭明神者，以为之祝。使名姓之后，能知四时之生、牺牲之物、玉帛之类、采服之仪、彝器之量、次主之度、屏摄之位、坛场之所、上下之神祇、氏姓之所出，而心率旧典者为之宗。于是乎有天地神民类物之官，是谓五官，各司其序，不相乱也。民是以能有忠信，神是以能有明德，民神异业，敬而不渎，故神降之嘉生，民

---

① 譬如彭永捷先生《略论中国哲学之开端》，《中国哲学史》2004年第3期。近年来最富于思想性的论文当属卢国龙先生《"绝地天通"政策的人文解释空间》，《世界宗教研究》2010年第6期，后文有引。

② "绝地天通"又杂见于其他先秦典籍，如《山海经》《墨子·尚贤中》《史记·历书》《史记·太史公自序》等，然或语焉不详，或基本雷同，故此不赘引。

以物享，祸灾不至，求用不匮。及少皞之衰也，九黎乱德，民神杂糅，不可方物。夫人作享，家为巫史，无有要质。民匮于祀，而不知其福。烝享无度，民神同位。民渎齐盟，无有严威。神狎民则，不蠲其为。嘉生不降，无物以享。祸灾荐臻，莫尽其气。颛顼受之，乃命南正重司天以属神，命火正黎司地以属民，使复旧常，无相侵渎，是谓绝地天通。其后，三苗复九黎之德，尧复育重、黎之后，不忘旧者，使复典之。以至于夏、商，故重、黎氏世叙天地，而别其分主者也。其在周，程伯休父其后也，当宣王时，失其官守，而为司马氏。宠神其祖，以取威于民，曰：'重实上天，黎实下地。'遭世之乱，而莫之能御也。不然，夫天地成而不变，何比之有？"

我们先就原始文本做出一个最初步判断。就《吕刑》来说，"绝地天通"是涉及上古政治拨乱反正的重要行动，"罔有降格"所指应当是神不再直接与民沟通。《楚语》观射父所言主题与此大率相同，只是更加详备明确。观射父直接将"绝地天通"解读为民神关系的处理，分为数个阶段：古者民神不杂男觋女巫→宗祝五官设立→九黎乱德民神杂糅→重黎绝地天通民神不杂→三苗复乱→重黎之后人不忘旧典再次正民神关系，此职能贯穿夏商周三代。

秦汉以降的诠释大致可分为两个路向，一是考证，二是义理。两者无法截然分开，不过大体说来，宋以前、清初以后的著述多偏于考证，宋至清初之间的著述多偏于义理。

考证问题，以孔颖达《尚书正义》中的《尧典》和《吕刑》两篇为典型，集中在以下几个问题上：

一是，《吕刑》中绝地天通的记载出现了两次"皇帝"，所指是否同一个人。前后降旨哪些是指颛顼，哪些是指尧。这典型体现在孔安国和郑玄的差别上。孔颖达也难以决断，"不知二者谁得经意也"。由此又造成第二个问题。

二是，重黎和羲和是什么关系，他们究竟是几个人，渊源职守和传承关系为何。

三是，三苗、九黎、蚩尤的关系为何，是同属一个部落，抑或相继兴起。

对这几个问题，历代研究《尚书》的学者基本上都会考证一二，或直接给出自己的意见，但由于原始材料本身的歧义性与相互冲突，直到清代也没有定论。虽然如此，有一些基本观点还是获得研究《尚书》的学者的普遍认可，即"绝地天通"的事件发生过不止一次，会在历史中循环重演，而诸如三苗九黎乱德之事亦然，只是每次形式有所变化；重、黎所掌分属天官、地官，分别偏于天象神鬼与政治教化。①

义理诠释是本文拟讨论的重点，具体会涉及如下问题：

①"绝地天通"与政治是什么关系？

②从"绝地天通"中透视鬼神的存在意义以及应当与人保持怎样的关系？

③从"绝地天通"的鬼神问题可以获得怎样的天人关系启示？

④"绝地天通"与礼和历史有什么关系？

本文接下来的四节将分别讨论这些问题，然而鉴于问题本身的复杂性，章节与问题不可能泾渭分明，而必然会有相互渗透与牵引。此外，本文并不拟凭空创新阐发，而是试图依凭古往今来对"绝地天通"问题的诠释史来推进思考，因为真正的思想必然深植于精神历程自身，而非无历史的轻浮独断。接下来本文将古代材料按照问题分类，逐层推进分析。

一

古人对典故的理解最基本的态度便是以史为鉴，"绝地天通"也莫之能外。以史为鉴这个概念本身就具有丰富的层次，本节只取其经验类比意义。这主要表现在两个方面：一是引征"绝地天通"这个史实来劝

---

① 这里笔者先给出一个粗略的概括，以方便后文展开讨论。汉唐学者的考证固然不同于现代实证主义史学，依旧是在古代世界整体性视域中的思考运作，然而鉴于本文侧重点并不在此，故详细材料不再赘引讨论。

诚帝王或世人远离怪力乱神，敬鬼神而远之；二是比附"绝地天通"来讨论后世应当如何处理巫医异端与政治关系。

前一个方面比较典型的是范祖禹在《唐鉴》中的评论："臣祖禹曰：昔尧命重黎绝地天通，盖恶神人杂糅，巫觋矫妄，而诬天罔民也。后世主昏于上，民迷于下，黩乱天下无所不有。肃宗父子不相信妖由人兴，故奸伪得以惑之获宝。不一月而二帝崩，吉凶之验亦可睹矣。"（《唐鉴》卷十一》）

又如，周琅《广听纳隆委任以登治化疏》："昔舜命重黎绝地天通，汉文帝诏天下祝厘皆不得归福于上。而舜文卒为贤圣……至如崇奉二氏，如梁武帝、宋徽宗，皆覆辙可按，奈之何复效之耶？臣于此亦未解。"[1]

这是针对在上者的劝诫，亦有警示乱阶生于下民者："苗民既假鬼神以阶乱，则引天神以惑愚民。如汉末张角，一日同起者三十六万，此皆假鬼神以阶乱者也……（绝地天通）盖将塞其生乱之阶也。"[2]

后一个方面的论述往往集中在是否应当效法上古重设天官巫祝等官职。譬如明柯尚迁在其《周礼全经释原·卷六》明确指出，异端横行乃是儒者荒废巫祝之官造成，"古语曰：何谓治，鬼道微，人道显；何谓乱，人道微，鬼道显。又曰：国将兴，听于人；国将亡，听于神。是鬼神之道无以治之，治乱之所由分也。古之时民神杂糅，黄帝命南正重司天以属民，北正黎司地以属神，是以绝地天通，鳏寡无盖。言至治之极，神人各得其所也……后世正道不明……儒者未通幽明之故，一切鬼神皆目为邪，至所以礼神之事又阔略空疏。故异端得以窃其机而用之，所求少效，愚民靡然从之，异端之术遂深锢而不可救。盖由先王礼教不明，祝史之官不立，民心无所执持而然也。苟能复先王之礼教，朝野皆立巫

---

① （明）贾三近：《皇明两朝疏抄》卷八。类似思路尚有明湛若水讨论明太祖并去其前代所封之号，止以山水本名称其神这一举措时，引用绝地天通。（参看湛若水《格物通》卷六十二）

② （宋）夏僎：《尚书详解》卷二十五。类似思路可参看（元）朱祖义《尚书句解》卷十二，（清）阮葵生《茶余客话》卷四，等等。

祝之官以理天下之鬼神，则异端何自而生哉。"①

前后这两种方向看起来都在以史为鉴，但实际上其思路大相径庭。前者力图将涉及鬼神之事完全摒除，或者至少是以悬搁的方式隔离出政治礼法；后者则以为鬼神之事不能粗暴废除，否则它就会以异端的方式重新回到人伦世界，与其将鬼神之权柄留给异端所操，毋宁效法先王，在政治架构中给鬼神留出恰当的空间。这两种思路的分歧来源于对"绝地天通"事件的不同理解。前者侧重"绝"的意向，强调人神之分殊，而人神相杂会对政治礼法造成损害；后者则强调这种分殊乃是从属于一个完整的礼教整体。

历代在对"绝地天通"的论述中时常引用一句古语："国将兴，听于民；将亡，听于神。"（《左传·庄公三十二年》）这是一个倒装的语序，是说政顺民心，国才能兴旺。"神，聪明正直而壹者也，依人而行"，唯德是与。如果不顺民心，一味求福于神，国就会灭亡。也就是说国家之本在于民，而非鬼神。因此，许多注释者认为治乱之际，政治状态的清明与否应当对人神关系有决定性意义，当正义不能通过政治实施时，民就会将其对正义的寻求转向鬼神，鬼神只是政治正义拙劣的替身。这是第三种诠释思路，持这种思路来诠释"绝地天通"的人很多，其出现是在宋以后，似乎最早源头来自苏轼。"人无所诉，则诉于鬼神。德衰政乱，则鬼神制世，民相与反复诅盟而已……民渎于诅盟祭祀，家为巫史，尧乃命重黎授时劝农，而禁淫祀，人神不复相乱，故曰：绝地天通。"（《东坡传》卷十）更明晰也最常为后人征引的则是吕祖谦的表述："治世公道昭明，为善得福，为恶得祸，民晓然知其所由，不求之渺茫冥昧之间。当蚩尤、三苗之昏虐，民之得罪者莫知其端，无所控诉，相与听于神，祭非其鬼。天地人神之典，杂糅渎乱，此妖诞之所以兴，人心之所以不正也。在舜当务之急，莫先于正人心，首命重、黎修明祀典，天子然后祭天地，诸侯然后祭山川，高卑上下，各有分限，绝不相

---

① 类似论述可参看（元）脱脱《宋史》卷四百六十一列传第二百二十；（明）丘濬《大学衍义补》卷五十四、卷六十四。

通。烖眚妖诞之说，举皆屏息。然此非专重、黎之力，亦朝之群后及在下之众臣，精白一心，辅助常道，卒善而得福，恶而得祸，虽鳏寡之微，亦无敢盖蔽而不得自伸者。民心坦然无疑，不复求之于神。此重、黎之所以得举其职也。"

清初大儒顾炎武给出了一个更加简洁的论断："国乱无政，小民有情而不得申，有冤而不见理，于是不得不愬之于神，而诅盟之事起矣……王政行于上，而人自不复有求于神。故曰有道之世，其鬼不神。所谓绝地天通者如此而已矣。"（《日知录·卷二·閟中于行以覆诅盟》）

吕氏、顾氏显然是颇具人本主义精神的，认为鬼神之事归根结底可以完全依靠地官的政治手段解决，尤其在顾氏的表述中，"重"作为天官巫祝的职分功能几乎丧失了意义。而吕氏表述的后半部分也强调，能够将"绝地天通"切实地落在现实中，不仅需要重、黎对于人神名分的确立，还需要"群后"及"众臣"的群策群力方能做到。前引《吕刑》有对此的记载，孔安国将其详细解释为："伯夷下典礼教民而断以法。禹治洪水，山川无名者主名之。后稷下教民播种，农亩生善谷。……皋陶作士，制百官于刑之中，助成道化，以教民为敬德。"无论是孔安国的注还是孔颖达的疏，都仅仅把这些举措和刑法的基础与制定联系起来，并没有涉及这些礼法教化与鬼神的关系。吕氏则明确认为，这些举措实施之后，民心得其正，自然就不会再求之于神。此外，作为宋代疑古之宗的欧阳修在《本论·中》里早就谈过："三代之际，王政修明，礼义之教充于天下，于此之时，虽有佛无由而入。"虽然欧阳修此文并没有明确讨论鬼神问题，但在宋代士大夫眼中，佛教作为异端无疑是以近乎怪力乱神的面目出现的。总之，此种解读意向的核心在于将"绝地天通"理解为政治良好运作的后果，而非政治运作的一个环节。

至此为止，我们看到了三种对"绝地天通"与礼教政治关系的理解，它们分别为：一是，摒除政治架构；二是，仿效古代设立相应官职；三是，政治清明自然可"绝地天通"。就摒除政治架构的思路而言，第三种和第一种并无二致。

在继续讨论这三种理解之前我们需要先做出"礼"与"政"的概念

分殊。古代的政治有广义与狭义的不同。政者正也，正己、正人、正物，广义的政治意味着要使天地万物百官人伦都各自得其正位，这就必须由礼来完成。礼在中国是一个非常丰富的整全性概念，最广义的礼应该是包含典章制度、风俗人伦以及对器具名物、鸟兽鱼虫的安排。礼者履也，有履人方有所立。之所以如此，是因为礼给予人全方位的生活指引。从最基本日常生活中的晨昏定省，到家族村落的乡饮酒，与外族的婚姻，大小官员职司，邦国之宴饮外交应对，乃至与祖先神灵天地的沟通，每一个环节都有礼的指引。同时，每个环节都不可能是独立无机的，它们相互呼应渗透，共属于时代对于天地神人关系的理解。而狭义的政治我们可以从《论语·为政》篇中看到："道之以政，齐之以刑，民免而无耻；道之以德，齐之以礼，有耻且格。"孔子这里所谓的"政"，是具体的法教（孔安国）、刑法（马融）、法制禁令（朱熹），也就是官吏律令这一套行政事务，这里只有对人的责任义务以及禁忌刑法的消极限制，以及完成目的的行政手段，而没有积极意义上对人的约束，譬如行止坐卧时的仪态、宴饮婚丧的程序以及祭祀的礼节诚敬。狭义的政治应当近似于"绝地天通"的地官之职权范围，也比较接近我们今天使用政治概念的意义。在本文中为了区分，笔者用"政"或"政治"表述狭义，用"礼"或"礼教"表述广义。政治是礼教中的一个必要的部分，政治如果不能良好运转，礼教便会丧失其人事效力，秩序也会崩溃。然而，政治只是礼教为完成其目的的必要手段，其本身不能够作为目的，礼教最终的目的——至善——不是仅仅建立起属于人间的冰冷规则秩序，而是为了让道、德彰显于天地之间，表现在人的层面便是使人在礼的规整下、德的引导下，能够进入"正"（格）的存在状态。这样，天地万物也能够得其正，而不会有灾异混乱。礼教是政治良好运转的基础与前提，"无耻"的政治注定不可能持续有效地运转，因为它无法为自身提供合法性，也无法规定自身的内在规定与限度，最终会蜕变成无目的权力的工具，抑或利益博弈的平台。古代的政治与现代政治最大的不同就在于，古代政治一般而言总是被置于礼教整体中获得理解与限制，因此，政治的奠基与运作取决于礼，礼又本于天，天人关系的结构规定了政治的道路与目的。不过,这并不是说,天人关系或礼可以直接代替政治的职能,或者向政治简单地发号施令,它们的作用更多的是规定性、指引性,含而不吐,而非直接现身,这一点在后面的讨论中会更加清晰。

回到刚才的三种解读,从"绝地天通"的先秦原始文献来看,"绝地天通"和其他礼教政治运作都同样从属于使世界恢复秩序这个目标,简单地将其摒除出政治架构的思路与文本有一定距离。此外文本很明确,"绝地天通"的实施先于其他礼教与政治措施,这意味着它之于礼教与政治具有某种优先性,以官职的方式将"绝地天通"纳入礼教架构这种处理有简单化之嫌。总之,以上三种理解可谓各有所得,却也颇有偏差,"绝地天通"不能被视为政治架构中的一个功能性职分,也不能简单地被理解为礼教之一环,因为它是先行于礼教和政治的整体性开启与奠基。

"绝地天通"使得礼教能够将天与鬼神保持在某种界限之内,而非在民神混杂的状态下,天意或鬼神直接指挥或干涉人的伦理与政治生活。这样,中国政治才能够更加专注于自身的人事活动,而不是如同宗教型政治一样直接受到天意诫命的支配。政治才能真正成其为政治,并且与礼教保持一种良性的有机关联。天官和地官的分离意味着鬼神祭祀等事务不再直接转化为政治运作,这对于政治自身的良性运转非常必要(从西欧中世纪历史即可看到),也预示着中国政治走向以民为主、以地官为主的一个大趋势。另外,天官地官又同样从属于礼教整体,这意味着政治始终还是处于礼教的指引之下。现在我们的问题在于"绝地天通"所开启的天官地官分离,奠定了怎样的"礼—政"关系传统。对这个问题我们不拟直接给出答案,而是采用迂回的方式进入,先澄清"绝地天通"与鬼神问题,由此理解天人关系的开启,然后带着这些理解再回来思考礼与政的关系。

二

"绝地天通"最直观的对象是鬼神和人的沟通问题,这里需要说明的是,对"祛魅"之后的现代人而言,鬼神往往被视为不言而喻的迷信，对其存在与否的讨论也成为不经之谈。这种想法的存在论前提来自康德对理性的划界：神乃是超验之物，不可能被理性把握。然而，康德划界的初衷并非要砍掉上帝的头颅，恰恰相反，他是为了给人类的信仰和自由留下空间。但在科学思维泛滥的今天，一切事物如果不能在理性法庭上证明自己的清白存在，或者在严格实验中转化为科学经验，就将被有罪推定为虚空或者迷信。由此，一切古代鬼神学说以及人神感应经验，都被以"废物利用"的方式转化为一种客观历史中的心理学或人类学经验事实，成为心理学、人类学研究的外在客观对象，同情之理解在鬼神问题上也成为不可能。这种思路背后的科学主义即便在康德的存在论基础上也是必须被清算的，更何况，在前现代的中国社会，鬼神不同于上帝，绝不可以被简单地划归为超验之物，它始终是居于生活世界中的亲密之物，它是礼法、民俗、伦理、政治中不可忽略的一个环节。对这种人神相交的世界，现代人之所以难以理解，是因为迥异的存在论建构塑造了大相径庭的经验与意义世界。在我们将康德存在论建立的存在区域划分或者现代科学依凭的存在论基础视为天经地义的情况下，只要我们对不同的存在论视域转换的意义尚未足够明确，我们应该做的就是悬搁现代性前见，以沉潜的思考，而非技术性研究的方式进入古人思考鬼神的视域，我们接下来仍旧以"绝地天通"的古代诠释为切入点来考察这种变化。

鬼神虽然一直构成近代以前中国人的基本生存经验，但其意义却随着不同时代经验结构的转型而改变，宋代是鬼神意义变化的一个重要分水岭。一般理解会把宋代思想和西方启蒙的理性主义传统比对，强调人独立运用自己的健全理性去检验一切经典。为了更好地理解，我们不妨将宋代思想与西方近代启蒙理性做一个简单的类比，二者虽有颇多不同，亦有相通之处。

欧洲近代理性主义的起源并不是简单地来自主体性的膨胀，而是源自中世纪哲学对宇宙理性或曰神圣理性的抬高。认为宇宙的根本在于普遍理性——逻各斯，而人是分享有普遍理性的，因此人能够通过让自己的主观理性上升，从而与普遍理性融合，进而理解宇宙精神。这其实是从人努力和上帝融合的思路中诞生的。宗教改革也是由此而来，认为人可以依靠自己的理性理解《圣经》的根据就在于人有普遍理性。但这个思路造成的后果是认为人能够由此达到神圣理性，掌握宇宙的规律，从而让人上升到上帝视角，克服有限和无限的矛盾。这种倾向既促成了启蒙运动，也导致今天技术至上的时代状况。①

宋代思潮与其说是西方式的理性主义，毋宁说是"理—性"主义，即强调"天理"之于万物之"性"的分殊关系以及人之"性"与"天理"的先天同一性，由此说明人何以能够通过自诚而明，把握万物本性乃至天地之道。虽然此"理—性"非彼"理性"，不过相通的是宋明理学也是通过将理等同于天、人性等同于理，来打开人上合于天的道路。这样一来，原本的人希圣、圣希天中的那种不断上升的振拔、企慕与知命的空间与张力被极大地压缩了。心即理实际上可以视为性即理的必然逻辑后果，也就是坚信人性中有个整全普遍的根据和天相通，不管说心是知觉灵明也好，是虚含众理也好，总之心有一种能力能够最终上达天道，让自己与宇宙的普遍性融合。和西方近代理性主义道路相似的是，这条道路也很容易造成主体性的膨胀，既然我心中自有普遍的宇宙大道，就是宇宙即吾心，那么推究至极，也就是吾心即宇宙。相应的，凭借人的"天命之性"这种能力，还可以研究、反思天地万物，检验乃至质疑古代经典。所以，疑古与"理—性"是互为表里的。上述倾向在不同流派那里自然有差异，一般来说，在心学学者身上，强调心性上同于天的倾向更加强烈，而理学家则更致力于由世间万物众理上通天理。鬼神在这种视域中也要作为"物"被"格"，从而获得合于"理"的解释。

宋儒讨论鬼神其最有名者自然是张载以气之屈伸对鬼神生死的诠释。②"鬼神者，二气之良能也。"（《正蒙·太和》）"鬼神，往来屈伸之义。"（《正蒙·神化》）"物之初生，气日至而滋息；物生既盈，气日反而游散。至之谓神，以其伸也；反之为鬼，以其归也。气于人，生而不

---

① 此段思路来自复旦张汝伦先生讲授《精神现象学》的课程启发。
② 参看张载《正蒙》中《太和》《神化》《动物》诸篇，及《朱子语类·卷三·鬼神》。

离，死而游散者谓魂；聚成形质，虽死而不散者谓魄。海水凝则冰，浮则沤；然冰之才，沤之性，其存其亡，海不得而与焉。推是足以究死生之说。"（《正蒙·动物》）

朱子发展了张载的诠释思路，以气之清浊聚散及其与理之关系给出了对于鬼神魂魄生死的一个完备的系统解释，详见于《朱子语类·卷三·鬼神》"问生死鬼神之理"条目，原文过长，此不赘引。

不同于先秦儒者"未知生，焉知死"和"未能事人，焉能事鬼"的态度，宋以降，儒者不仅要讨论生与人的问题，还要将死与鬼神都置入一个新的"理—性"视域，在此视域中，"理"内在贯通于一切存在者，也包括鬼神，事事物物都可以且应当在人心中获得昭明的存在性质规定："知性知天，则阴阳鬼神皆吾分内尔。"（《正蒙·诚明》）

故而，于士大夫自己的格致诚正而言，对鬼神的"敬""远"之意被理性解释的态度冲淡；于齐家治国而言，儒者更致力于通过现实人事的努力，全方位安排解决百姓养生送终、人伦教化的整个生活世界。这个思路在元代陈栎《尚书集传纂疏》中得到尤为详致之展开。他一再强调欲人不惑于茫昧怪异之说，必当使人明正理常经："愚谓此非专重黎之力，亦由朝之群后及在下之众臣，明显明之理，使人不惑于茫昧之说；辅经常之道，使人不挠于妖怪之习。虽穷民亦无盖蔽而不得自伸者，民心坦然无疑而不复求之于神，此重黎所以得举其职也。盖人惟昧正理、悖常道，而后惑神怪、乱祀典。明明彝常，乃绝地天通之本也。使人心未知显明之理，未顺彝常之经，则必惑于□昧，挠于怪异。重黎虽禁绝之，未易行也。惟明明彝常，人心先正，自然求之明，而不求之幽；于其常而不于其怪，绝地天通庶其易乎！"

这是一种典型的道学家态度，认为茫昧妖怪、冥昧怪异和显明之理、寻常之经乃是相对而不兼容的，前者是"幽"，后者是明。而人要做的就是努力去格致明理，将一切"幽"都变为明。在此视域中，其实"幽"已经不再是真正的传统意义之"幽"，而是暂时尚未去蔽、尚未获得"理—性"之光照耀的"暗"而已，随着人格致工夫渐进，迟早会获得彻底澄明。这样一来，鬼神就从"幽"走向"明"，不再被保持为幽暗而不可言说者。所以朱子会说"幽明始终，初无二理"。①

然而，真正的"幽"是自我锁闭者，是不能以简单的现成方式置入敞开空间的，这并非意味着它对于人是混沌不可知的，而是说它会和人的生活相伴，就像影子一样始终伴随并构成着每个事物，但这个向度只能被体味与守护，而不能被照亮与洞彻。"明"是事物向我们敞开的一面，对于事物或者世界的这个向度我们可以去对其操持、实践、理解或言说，乃至穷形尽相。不同的事物有不同的幽、明界限，人的生存状态也决定着他总是在显微阐幽的努力中试探或改变这条边界。但这种努力必须有一种清醒的自我节制意识，即不能妄图将幽的领域彻底消灭或照亮，以达到终极澄明之境——对世界的绝对把握以及对自身行动及其后果意义的彻底洞察——即便这种境界仅仅作为一种可能性而存在，因为对于至善的理解决定了道路本身，而没有对自身限度的清醒节制很容易导致"理—性"的僭越。对幽明的理解差异体现为在先秦原始儒学与宋明理学之间的存在论范式的转换，陈赟先生将其称为从幽明存在论转向有无存在论。② 在有无范式的存在论结构中，鬼神的有无（其意义是存在者层面的实存与否）成为它被关切的本质性规定。这里需要澄清的是，在幽明范式的存在论结构中，存在者的有无并非不被关切，事物的实存与否必然构成人不可缺少的判断向度，然而幽明的存在区域划分先于实存与否的判断，也就是说有无判断并非事物意义的先决条件，相反，对事物幽明界限的理解决定了是否应当以有无来判断事物。关于幽明的优先性，典型的例子是《论语·先进》子路问鬼神一节："季路问事鬼神。子曰：'未能事人，焉能事鬼？'敢问死。曰：'未知生，焉知死？'"子路问的是人应当如何与鬼神打交道——"事"，对死应当如何认知——"知"，这些都属于"明"的一面。鬼神、死之为物自然有对人"明"的一面，否则我们不可能对它们进行谈论和有所理解，然而它们比起一般事

---

① 参见朱熹《四书章句集注·先进》"季路问事鬼神"一节。
② 参看陈赟《回归真实的存在——王船山哲学的阐释》，第一章"从有无到隐显——哲学视域的转换"，复旦大学出版社，2007。

物是更加"幽玄"的存在,以至于孔子认为不能够以直接实践("事")或直接认知("知")的方式去把握,虽然这里子路问的并非鬼神之有无,但显然涉及人的实践或认知的界限,而这个界限是由存在区域划分先行规定的。至于鬼神有无的意义问题在后文还会有进一步的讨论。

张载是宋明理学家中少有的依旧保有幽明视域的人之一,他对幽明问题的理解较之先秦也发生了微妙变化。对于张载的"太虚即气"理论,杨立华先生有如下概括:"在张载的形上形下之别中,有如下几个层次:其一,有形的气和万物;其二,无形而有象的太虚;其三,清通而不可象的神。而神并不在气外:'气之性本虚而神,则神与性乃气所固有,此鬼神所以体物而不可遗也。'神鼓'天下之动',为气所固有的能动本性。析而言之,则有气、虚和神的分别;若统而言之,则尽收于太和之'野马''氤氲'当中了。"① 张载又说:"故圣人仰观俯察,但云'知幽明之故',不云'知有无之故'。"(《正蒙·太和》)"大易不言有无,言有无,诸子之陋也。"②

这里说的有无是有形实存与否的意思。对于有形的具体存在者,人往往只看到其实存与消失,从而对其做出有无判断,然而这是缘于对存在整体"太虚即气"的不明,而"无"并不是遁入虚空,只是"气"转化成为另一种存在方式"太虚"。这种对待有无的态度基本上是儒学一以贯之的态度,也是儒学不同于释老的重要方面,就是将诚而无妄视为世界的根本前提,至于有形无形、有知无知这些具体的存在规定都只能在此前提下被理解。一般而言,只有在针对释老异端的辩论中儒家才会讨论本体意义上的有无问题,通常情况下儒家内部更关注的是如何理解有形无形、有知无知这样的存在规定。但这并不是说对"有"本身的理解不重要,正如前面笔者力图展示的,对"有"的理解决定着存在区域的划分,也决定着对有形无形、有知无知的具体存在规定的理解与判断。

在张载看来,"太虚"无形有象,因此对人而言乃是幽玄。气之聚

---

① 杨立华:《气本与神化:张载哲学述论》,北京大学出版社,2008,第42页。
② 《横渠易说》,《张载集》,中华书局,1978,第182页。

为万物，称之为神，"至之谓神，以其伸也"；气散复归太虚，称之为鬼，"反之为鬼，以其归也"。在这种本体论建构中，幽明之别源自有形无形，然而无形者并非人不可理解、不可认识，"方其形也，有以知幽之因；方其不形也，有以知明之故"。人可以通过仰观俯察而把握幽明之故，而所谓鬼神，不是某种人应当"敬而远之"的幽玄存在，只不过是"二气之良能"，是"太虚即气"本体的内在之"神"在有形无形层面的显现——此处"神"即前引杨立华先生所述的第三个层面，它和"归伸"意义上的"鬼神"不属于同一个层面，而是涵盖了"伸""归""聚""散"意义上的鬼神。按照船山对《正蒙》的注解，"形有屈伸，而神无幽明之异"。也就是说，气之归伸作为气的两种良能或状态乃是鬼神的本质，而此两者得以发生的根据在于气更内在之"神"，此"神"超越有形无形两个存在区域，也构成一般意义归伸的动力源泉。总结下来，明对应于有形世界，幽虽然无形，却有象，"苟健顺、动止、浩然、湛然之得言，皆可名之象尔"。因此人还是可以感知、理解并把握世界的幽玄一面。这是因为，"神"贯通了有无、幽明，故而有无、幽明的对立只是在较低存在层面的人为之相，这种对立可以在更高的层面被消融，"虚明照鉴，神之明也；无远近幽深，利用出入，神之充塞无间也"。如果人能够穷理尽性乃至知天，幽深之物如鬼神也可以被澄明洞察："故思知人不可不知天，尽其性然后能至于命。知性知天，则阴阳鬼神皆吾分内尔。"此外，以"太虚即气"的气论为基础的幽明观还会带来另一个后果，就是将幽明分属于两个世界，某些物如草木竹石属于明的有形世界，有些物如鬼神魂魄属于幽的无形世界，相应地，宋明儒学也倾向于将阴阳理解为气的两种不同形态，而非共生状态下的你中有我、我中有你。[①]

---

① 理学和心学虽然在本体论上与气学颇有不同，然而在此问题上并无二致，如朱子在《四书章句集注》中注释《中庸》"鬼神之为德"一节时说："愚谓以二气言，则鬼者阴之灵也，神者阳之灵也。以一气言，则至而伸者为神，反而归者为鬼，其实一物而已。"又如王阳明《传习录·下》335条。

在先秦思想中，幽明如同阴阳，[①] 不是将世界判然分际，而是同一事物存在的两个维度。正如没有纯粹而分离的阴阳，也没有一个事物能够被置入绝对澄明，从而"表里精粗无不到"，"全体大用无不明"。[②] 幽明在任何一个事物上都存在，并保持着争执的张力。一般理解将鬼神划入幽的一面，这只是因为幽在鬼神之类的事物中具有更强的自我锁闭力量，人只能停留在其边缘去窥探测度之，而无法让"理—性"的光芒彻底照亮那混沌区域。这并不是因为人的"理—性"力量尚不够强大，一旦人磨砺出更强大的力量就能够冲决黑暗，而是因为"理—性"的光芒并非无前提，它只有在意义开显的空间——用船山的话来说，即"人之天"——才可能发挥作用，先于"人之天"并使得"人之天"的开显成为可能的尚有"天之天"："若夫天之为天者，肆应无极，随时无常，人以为人之天，物以为物之天，人物之合以敦化，各正性命而不可齐也。""天之天"的随时无常使得它对于人、物都只能是某种角度的开显——同时也是遮蔽。人对于"幽"并非不可理解，但这种理解并非下九渊而探珠，将其珍宝取诸青天白日下，而更多在于自觉地将其持守为"幽"：就其开显的一面"敬"而"如在"，就其幽玄的一面"远之"。就此而言，我们也可以理解并言说幽明二者的内在统一性，但这种统一性始终是向我们部分敞开的同时伴随着遮蔽，绝非昭然若揭。宋明理学在晚期逐渐意识到前述问题并有意识地向先秦儒学回归，譬如晚明大儒王船山一方面承袭了张载幽明之视域，另一方面他又特别强调幽明阴阳的共生性与遮蔽性："见而荣者明也，隐而落者幽也。其故则明以达幽，而幽者所以养明；明非外袭，幽非永息。于《易》之六阴六阳互见于六位，以乘时而成文理者，可以知幽明之为一物，而但以时为显藏也。"[③] 这里的"时"指的既是卦中的"时位"，也是具有势态的具体情境，阴阳幽

---

① 参看陈赟《回归真实的存在——王船山哲学的阐释》，第一章"从有无到隐显——哲学视域的转换"，复旦大学出版社，2007。

② 参看朱熹《大学·格物补传》。

③ 《船山全书》第一册，第520页。这里所谓的"六阴六阳"来自船山独创的"十二时位"说，大意为每一卦暗含十二爻，卦名只是按照显现的六爻命名指示，尚有隐藏的六爻与之共生。

明的显现与闭藏总是一体而同时的，幽中有开显，明中亦有遮蔽。而宋儒更加趋向于探骊寻珠式的彰显人之"理—性"，这里固然有着格尽天下事物之理的气度胸怀，却也可能带来人僭越于天的危险。

道学家在讨论鬼神有无问题的时候实际上往往具有双重态度，一方面在他们自身的视域中，鬼神的实在性及合理性完全可能通过格物致知去理解说明；另一方面，在面对先秦儒家经典对于鬼神的悬搁态度之时，他们又会做出退让，本着敬畏心情持同情理解之诠释。然而，这种诠释往往从属于格物致知的努力方向。在朱子身上我们可以明确看到这种双重立场以及偏于理学化的倾向。朱子在《四书章句集注》以及《朱子语类》中涉及鬼神之处几乎都是以理气解释，偶有弟子问起经典所载怪异，朱子往往不置可否。在原则上朱子自然同意孔子的态度："未能事人，焉能事鬼……未知生，焉知死。"然而在诠释这种态度的理由之时，他并不认为鬼神生死是不可格致之事，只是工夫有次第，不可躐等。"问事鬼神，盖求所以奉祭祀之意。而死者人之所必有，不可不知，皆切问也。然非诚敬足以事人，则必不能事神；非原始而知所以生，则必不能反终而知所以死。盖幽明始终，初无二理，但学之有序，不可躐等，故夫子告之如此。"此外，在涉及祭祀等具体礼法问题时，他又会赞同先秦儒家的悬搁态度，这种态度也展现在其对"绝地天通"的理解上，在一封信中他做了如下论述："谢氏'致生致死之'亦是且借此字以明当与不当祭之意。致生之者，如：事死如事生，事亡如事存是也。致死之者，如：绝地天通废撤淫祀之类是也。若于所当祭者疑其有又疑其无，则诚意不至矣，是不得不致生之也；于所不当祭者疑其无，又疑其有，则不能无恐惧畏怯矣，是不得不致死之也。此意与檀弓论明器处自不相害。如鬼神二字，或以一气消息而言，或以二气阴阳而言，处虽不同，然其理则一而已矣。人以为神，便是致生之；以为不神，便是致死之。然此两句独□却有病，须连上文□，可与不可两字方见道理实处不是私意造作。不然即是应观法界性一切唯心造之矣。"[1]

---

[1] （宋）朱熹：《晦庵先生朱文公文集·卷第四十九·答王子合·丁未十二月二十五日》。

这里的"致生之""致死之"指的是把死者当作有知、无知，出自《礼记·檀弓·上》："孔子曰：'之死而致死之，不仁而不可为也。之死而致生之，不知而不可为也。是故竹不成用，瓦不成味，木不成斫，琴瑟张而不平，竽笙备而不和，有钟磬而无簨虡。其曰明器，神明之也。'"

孔子话的意思是以物送葬之时，如果把死者当作无知来准备殉葬之物，就是不仁，不可行。但如果把死者当作有知，却是不智，亦不可行。因此殉葬之物，即明器应当介乎两者之间，虽有器之形，却无器之用。① 按照郑玄的注解，"神明之"是说"言神明死者也。神明者，非人所知，故其器如此"。也就是将死者有知、无知的问题保持为一种不可知的悬置状态，让关涉神明的存在者保持其为神明，而非上下求索而穷其理。类似的问题还出现在《孔子家语·致思》中："子贡问于孔子曰：'死者有知乎？将无知乎？'子曰：'吾欲言死之有知，将恐孝子顺孙妨生以送死；吾欲言死之无知，将恐不孝之子弃其亲而不葬。赐不欲知死者有知与无知，非今之急，后自知之。'"

孔子的回答并没有给出对于死者存在状态的现成规定，而是描述了死者可能有的状态对于生者世界将会产生的意义。然而，一旦将答案着实落在有知、无知任何一边，都将会带来固定化的意义，从而造成流弊。正如张祥龙先生所言："孔子何尝不关心'鬼神'和'死'；他只是不能采取'事奉'和（现成地）'认知'的态度。他只愿通过生动的、开启性的祭礼和其他合适的时机来与当场化、构成化、领会化了的鬼神打交道而绝不愿去谈论那具有某种观念实体性的鬼神和另一个世界的情况。孔子讲的'非礼勿视，非礼勿听，非礼勿言，非礼勿动'，不只是让人克制自己的感性欲望，更有一层要人克除自己脱开活生生的礼仪节文而去寻找鬼神、生死、有无、天命的意义的理性欲望的意思。礼乐本身不

---

① 参看孔颖达《礼记正义》引何胤云："若全无知，则不应用。若全有知，则亦不应不成。故有器不成，是不死不生也。"

是空洞的形式，亦非可脱离情境的现成形式。"①

回到朱子这段话，他的讨论并非落在明器问题，而是讨论谢上蔡的一段话，这段话朱子在其《论孟精义》中解读《论语》"非其鬼而祭之，谄也"时曾引用过："谢曰：……阴阳交而有神，形气离而有鬼。知此者为智，事此者为仁；惟仁智之合者可以制祀典。祀典之意，可者使人格之，不使人致死之；不可者使人远之，不使人致生之。致生之，故其鬼神；致死之，故其鬼不神。则鬼神之情状，岂不昭昭乎。若夫不知不仁者，不足以与此，亦岂知鬼有不神者乎。"（《论孟精义》卷二上）

上蔡还有一段类似之言："动而不已，其神乎；滞而有迹，其鬼乎。往来不息，神也；摧仆归根，鬼也。致生之故，其鬼神；致死之故，其鬼不神。何也？人以为神则神，以为不神则不神矣。知死而致生之，不智；知生而致死之，不仁。圣人所以神明之也。"（谢良佐《上蔡语录》卷一）

结合上蔡的这两段话，我们可以比较明确地看到，上蔡和朱子都在试图做一种调和折中，即用阴阳二气之屈伸解释鬼神的同时，也用这个思路来解释在礼上祭或不祭的道理。然而，这个解读的思路有两个错位。

其一，《檀弓》中孔子讨论的是明器以及死者有知、无知的问题，《论语》中则是祭祀鬼神的当与不当问题，上蔡将其牵连一起。死者与鬼神固然涉及的基本是同一个层面的问题，朱子也说"自不相害"，但是前者要处理的是面临存在的幽玄一面时人应当持守的一个总体性意向，也即礼的本真精神层面问题。而后者则更偏向于礼的一些具体实施是否合宜的问题。

其二，孔子会认为"致生之"和"致死之"不是非此即彼的选择，而是人在礼中应有的"居间性"。在这个情境中，仁作为人与万物浑然相通的心境，是同一性力图将有区别分殊的存在者连接相通，死者虽非在场实存，却与生者息息相关，不可漠然置之。而那些分殊存在者之所以能够保持各自的独立性，则是因为差异性、分殊性，死者又一定要与

---

① 张祥龙：《海德格尔思想与中国天道》，三联书店，1996，第248页。

生者有所区别,"智"可以被视为一种将事物区别界限的分殊能力,是强调要辨识清晰并保持住这种差异性,使得万物各得其所,方为处事之宜。如果泯灭了这种分殊,仁爱就会是一种盲目随便的同一性,如同理学家批判的佛家、墨家只有理一,而无分殊,遂至于泯灭人禽之辨、率兽食人。也就是说,仁爱是一种不断让事物在天道中回归原初同一性之内的力量,而智则是始终要分殊并成全万物,从而向外展开的东西。礼主分,同时"礼之用,和为贵",这两种对反的力量在礼中能够获得恰到好处的平衡。在礼的这种"居间性"的张力中,仁与智方能具有生机和活力。同样,对鬼神的"敬"以及"远之"也是同时持守双方的态度,而非在两个不同场合下的合宜选择。然而上蔡和朱子用理气来解释鬼神问题,这就使得当不当祭转化为义理上的应然与否、非此即彼的问题。当祭者便致生之,格之;不当祭者便致死之,远之。我们看到,这和张载将幽明分属两个世界具有类似的存在论图式。在这种存在论基础上,"绝地天通"也被简单地理解为"废撤淫祀之类"的孤立现实事件。① 是否如此呢?

《礼记·檀弓》还有一段材料与"致生之"问题相关:"仲宪言于曾子曰:'夏后氏用明器,示民无知也。殷人用祭器,示民有知也。周人兼用之,示民疑也。'曾子曰:'其不然乎,其不然乎!夫明器,鬼器也。祭器,人器也。夫古之人,胡为而死其亲乎?'"

仲宪的意思是夏人以明器送终,是为了让民以为死者无知,殷人以祭器送终,是为了让民以为死者有知,周人两种都用,是因为对于究竟有知、无知疑惑不定。曾子力斥此言,我们可以参考孔颖达的解读:"曾子鄙宪言毕,而自更说其义也。言二代用此器送亡者,非是为有知与无知也,正是质文异耳。夏代文,言鬼与人异,故纯用鬼器送之,非言为无知也。殷世质,言虽复鬼与人有异,亦应恭敬是同,故用恭敬之器,仍贮食送之,非言为有知也。说二代既了,则周兼用之,非为疑可

---

① 朱子这里固然是比较随意的用法,但综观本文前后对理学精神的分析,我们这里对朱子此问题的理解虽不中,当亦不远矣。

知，故不重说。寻周家极文，言亡者亦宜鬼事，亦宜敬事，故并用鬼敬二器，非为示民言疑惑也。……崔灵恩云：'此王者质文相变耳。'"

依此理解，夏人并非以为鬼无知而废除淫祀纯用鬼器，殷人也并非迷信鬼神而大兴淫祀，周人更非乡愿。夏商周三代都在努力持守有知无知的居间性，差别仅仅在于文质权衡之异，而不是非此即彼的理性逻辑判断——如果我们将理性简单地类比于"智"，那么古人要做的恰恰是节制理性的运用限度，只是这种节制并非康德式的泾渭分明的存在区域划分，而是在不同存在者身上因时而变地维系幽明之际。

总之，笔者以为以"理—性"精神置幽入明的方式是不妥当的，它会造成对"绝地天通"的简单化理解。如果说鬼神的丰富意义只能在礼中才能够被维系，那么"绝地天通"对于礼具有怎样的奠基性意义呢？古人并不认为礼的基础仅仅在于人，而是本于天，① 这就需要我们进入天人关系的讨论才能够更好地理解"绝地天通"和礼的关系。此外前文已述，人对鬼神的存在理解取决于人对存在整体的理解以及区域划分，天在古人看来无疑是一切存在意义的源泉。况且天在古代本就有天神、天帝之意，而鬼神总是直接或间接地代表着冥冥之天意，这都要求我们借助"绝地天通"的古代诠释，将目光从对鬼神问题的关注转向其更内在的天人关系问题。

三

陈栎《尚书集传纂疏》在前引文之下又杂引吕氏之说间以己意："当时承蚩尤之弊，妖诞怪神，深溺人心。重黎绝地天通，固区别其大分矣，蛊惑之久未易遽胜。伯夷复降天地人之祀典，使知天地之性，鬼神之德，向之蛊惑消荡不留，所谓折民于刑也。自不知本者观之，平水、播穀若所急，而降典可缓。抑不知人心不正，晋为禽夷，虽有土安得而居，有粟安得而食？伯夷降典，先其本也。后之知道者亦谓，去神祠，

① 参看《礼记·礼运》。

然后人为善,其旨微矣。自伯夷之典,迄皋陶之刑,制度文为之具也。自穆穆在上至棐彝,精神心术之运也。苟无其本,则前数者不过卜祝工役农圃胥史之事耳……舜不轻于用刑也,先命重黎绝地天亵渎之礼,次首命伯夷降天地人之礼以正民心,又命禹稷除害兴利以厚民生,然后始命皋陶以刑,且本之以威明之德,继期民以祗德勤德。刑之本必主于德,而刑之用必合于中。德与中为吕刑一篇之纲领。"

前文已述,礼崩乐坏并非某些环节的问题,反过来同样,"绝地天通"必须在"礼"的整体运作中方能实现。现代的研究者往往过分强调在此变革中,宗教、祭祀、政治的各项职官功能得到明确分离,而对这种分离背后的统一性重视不够。在陈柝看来,"绝地天通"不是一个孤立行动,它必须在一个整全的礼法整体中,依靠君臣诸侯百官的通力协作方能有效实施。"区别其大分"是以"德与中"为本的。丧失了这个大本,那么重黎、伯夷、皋陶、禹、稷所为都"不过卜祝工役农圃胥史之事耳"。另一方面,本也不仅仅是精神心术,它必须在历史中外化为具体的制度典文刑法礼乐。如果我们回到《吕刑》原文的上下文关系中,会看到之所以要追溯"绝地天通"的典故,是为了解释制刑的缘由。作为社会制度的刑法问题和作为宗教改革的鬼神问题,二者之间有何内在关系呢?

宋人金履祥看到了二者之间并非直接顺承,并联系《国语》指出了这种差异:"夫《吕刑》之书,为训刑者也,则推所以立刑之由;《楚语》观射父,为'绝地天通'而言也,则推巫鬼之由。《吕刑》《楚语》所指不同,学者多合而言之,其失久矣。"(《资治通鉴前编》卷一)卢国龙先生力赞此种分殊:"《吕刑》讲法律,观射父讲宗教,立意是有差别。但长期以来,经学家都援引《楚语》解注《吕刑》,将二者混为一谈,就失其义旨了。"① 笔者以为,对法律与宗教的这种分殊本身并没有错,但是单讲分殊而忽略二者的统一性,反倒会失去更大的义旨。无论《吕刑》《楚语》,抑或大部分历代注疏,有一点是明确的,那就是对

---

① 卢国龙:《"绝地天通"政策的人文解释空间》,《世界宗教研究》2010 年第 6 期。

每个具体生存环节的思考或者安排都不能仅仅从其自身出发，而必须考镜源流，将其放置回整体中去考虑。这个整体既包括对作为原初根基的天道的领会，也包括从古代圣王始作一直绵延至今的礼法传统变迁。这种方式初看起来迂远而疏于事务，但它是保证人及其世界不会陷入分裂或者技术化安排的必需视域，也是今天的古代研究必须恢复的。

正所谓"道之以政，齐之以刑，民免而无耻；道之以德，齐之以礼，有耻且格"，这里德礼与刑政并非非此即彼的关系，而是本末终始的关系。朱子曰："愚谓政者，为治之具。刑者，辅治之法。德礼则所以出治之本，而德又礼之本也。此其相为终始，虽不可以偏废，然政刑能使民远罪而已，德礼之效，则有以使民日迁善而不自知。故治民者不可徒恃其末，又当深探其本也。"（《四书章句集注·为政第二》）不偏废本末始终，才能构成整全的政治。而鬼神问题，如前文所述，在中国与其说是宗教问题，毋宁说是礼的问题。宗教抑或原始巫术固然有礼仪的层面，但是在宗教与巫术的仪礼中鬼神都是被理解为"在场"存在者而存在。只有在礼中，鬼神才能保持其有无之间的张力——"祭如在，祭神如神在"，这里的"如"字绝非庸俗意义上的"心诚则有"，而是精当地把握住了在礼中，鬼神之存在不能用现成"在场"的意义理解。如前所述，鬼神这样的幽玄存在如果被理性光芒强迫照亮，反倒会丧失其丰富意义，现成化为固定存在抑或隐遁于视线之外；但在礼的召唤中，鬼神能够在持守幽玄的状态下向人的世界显现，从而让玉帛白茅也不再是孤零现成的贵贱事物，而是在幽明开合的意义场中成为神圣器具。

礼之所以具有如此的力量，按照古人的理解是因为它源自天。孔子曰："夫礼，先王以承天之道，以治人之情，故失之者死，得之者生。……是故夫礼必本于天，殽于地，列于鬼神。达于丧、祭、射、御、冠、昏、朝、聘。故圣人以礼示之，故天下国家可得而正也。……是故礼者，君之大柄也，所以别嫌明微、傧鬼神、考制度、别仁义，所以治政安君也。"（《礼记·礼运》）

先王作礼并非凭一己才智，而是承天之道，本于天而法（殽）于地，幽明、鬼神、制度、仁义、政治都是在礼中才能够各得其位。所以对于中国早期宗教——如果能称其为宗教的话——的研究，只有置于礼的整体视域中才能接近其本质，而非依凭现代人类学的巫术萨满理论。

依照陈栎的解释，"绝地天通"必须配合其他各种环节方能有效运作，这是毫无疑问的；但还有另一个问题没有解答，那就是"绝地天通"之于礼之整体的意义。陈栎仅仅强调了伯夷降典相对于平水、播穀的优先性，即如果"人心不正，胥为禽夷，虽有土安得而居，有粟安得而食？"实际上依照《吕刑》的描述，皇帝首先做的事情是"绝地天通"，然后鳏寡之辞方能无盖，民意达于上。又修德立威，才命令"伯夷降典，折民惟刑。禹平水土，主名山川。稷降播种，农殖嘉谷"，最后才是皋陶制刑。也就是说，皋陶制刑是最末、最终的环节，伯夷、大禹、后稷三人所为乃是同一层面的中间环节，"绝地天通"才是礼之始、礼之本。陈栎则把伯夷降典视为本始，如同朱子把"绝地天通"视为废弃"亵渎之礼"，这样的解读与《吕刑》原文具有一定的偏差。

按照我们的理解，如果说礼乃是本于天的，那么"绝地天通"作为礼之本始必然涉及天人关系的奠基性开启，也只有在天人关系的层面才能够把握"绝地天通"作为民族精神事件在历史中不断再现。

天人合一一直是传统思想追求的最高境界，但天也是在现代研究中被误解的典范。祛魅之后的现代人无法再理解作为一切意义源泉之天，即便是专门从事传统文化的研究者也习惯于"用西方概念哲学的和分类原则将它切分成数块，所谓主宰之天、物质之天、自然之天、义理之天、命运之天，等等"。① 笔者以为这种分殊或许是现代学术研究必要的，然而关键在于所有这些分殊之天之所以都称为"天"，必定有其内在的一以贯之性，思想真正的力量并不在于对概念的分析拆解，而在于不断为人之生存赢获更高的统一性。真理绝非杂多之堆积，而必定是蕴含自身差异的一。我们今天面临着分裂异化的现代生存境遇，尤为迫切的是如何与古代整全视域获得融合，而非以简单的现代逻辑概念去规训古代世界。

---

① 张祥龙：《海德格尔思想与中国天道》，三联书店，1996，第243页。

在"绝地天通"问题上,以简单逻辑解读者大有其人,典型的譬如李零先生在其《中国方术续考》中说:"'绝地天通',从字面含义讲,本来应该叫'天人分裂',如果一定要说'绝'才是'合',我倒有点奇怪。"[①]卢国龙先生的论文《"绝地天通"政策的人文解释空间》是中国现代学术研究中罕见的从思想层面解读"绝地天通"的文章,但他也认为:"儒者注解'绝地天通',面临着一个解释学上的难题,即经典上明白无误地写着禁绝天人相通,而儒者根本就不能放弃对于天的信仰。……天不仅是儒家学说的形上依据,同时也是儒家学者的信仰依据。也许正因为自身的信仰与经典上的文字片段相冲突,所以有些思想敏锐的儒者在解读《尚书》时,干脆就撇开这个片段不谈。例如王夫之,着有《尚书稗疏》和《尚书引义》,对于《尚书》中政治经验、文化建构的总结,常有精微独到之处,却只字不提'绝地天通'。这种付诸阙如的做法,或许可以称之为省略,绝不会是疏略。"实际上,李零先生的戏谑恰恰道中要害,在此问题上,"绝"与"合"恰恰是一以贯之的逻辑环节。只有绝地天通,才能有天人合一,否则人对天的深刻理解就被各路驳杂巫祝给截断,或者因其浅薄而陷人以人殉天,所以"绝"之后才能谈"合","绝"又始终被保持在"合"之中。而王船山在"绝地天通"问题上不仅没有省略,相反,在船山看来,"绝地天通"是圣人立法所必需的先行环节,"古之圣人,绝地天通以立经世之大法",而且标志着华夷之辨的基本分歧,同时还是天人关系的精蕴之所在。接下来我们将以船山论述为核心展开对此问题的分析。

《周易·系辞·上传》第八章:"圣人有以见天下之赜,而拟诸其形容,象其物宜,是故谓之象。圣人有以见天下之动,而观其会通,以行其典礼,系辞焉以断其吉凶,是故谓之爻,言天下之至赜而不可恶也。言天下之至动而不可乱也。拟之而后言,议之而后动,拟议以

---

① 李零:《中国方术考续》,东方出版社,2000,第13页。类似的言论还有"'绝地天通'只能是'天人分裂',而绝不是'天人合一'"。类似说法还可参见李零《绝地天通——研究中国早期宗教的三个视角》,2000年3月2日在北京师范大学的演讲,载于北京大学网站"新青年/中国学术城";http://xueshu.newyouth.beida-online.com。

成其变化。……'初六，藉用白茅，无咎。'子曰：'苟错诸地而可矣，藉之用茅，何咎之有？慎之至也。夫茅之为物薄，而用可重也。慎斯术也以往，其无所失矣。'"

船山在《周易外传》中结合"绝地天通"对这一章做了重要发挥："大过之初，阴小处下，履乎无位，其所承者，大之积刚而过者也。以初视大，亢乎其相距矣；以大视初，眇乎其尤微矣。以其眇者视其亢者，人之于天，量之不相及也。阳虽亢而终以初为栋，阴虽眇而终成巽以入，人之事天，理之可相及者也。若此者，其象也。圣人因以制事天之典礼，斟酌以立极，则非拟议不为功。《易》曰：'藉用白茅，无咎。'非拟议之余，因象以制动，亦恶足以知其慎哉！是故圣人之事天也，不欲其离之，弗与相及，则取诸理也；不欲其合之，骤与相及，则取诸量也。荐之为明德，制之为郊禋，不欲其简，以亲大始也；不欲其黩①，以严一本也；则取诸慎也。……天尊而人事事之，以登②人而不离于天……天迩而神事事之，以远天而不亵于人。不敢亵者量，不忍离者理。通理以敦始，故方泽③不敢亢于圜丘④；称理以一本，故上帝不可斋于宗庙。《传》曰'绝地天通'，'错诸地'之谓也……扫地以质，藉茅以文。要求诸质，进求诸文，求诸文而藉之茅焉。虽然，亦止于此而已矣。不逮此者则已简，过此者则已黩，岂慎也哉！且夫人之生也，莫不资始于天。……忘天者禽，主天者狄。羔乌之恩，知有亲而不知有天；蹛林⑤之会，知有天而不恤其亲。君子之异于禽也，岂徒以禋祀⑥报始哉？……若其异于狄也，则用重而物则薄也，天子之外未有干焉者。等人而专于天子，而抑又用之以薄，非能侈然骤跻于帝之左右矣。狄之自署曰：'天所置单

① 黩：玷污、杂乱、轻慢不敬之意。
② 登：成就；完成。《书·泰誓下》："尔众士其尚迪果毅，以登乃辟。"孔传："登，成也。成汝君之功。"
③ 方泽：方丘。古代夏至祭地祇的方坛。因为坛设于泽中，故称。《广雅·释天》："圜丘大坛，祭天也；方泽大折，祭地也。"
④ 古代帝王冬至祭天的地方，后亦用以祭天地。《周礼·春官·大司乐》："冬日至，于地上之圜丘奏之。"
⑤ 蹛林：匈奴秋社之处。匈奴土俗，秋社绕林木而会祭，故称。
⑥ 禋祀：古代祭天的一种礼仪。

于',黩天不疑,既已妄矣。而又有进焉者,如近世洋夷利玛窦之称'天主',敢于亵鬼倍亲而不恤也,虽以技巧文之,归于狄而已矣。呜呼!郊祀之典礼至矣哉!不敢昧之以远于禽,不敢主之以远于狄。合之以理,差之以量。圣人之学《易》,于斯验矣。德业以为地,不敢亢人以混于杳冥;知礼以为茅,不敢绝天以安于卑陋。故曰:'惟仁人为能飨帝'……无礼而黩,有巫道焉,则地天通而阴阳乱。"

"初六,藉用白茅,无咎"是"大过"卦的初爻,此卦的二、三、四、五爻皆为阳爻,所以船山说"其所承者,大之积刚而过者也",在船山此篇中,此数阳爻之"大"象征"天",而初六阴爻比附于人。船山第一段话强调,人之于天是非常渺小的存在,所以量不相及,然而人于天又有可以相及之处,即其"性"上承天之"理"。不同于一般的表述,这里引用《系辞》此章的"象"字做了发挥。"圣人有以见天下之赜,而拟诸其形容,象其物宜,是故谓之象。"赜,幽深奥妙之义。孔颖达疏:"赜,谓幽深难见。"圣人对世界的幽玄一面有所领会,却又没有用概念言说的方式将其道出,而是用"拟"的方式获得事物之"象"。拟诸形容是对其外在显现的效法,形容被保持为形容,而非直探其形而上本质。然而形容又非原封不动地被记录,经过易简化的处理,使得可形可见者转化为不可见之"象"。① 这个过程不是无意向性的操作程序,它包含着对物之宜的理解与顺应,才能最终获得"象"。在"象"中,"赜"作为天之幽玄以持守的状态向人显现,使得人和天的关系不是天理直接落在人之中即为性,明性即可知天这样的在同一存在层面的线性往返过程;而是人效法取象于天,审慎地保持距离的过程。所谓审慎,船山的解释是和天不离不合,天虽尊却要以人的方式尊之,才能成就人而又不离于天;天虽近却要以神的方式事之,才能让人不会僭越亵渎天。这样,才能在一种自我节制中既使得天之赜不会被人僭越亵渎,同时又能够彰显人参赞天地之卓能,这便是圣人制事天之典礼的精神,也即

---

① 关于这种独特的"象"思维,本文不拟展开详细讨论,王树人先生有多篇文章可供参考,如《象思维与原创性论纲》,发表于《哲学研究》2005年第3期。

"绝地天通"。在船山看来，《传》① 所谓的"绝地天通"精神很好地体现在"错诸地"中。"错诸地"指的是什么意思呢？参考《周易内传》的解读，船山认为孔子此言大意是在帝王举行郊祀大典时，本来只需将祭物放置于地即可，然而还要放在白茅之上，这是非常审慎的无咎之举。白茅之为物虽薄，然而只要心诚，就可以用在很重要的场合。② 在《外传》里船山做出了更多的发挥，以为"错诸地"是天人关系中质的一面，代表着"远而事之"；而"藉之用茅"则是文的一面，代表着尊之，但也只不过是使用洁净的白茅这种极为素朴的方式，质胜文就会简陋，文胜质则易流于褒渎，文质彬彬才是君子之道。

在船山看来，"绝地天通"甚至是华夏与禽狄的大分界点，"忘天者禽，主天者狄"，禽兽只知有亲而不知天，狄是非华夏的其他僭妄黩天之民族，但并非是在文明先进落后意义上讲的。不仅匈奴这样知天而不知恤亲的民族，如利玛窦代表的基督教文明虽然有"文"，却同样褒鬼而悖亲，所以还是要被船山归于狄。其实这个区分早在《礼记·曲礼》中就明确做出："鹦鹉能言，不离飞鸟；猩猩能言，不离禽兽。今人而无礼，虽能言，不亦禽兽之心乎？"也就是说，人与禽兽夷狄的区别在中国人看来既不是"理性"也不是"语言"，而是礼，只有礼才能让人成其为人，失去了礼的人不仅不再是人，甚至禽兽不如。"相鼠有体，人而无礼；人而无礼，胡不遄死？"③ 而"绝地天通"所昭示的，恰恰是在怎样的天人关系中，人能够从只知天的禽兽中卓然有所立——"立于礼"，而又持守住对天的敬畏之心——"祭如在"，同时成为仁者恤亲爱民——"人而不仁如礼何"，这些都是礼之所以能够指引生活的基本要素。所以"绝地天通"是圣人作礼之先必需的奠基性开启，人必须打开属于他的"人之天"并精微地持守天人之际，才可能有后来的典礼制

---

① 船山这里将"绝地天通"也归为《传》，可能是指《国语》，因为《国语》在古代常被称为《春秋外传》。

② 参看《周易内传》："'错诸地'者，错俎筵也，事天以质，故错诸地而可。尤加慎而藉之以茅，于礼无怨，而于诚斯至，虽薄物而可荐其恪恭。"

③ 《诗经·国风·墉风·相鼠》，《礼记·礼运》中孔子论礼本于天时曾引用此诗。

作，水土耕耘。没有这种奠基，人甚至都不能具备真正成其为人的可能性。所以，船山一再赞叹作为古代帝王祭天地之礼的"郊祀之典礼至矣哉"。重黎"绝地天通"，"人神分职"在上古如何难以考证，其于后世遗留的表现为只有帝王才能用祭天地之礼。这不仅是礼的上下尊卑之分殊，更是为了防止民僭妄黩天，从而破坏礼之根基。

船山在《尚书引义·皋陶谟》中进一步论述"绝地天通"所呈现的天人关系。"传曰：'国将兴，听于人；国将亡，听于神。'是故正九黎之罪，以绝地天之通，慎所听也。后儒之驳者，援天以治人，而亵天之'明威'，以乱民之'聪明'，亦异乎帝王之大法矣。夫'惇典''庸礼''命德''讨罪'，率其自然，合于阴阳之轨，'抚于五辰'之治，则固天也。虽然，天已授之人矣，则阴阳不任为法，而五行不任为师也。何以明其然也？天之化裁人，终古而不测其妙；人之裁成天，终古而不代其工。天降之衷，人修之道；在天有阴阳，在人有仁义；在天有五辰，在人有五官；形异质离，不可强而合焉。……父与子异形离质，而所继者为志，天与人形异质离，而所继者惟道也。天之'聪明'则无极矣，天之'明威'则无常矣。从其无极而步趋之，是夸父之逐日，徒劳而速毙也。从其无常而步趋之，是刻舷之求剑，惝不知其已移也。……故人之所知，人之天也。物之所知，物之天也。若夫天之为天者，肆应无极，随时无常，人以为人之天，物以为物之天，人物之合以教化，各正性命而不可齐也。"

船山开宗明义认为"绝地天通"意味着纯正的儒者治国之道不应当援天以治人，①援天以治人通常表现为两种方式，一是借助各种祭祀巫术召唤鬼神并揣度其意旨，进而将其意旨上拟于天；二是以一己私智穿凿测天，再将穿凿所得用于人事。两种也多有混杂，难以完全分离，大体而言，前一种多见于民间，后一种多见于政治。船山在《读通鉴论》

---

① 这个说法和今天大部分研究者所认为的"绝地天通"就是帝王独占天命以便治人的思路恰恰相反，即认为只有圣王合于天，有权作礼乐祭天，这条道路恰恰是为了防止"援天以治人"。这种差异是现代研究者值得深省的，即我们的研究多大程度上真正融入了古人的视域，抑或只是自作聪明妄测古人。

中也对援天以治人做出批判，可以帮助我们更好地理解其批判所指。"古之圣人，绝地天通以立经世之大法，而后儒称天称鬼以疑天下，虽警世主以矫之使正，而人气迷于恍惚有无之中以自乱。即令上无暗主，下无奸邪，人免于饥寒死亡，而大乱必起。风俗淫，则祸眚生于不测，亦孰察其所自始哉？"

那么应当如何处理天人关系呢？"惇典、庸礼、命德、讨罪"都是出自《尚书·皋陶谟》，按照《皋陶谟》的说法，这些人世间的伦理政治的尺度与行动都是来自"天叙""天秩"，只是并非天直接降命于人，而是"人之裁成天"；或者说"天已授之人"之后，人便不再依仗听命于阴阳五行之运作。在船山看来，"天叙""天秩"乃是诸如阴阳五行这样的超越伦理的存在秩序，它并不能直接成为人生存的尺度。这里有一个天人之际的转换，在《系辞》而言，是人的仰观俯察拟象物宜；在《尚书引义》这里，人需要裁成辅相，但同时又明了天人之分，而不代天之工。在天的阴阳五辰与在人的仁义五伦固然有一种对应关联，但两者乃是"形异质离"，既没有同质性，也绝非逻辑或经验意义上的因果关系。

所谓同质性，陈赟先生指出乃是"主体与实体（本体）之间的同一性……无论是理学，还是心学，都把（心）性、理、道、天、帝、命视为同一个概念的不同表达形式，而其所指则无有实质性的差异"。① 船山不同于宋明儒学之处在于他部分地解构了本体形而上学思路和主体性哲学，以生成和有限性思想重新搭建天人关系的结构。在船山看来，事物就其实存而言是气化流行意义上的生成，但事物生成的基础是作为生生不息的太一混沌，也就是天之天。天之为天"肆应无极，随时无常"，是人所不可能用理性洞穿的，所谓的"聪明""明威"都是人以为的人之天的一种把握理解，实际上它是无极无常的，是幽闭的一气浑沦。就其本身而言它遵循着晦暗的不确定的法则，一方面永远持守在其自身内

---

① 这个判断大致是没有问题的，不过表述为"同一个实体的不同存在样态"可能更加准确。因为性理天道不是同一个本体的不同现象，也不能仅仅被理解为观念意义存在。

的东西，另一方面却又不断自我开启敞空，人只能从其敞开的某个维度去理解并建立"人之天"，人伦世界的仁义礼智等德目纲常从它生出，但是"人之天"绝不能等同于"天之天"——"未继以前为天道，既成以后为人道。天道无择而人道有辨。圣人尽人道，而不如异端之妄同于天"。(《周易内传·卷五》)此外，这种生不是直接予以规定或者能够通过超时间的逻辑演绎给出，而是人对天的一种历史性承继。所谓"继"，不是某种作为本质的实体将自身分有或外化至某个具体存在者身上，子之于父，人之于天，所承继的都不是特定现成实体，子继父之"志"，是使父亲的整体生存结构的意向形态在子身上获得继承、生成与丰富，子也因之而与父亲保持精神性亲密关联，这种亲密关联与传承必须是历史性的世代交接，必须被置入新的世代生命中，重新开启新的生命形态，而非超时间本体在现象中的穿梭传递。人继天之"道"也是如此，当我们说天是万物存在的根基的时候，并不是说就逻辑或因果而言，天给万物规定法则尺度，并作为因果链的源头推动它们的生成变化。而是如林安梧先生所言："天人之际（道与人的关系）不是一种心性的直契，而是历史的开展。历史中的人间器物都是通向道的历程，而它们之所以能通向道则必须经过人之点化与诠释。唯有人才具有此诠释及点化的能力，人对彼等之诠释与点化即是对自己之点化与诠释也。"① 天自身并不能规定具体的原则，但它是一切原则、概念得以出现的根基，也是一切原则、概念得以在历史中丰富自己实现自己的手段——同时也是道路。因此，天人关系不是某个圣王一次性奠定的格局，而是一个民族在历史中不断失落、挣扎，又不断努力生成、维系的一种平衡。这种平衡是如此复杂微妙，毋宁说它永远处于倾颓危险的不平衡之中。人既不可艳羡天之无极而将自身抛入"夸父追日"般的疲劳奔命，亦不可固求天之常则而陷入"刻舟求剑"的愚鲁；"质胜文则野，文胜质则史"。过一分则狄，不及则夷；民族的命运在这条狭窄的小径上必须壁立千仞、争其一线。

带着如此的理解，我们可以重新审视观射父在追溯"绝地天通"渊

---

① 林安梧：《王船山人性史之哲学研究》，台北东大图书公司，1987，第135页。

源的时候，描述的上古"民神不杂"的状态及其失去与挽回。对于这种上占美好状态的描述，几乎所有的现代学者一致认为那只是古人托古讽今的理想寄托，真正的上古必定是野蛮落后、"人神杂糅"的状态。这里关键的问题并不在于人类学专家言之凿凿建构的上古图景具有多大实证有效性，而在对"理想"之理解。习惯于庸俗实在论思维的人最习惯的方式是简单地将"理想"划在"观念"一边，现实则划在"实体"一边；然后又将"实体"等同于"实存"，"观念"等同于"想象"，从而名正言顺地将"理想"判断为不必严肃对待的初民之空想，置之不理。对于这样的学者而言，诸如希腊神话等人类文明之瑰宝除了做人类学、考古学层面的考证，无须多置一喙，而谢林在《自由论》中对黄金时代人神关系的精彩解读也会被认为是过时的"唯心论"哲学家对客观历史的梦呓乃至强暴。其实，这还是将"存在"理解为现成化"实存"的问题，"理想"固然和草木瓦石的存在方式不同，好似虚无缥缈，然而它们都同属于人的意义世界，都在以意义显现的方式对人产生作用。而且，根本上而言，"理想"——用孔子的话叫作"志"——是先于并决定着具体存在者对人的显现意义，因为"志"乃是伴随并且决定一个人一生的方向且落实在每日衣、食、住、行的东西，疏食饮水、曲肱而枕只有在"志"这种意向性生存中才会因人而异地显现为"不堪其忧"抑或"不改其乐"。正所谓"人莫不饮食，鲜能知味也"，决定"味"的不是作为具体对象的事物，而是贯穿一生的志向旨归。就此而言，"理想"比我们每天打交道的具体事物要更加重要和"实在"。同样，一个成熟民族对于"理想"与至善的理解与追求，会成为这个民族不断前行的内在尺度，它始终伴随并规定着道路的方向与展开。"理想"从对作为"过去"的源始状态的理解出发，持守着朝向"未来"，使至善在历史道路中实现自身的期许，落在"当下"对自身时代状况的把握与批判，"理想"中绽出的是人或民族本真生存的源始时间，蕴含将过去未来统摄于当下的整合性力量，而非编年史的年代考证所能妄意置喙。理解了这一点，我们就能够看到，观射父描述的上古"理想"必须被理解为华夏民族对天人关系的诉求与规定，也即华夏民族继天之"志"，历史便是此天人之际的展开道路。

前文有论，"绝地天通"作为对礼的奠基性开启，它必须贯穿于礼法整体中，依靠君臣诸侯百官的通力协作方能有效实施与展开，这其实已经预示"绝地天通"不是一个一次性编年史事件。此处对"继志"的分析更是昭示了"绝地天通"应当被理解为伴随华夏民族文化史不断展开的精神史事件，其内在的张力会在不同时代将自身实现为不同的精神与礼法形态。礼、史二者乃是经纬交织、彼此为用的，下面的分析会展示之。

四

近代史学巨擘柳诒徵先生在《国史要义·史原》篇讨论了"绝地天通"，并由此引出了礼、史对于中国文化的意义，鉴于原文过长，笔者试图略加概括，杂引先生之言，间以己意。首先，柳先生从"绝地天通"中透视出了天人关系之流转以及相应带来的官职秩序变迁。柳先生认为在观射父的描述中，即可以看出由天向人重心之逐渐转移，"颛顼以来，绝地天通，司天者渐趋重于司人。观《楚语》观射父述天地神明类物之官之演变可见"。最早的"觋""巫"诚敬智圣聪明，近乎圣王，他们还没有明确分职，主掌"牲器时服"。"而后使先圣之后"与"名姓之后"分别为祝、宗。祝、宗虽然属于天官，却并非与人事无关，而是兼有掌管典礼法章之职分，"（观射父）论宗之职，以能知牺牲之物而又心率旧典者为言，足知宗与宰（掌管牺牲）、史（掌管旧典）之联系。……舜命伯夷典三礼，即以其心率旧典也。《吕刑》述命重黎绝地天通之后，称伯夷降典，折民惟刑，在禹平水土、稷降播种之上。知伯夷所典之礼之中，已有法制刑章，而非徒专治祭祀矣"。因为随着时代演进，人事渐重，天官的各种职分逐渐脱离并转为地官所司，"最古之礼，专重祭祀，历世演进，则兼括凡百事为。宗史合一之时已然，至周则益崇人事。此宗与史古为司天之官，而后来为治人之官之程序也。古之宰为天官也，与史联事。周之冢宰为天官也，仍与史联事"。为何作为天官的宗与宰都会和史有着密不可分的联系呢？

柳诒征先生以为，中国文化之核心精神在于如何为天地人物安排个正当秩序——广义之政治。为做到这一点，需要礼与史的一经一纬配合，二者又是一而二二而一的。因为"行政妙用，基于累世之经验，非一时一人凭理想而制订也"，而礼必须通过史才能传承积淀，"古制既明，史原乃有可考。史官掌全国乃至累世相传之政书，故后世之史，皆述一代全国之政事。而尤有以中心主干，为史法、史例所处，即礼是也"。"故礼者，吾国数千年全史之核心也。"史必须以礼为核心才能真正照亮民族前行的道路，"赖此一脉之传，维系世教，元凶巨慝有所畏，正人君子有所宗。虽社会多晦盲否塞之时，而史书自有其正大光明之域"。最典型的便是《春秋》之作并非为记载事实而已，正所谓"春秋以道名分"（《庄子·天下》），褒贬正名是礼的精神，离缺了这种精神，历史就成为空壳，而礼也僵化为"仪"。所谓以礼为史，并不是说史书只记载前代典章制度，"以史言史者之未识史原，坐以仪为礼也。仅知仪之为礼，故限于史志之记载典章制度，而若纪表列传之类不必根于礼经"。这样理解礼恰恰是丧失了礼之精神，以为礼只是"玉帛云乎哉"，"不知典章制度节文等威繁变之原，皆本于天然之秩叙。故《皋陶谟》之言典礼，曰：天叙天秩，天不可见，则征之于民。曰：天聪明自我民聪明，天明畏自我民明威。……此五种伦理思想（父子君臣夫妇长幼朋友），必非一王一圣所创垂，实由民族之聪明所表现"。也就是说，礼史之典章例法既非仅仅墨守成规，亦非来自上帝所降之诫命，而是来自天之秩序，然而天之秩序如阴阳五行不可直接效法，必须征之于民。五伦绝非某圣贤师心自用所创，而是来自民之聪明。这种"聪明""明威"最终的根基在天，却又必须在一代代奔流不息的民族历史中演进变化，因时为大，因地制宜，所以历史保存礼的方式不是记录抽象的条例，而是通过对一个整全的民族性世界的理解、裁度、正名、描述来完成的。纪、传、表、书、志、典、本末、编年互为经纬，纵横交织；成败得失、褒贬正名都不是托诸空言，而是见诸行事而后深切着明。礼的全方位性与整全性决定了它只能通过这样的方式被守护传承。所谓"究天人之际"并非抽象玄虚地去讨论性命生死鬼神,而是圣哲在"通古今之变"中赢获对天人礼序的理解,发明开创同时也是守护传承它。"民俗之兴,发源天性,圣哲叙之,遂曰:天叙。推之天子、诸侯、大夫、士庶,宜有秩次,亦出于天。而礼之等威差别,随以演进矣。从民俗而知天,原天理以定礼,故伦理者、礼之本也,仪节者、礼之文也。观秩叙之发明,而古史能述此要义。司马迁所谓究天人之际者,盖莫大乎此。"

现在,我们可以更加理解为何"司天者渐趋重于司人"的趋势,虽历经三苗、九黎之反复,依旧是大势所趋。盖天地鬼神之事,如前文论及《系辞》所言,"错诸地","藉用白茅",在诚敬中保持素朴的节文,以敬而远之即可无咎,所以虽然人时时有僭妄奢靡之心,但并没有一个必然之理势推动其发展出繁复节文。人事则不然,随着人口孳衍,地域渐广,南北地异,再加上典章史料之积淀渐趋厚重,理性精神渐趋昭明,必然会使得地官职分不断繁复。以常理推之,如果一个官职的某些职分渐趋繁杂,非一人所能独任,必定会分离出去成为独立的官职或部门,这也是中国官制史的普遍现象。所以当天官职分的其他职权都逐渐分离出去,所掌仅仅限于天文历法阴阳之事,那么它的政治诉求无法直接通过行政手段达成,只能够间接地影响政治。原本"天人之际,所包者广。本天叙以定伦常,亦法天时以行政事。故古者太史之职,在顺时俯土,以帅阳官,守典章法,以行月令",然而到了夏朝仲康之世,重黎之后羲和所掌已经近乎后世天文历法之官。① 秦汉之后更每况愈下,太史公在《报任安书》中感慨道:"文史星历,近乎卜祝之间,固主上所戏弄,倡优畜之,流俗之所轻也。"这种感慨虽有激愤之气,却也合于中国政治的基本趋势,即愈是接近上古,巫、史的行政职能就愈重,而后世的文史星历之官大多数时候对行政事务没有直接决策权,只能通过劝诫、警示等方式对行政施加影响。

其实这本即"绝地天通"所追求的方向——"绝地天通"主要的努

---

① 参看《尚书·胤征》篇,羲和因沉湎于酒未能预测日食而被杀。虽然未有明确记载此时羲和之官职分仅仅为天象,但其因此而被杀至少说明天象乃是其职分中非常重要的一部分。

力是在"民神不杂"中持守天人关系，即一方面断绝地（司天属神，司地属民）与天的直接交流，以防污渎；另一方面圣哲取法乎天的方式又并非直接臆度天意，① 而是从民之聪明明威中获得对天伦之理解，间接地呼应于天。民在这个天—地（民）—人（圣）三极结构中一方面是天道彰显自身的道路，另一方面其对天道却仅仅具有懵懂的领会，这种领会虽然是至常之庸言庸行，却依旧处于尚未展开的源始阶段，必须经由圣贤的开启斟酌损益。所以船山说："贤智有贤智之天，愚不肖有愚不肖之天，恶得以贤智之天，强愚不肖而天之也哉？均乎人之天者，通贤智愚不肖而一。圣人重用夫愚不肖，不独为贤智之天者，愚不肖限于不可使知，圣人固不自矜其贤智矣。是故春温夏暑，秋凉冬寒，昼作夜息，赏荣刑辱，父亲君尊，众着而共由者，均乎人之天也，贤智之不易尽，愚不肖之必欲喻者也。教以之兴，政以之立矣。"愚不肖如果滥用其智就会渎礼亵天，然而贤智又不是要强以己之天加于愚不肖，而是取"众着而共由者"，即一切人都必须经由的道路来获得对人之天的理解。这个"均乎人之天"的理解不能视为海德格尔所说的平均化生存理解，因为它不是让民止步于其平均状态，而是要运用政教礼乐去晓谕愚不肖，在每个人身上都努力开启属于其本分的本真生存可能性。但它也不能简单地类比于启蒙，因为这里的晓谕并非开启普遍理性意义上的民智，也就是说不是让每个个体潜在的共同普遍本质觉醒，然后上达天道——这恰恰是违反"绝地天通"精神的，而是让使得万民都能够在礼中"跂而及之"，获得对其时之宜的领会，让每个人都由其自身庸常道路前行来体味中庸，这是超越启蒙普遍理性的中庸之道。孔子曰："民可使由之，不可使知之。"不使民知之并非愚民之术，而是为了防止民在虚假的启蒙中迷失自性，"家为巫史"必将带来妄测天理，从而造成价值的相对主义与虚无主义。使民由之的共由之道不是一个机械划一的生存规定，而是让每个人在礼俗共同体中就其职分素位而行，在每日

---

① 圣哲虽然也有对于天象之观察，但更多的是从中领悟某种警示或拟象，而非直接获得对人事之诫命。而反过来圣哲对天地化育的参赞，也要通过修齐治平对万民的安顿才能实现。

的民生日用之礼中体会德行伦常的发用流行。它看似简单却是时机化、实践性而且不可穷尽的。《中庸》曰："君子之道费而隐。夫妇之愚，可以与知焉，及其至也，虽圣人亦有所不知焉；夫妇之不肖，可以能行焉，及其至也，虽圣人亦有所不能焉。……君子之道，造端乎夫妇；及其至也，察乎天地。"君子之道必须经由"造端乎夫妇"的环节才能达到"察乎天地"。

　　然而，这种三极结构到了王官之学衰落、道术为天下裂的时代发生了根本转变。"天下多得一察焉以自好。譬如耳目鼻口，皆有所明，不能相通。犹百家众技也，皆有所长，时有所用。"重黎与羲和所掌之官也流为阴阳家，《汉书·艺文志》称："阴阳家者流，盖出于羲和之官，敬顺昊天，历象日月星辰，敬授民时，此其所长也。及拘者为之，则牵于禁忌，泥于小数，舍人事而任鬼神。"《司马谈论六家要旨》曰："天下一致而百虑，同归而殊途。夫阴阳、儒、墨、名、法、道德，此务为治者也，直所从言之异路，有省不省耳。尝窃观阴阳之术，大祥而众忌讳，使人拘而多所畏；然其序四时之大顺，不可失也。"

　　笔者以为，虽然百家未必尽皆出自古王官之学，但像羲和之官所掌的如此专业的传承，绝非聪明才智之士可仅凭己意发明，所谓阴阳家出自羲和之官，虽不中当亦不远。在这个流变过程中，百家从原本整体性中的一个环节独立出来，希望凭其一方之术能够治理天下，这种政治诉求虽然必定会失败，却绝非以简单破灭的方式，而是以各自内在可能性极尽展开的方式完成自身的。阴阳家也是如此，班、马皆承认阴阳家所主的某些天理是不能忽略的，譬如"历象日月星辰，敬授民时"，"四时"，"节气"，等等，顺之者昌、逆之者亡。然而其独立为一家之言，"拘者为之"，使得原本有张力的三极结构变成了简单的天人相因，所谓"拘"便是拘泥固执于天道向人的直接开显，带来的后果便是"牵于禁忌，泥于小数，舍人事而任鬼神"，其典型代表为邹衍，"乃深观阴阳消息而作怪迂之变"。(《史记·孟轲荀卿列传第十四》) 从后世阴阳家这里我们也多少能够窥探到三苗九黎之人神杂居是怎样的一种状况，也更加能够体会"绝地天通"要构建三极结构之苦心：如果人远离了在礼与史中绵延激荡的生活世界，单凭一己聪明才智去妄测天意，以图给出世界的理想设计是多么迂远不经。"假于天以炫其'聪明'，而尸其'明威'，智测力持，取必不可知之象数，以穿凿易其方员，使貉、粤贸其裘葛也，奚可哉！"（《尚书引义·皋陶谟》）

在船山看来，以术智测天的趋势不仅体现于邹衍，在王官之学断绝之后，它构成了后世不断出现的一种思潮，如"吕不韦之《月令》，刘子政父子之五行传，其始于九黎之'通地天'者与！不若于民，举天以弹压之；臆测乎天，诬民以模仿之"。这里的"始"自然不是经验意义上的学术传承之鼻祖，而是僭越天人之际的倾向之肇端。如前所述，"绝地天通"是贯穿于历史的精神事件，相应地僭越天人之际也是人固有的一种内在本性，在船山看来它在后世又会表现为汉代谶纬天人感应学说，① 宋代邵雍术数之学，② 乃至《火珠林》③ 之流卜筮之术。"绝地天通"之为精神事件还意味着，所继者为志而非现成典章或冥冥神意，从颛顼肇始，华夏民族始终努力地寻求在礼、政、史中维系天人之际的平衡。历史人事的变迁逐渐会形成积重难返之势，原本平衡的架构需要不断损益乃至革其天命，这一点从夏商周明器的变迁即可略窥端倪，尤其是随着地官职分占据绝对的行政权之后，天官地官职分在转化中如何重新平衡，持守与僭越天人之际这两种倾向争执的诸多形态之考察无疑是极有价值之研究，不过鉴于本文主旨所限，以及笔者学养之疏浅，此处便不妄作解人。

回复到理想的天人关系一直是诸子百家以及历代贤哲之志，毋庸赘言，以柯尚迁所论恢复巫祝之官的方式来扫清异端、恢复天人关系是疏阔迂远之见，大本之所立从来不是靠某个官职所为，更不是简单建立某

---

① 参见《读通鉴论·卷五·平帝·一》。
② 《思问录·内篇》："在天而为象，在物而有数，在人心而为理。古之圣人，于象数而得理也，未闻于理而为之象数也。于理而立之象数，则有天道而无人道。""以例例神化，因其自然而丧其匕鬯，天下之理奚以得，而人恶足以成位于中乎？"
③ 《周易内传发例》："故圣人作《易》，以鬼谋助人谋之不逮，百姓可用，而君子不敢不度外内以知惧，此则筮者筮吉凶于得失之几也。固非如《火珠林》者，盗贼可就间以利害。而世所传邵子牡丹之荣悴、瓷枕之全毁，亦何用知之以渎神化哉！"

种半宗教半儒学的意识形态所能做到，而是在整全的生活世界中对天人之际精微的把握与持守。这种持守既不能依靠章句训诂传承，也无法凭借心印衣钵授受，因为被持守的不是某物，而是我们天命的道路。我们必须领会到，个人、学派乃至时代的诸多努力都不过是在逝水与忘川中挣扎回溯，就此而言，持守也是失落，遗忘未尝不是重新生成的契机。在科学技术观念泛滥之今天，天地鬼神早已在此彻底无蔽的世界中荡然无存。然而，问题不但没有消失，反而更加迫切地敦促我们去思考如何可能重新去领会与开启人在天地间的道路。

当代中国文化

中国文化建设的成就、不足与展望

孙伟平 *

【摘　要】　文化是民族的血脉，是国家的灵魂，是人民的精神家园。在中华民族伟大复兴的历史征程中，建设中国特色社会主义先进文化，是中国特色社会主义建设内在的、有机的组成部分，是创造"中国特色、中国风格、中国气派的马克思主义"的新课题。建设中国特色社会主义先进文化，也是目前世界上渐具影响力的中国道路或中国模式的应有之义，是中华民族自立于世界、伟大复兴的思想理论前提。本文以《文化建设蓝皮书：中国文化发展报告（2014）》为基础，对2013年以来中国文化建设的必要性、所取得的成就、存在的不足等进行了全景式的总结，并在扼要分析的基础上，探讨了中国文化建设的可能方向和出路。

【关键词】　文化　中国文化建设　成就　不足　展望

　　文化是民族的血脉，是国家的灵魂，是人民的精神家园。无论是对一个国家来说，还是对一个企业、团体甚至个人来说，文化建设都是其

---

　　* 孙伟平，男，博士，中国社会科学院直属机关党委副书记，哲学研究所研究员，博士生导师，入选国家百千人才工程，国家"有突出贡献中青年专家"。

自身建设的有机组成部分。江畅等主编的《文化建设蓝皮书：中国文化发展报告（2014）》① 在广泛调研的基础上，从文化建设、文化生产、文化成果、文化水平、文化传播和文化影响六个方面，对 2013、2014 年中国文化建设所取得的成就、存在的问题进行了总体上的描述和分析，对中国文化新近发展达到的水平和竞争力作了总体评估。本文以《文化建设蓝皮书：中国文化发展报告（2014）》为基础，对中国文化建设的必要性、所取得的成就、存在的不足等进行了全景式的总结，并在扼要分析的基础上，探讨了中国文化建设的可能方向和出路。

一　中国特色社会主义先进文化建设的必要性和紧迫性

一个民族国家的文化作为其"精神家园"，是与该民族国家及其人民直接统一的。一个文明进步的社会，应该是物质财富和精神文化比翼齐飞的社会；一个现代化的民族国家，应该是经济、政治、文化、社会和谐发展的国家。随着时代的发展、社会的进步，人们越来越认识到，GDP 的增长、物质财富的增加，仅仅是社会发展的一个方面，而一个民族国家文化的繁荣发展程度，是其文明进步的目标，也是其文明进步的度量衡。

在中华民族伟大复兴的历史征程中，建设有中国特色社会主义先进文化，是中国特色社会主义建设内在的、有机的组成部分，是创造"中国特色、中国风格、中国气派的马克思主义"的新课题。众所周知，当今世界文化正在深刻变革和转型。由于中国正处于改革开放、从计划经济向社会主义市场经济转型时期，文化变革、转型的广度和深度显得尤为突出。当前中国文化领域的状况十分复杂：传统与现代、"中"与"西"、"左"与"右"等多元文化并存共处，以"官本位"、等级制为特征的封建主义文化和以"钱本位"、自由化为特征的资本主义文化仍

---

① 江畅、孙伟平、戴茂堂主编《文化建设蓝皮书：中国文化发展报告（2014）》，社会科学文献出版社，2015。

然拥有一定市场，而中国特色社会主义先进文化尚待进一步确立和彰显。在互相竞争的多元文化面前，在日益普遍的文化矛盾和冲突面前，必须加快文化改革发展的步伐，更加自觉、更加主动地推动社会主义文化大发展大繁荣，以满足人民群众日益增长的多样化的文化需求，保障人民群众的基本文化权益，为中国特色社会主义建设提供强有力的思想保证、舆论支持和精神动力。

建设中国特色社会主义先进文化，是目前世界上渐具影响力的中国道路或中国模式的应有之义，是中华民族自立于世界民族之林的思想理论前提。文化独立与自觉，已经成为一个民族国家自立、自强之本。任何一个有声有色的大国的崛起，不仅伴随着经济的发展、国家的富强，而且伴随着文化的繁荣、民众素质的提升和国家文化软实力的提高。中华民族的伟大复兴，必然伴随着中华文化的繁荣兴盛。如果文化建设无所作为，社会主义核心价值观未能确立，那么"中国特色"就是不明确的，"中国道路"就是不确定的，"中国形象"就是模糊的，"中国模式"也就难以令人信服。这样的主流文化也不可能获得吸引力、凝聚力和感召力，获得全国人民的一致认同，凝聚全国人民的目标和意志，团结带领各族人民走上伟大的民族复兴之路。

当今世界正处在大发展、大变革、大调整时期，文化的重要性前所未有地凸显出来。文化与经济、政治等相互交融，日益成为经济社会发展的重要战略资源；民族国家之间综合国力的激烈竞争，正日益聚集于以文化为核心的"软实力"的竞争。特别是，世界正在依照文化价值观而进行定位和划分，以至于有亨廷顿"文明的冲突"之说，以至于有人宣称，要"为文化价值观而战"。爱德华·萨义德指出："文化成了一个舞台，各种政治的、意识形态的力量都在这个舞台上较量。文化不但不是一个文雅平静的领地，它甚至可以成为一个战场，各种力量在上面亮相，相互角逐。"① 在这种全新的形势下，面临如此艰巨的任务，无论是

---

① 爱德华·萨义德：《文化与帝国主义》，李琨译，生活·读书·新知三联书店，2003，第4页。

党和政府，还是普通人民群众，都必须保持清醒的头脑，树立强烈的忧患意识，更加自觉地承担起创建中国特色社会主义先进文化，提升中华文化的竞争力和影响力，提升国家文化软实力的责任，从而在激烈的国际竞争中，维护中国的文化主权和文化安全，拓展中国的战略利益；在国际交往中把握宣传舆论上的主动权，占据道德上的制高点，吸引、团结其他国家、地区的人民一道共建"和谐世界"。

二 近年来中国文化建设取得的成就

文化建设是一项涵盖面广、润物无声、效果不太容易测量的工作。2013年以来，在广大文化建设工作者的共同努力下，中国文化建设取得了比较丰硕的成果，人民群众的文化需求得到进一步满足，国家文化软实力得到进一步增强。依据江畅等主编的《文化建设蓝皮书：中国文化发展报告（2014）》，具体地说，2013年以来，中国文化建设取得的成就主要表现在如下几个方面：

第一，整个社会对文化及其"软实力"[1]的认识更加全面、深入、具体，各文化建设主体正以更加自主、自觉、自信的姿态，积极投身社会主义文化强国建设[2]。

第二，主流文化的理论研究和实践宣传不断深入，中国特色社会主

---

[1] 所谓文化"软实力"，是指一定的文化本身所内蕴或张扬出来的吸引力、感召力、凝聚力、竞争力、影响力等作用力的综合表达。如约瑟夫·奈指出："一个国家可以在国际政治中得到所希望的结果，因为他国想追随他，欣赏其价值观，效仿其模式，渴望达到其繁荣水平和开放程度。从这一意义上说，在国际政治中通过制定议程来吸引他人，与通过威胁或使用军事或经济手段来强迫他人改变立场同等重要。我把实力的这一方面称为软实力。"（约瑟夫·奈：《美国霸权的困惑——为什么美国不能独断专行》，门洪华译，世界知识出版社，2002，第9页）

[2] 文化自觉是指一个民族国家及其人民在文化上的觉醒和觉悟，包括对文化在社会生活中的地位和作用的深刻认识，对文化发展条件和规律的客观把握，对文化发展权力和责任的主动担当。文化自觉是文化繁荣发展的思想基础和先决条件，并关系到一个民族国家的前途和命运。

义文化正在形成过程中，社会主义核心价值观日渐深入人心。

第三，文化体制改革日益深化，文化建设的资金投入明显提升；文化产业快速发展，文化生产能力进一步增强，国家公共文化服务体系进一步完善；文化遗产保护、文化市场管理、文化交流和传播等取得了丰硕成果。

第四，在以理论工作者、文学艺术工作者以及文化生产企业等为主体的文化生产者的共同努力下，中国的文化产品和各种文化活动日趋丰富和活跃，质量和品质也有较大提升，文化软实力和核心竞争力明显增强。

尤其值得一提的是，2013 年以来，中国的文化"走出去"战略稳步推进，文化"走出去"的形式也日渐丰富，中国文化输出进一步扩大，国家文化形象进一步凸显，文化的国际"话语权"得到一定程度的提升。截至 2013 年末，全国文化系统批准对外文化交流项目 2159 个，共66338 人次参与。文化旅游、文化会展等特色文化产业更是弘扬了传统文化和向世界展示了中国的自信。

三　当前中国文化建设存在的问题和不足

不可否认的是，由于多方面的原因，中国文化建设在快速发展中，也存在诸多不足和问题。依据《文化建设蓝皮书：中国文化发展报告（2014）》我们发现，2013 年以来，中国文化建设存在的问题和不足主要表现在：

第一，对文化建设的认识存在偏差，思想观念滞后。对于什么是文化，文化建设有什么特点，文化建设应该采取什么样的方式，文化建设应该遵循什么规律，等等，目前仍然没有弄清楚，整个社会也存在不少糊涂认识。例如，有些人认为，文化建设太"空"太"虚"，没有办法抓"实"；有些人则以为，"三俗"就是具有时代气息的文化；有些地方以政府包办的方式发展文化，有些地方则将文化完全推向市场……而思想观念上的错位、模糊，直接影响甚至干扰了具体的文化建设。

第二，文化理论研究有待突破，理论宣传存在与实际情况脱节的情形。中国特色社会主义文化尚在创建过程中，许多理论问题需要进一步突破。一些先进的文化理论、文化观念在广大民众中落地生根的情况不容乐观。例如，众所周知，主流报纸、电视、电影、网站等大多都存在内容和形式单调、"高处不胜寒"的问题。

第三，文化建设的经费投入有待提高，文化基础设施建设有待提速。特别是与大中城市相比，落后地区和农村偏远地区的文化基础设施严重不足，文化贫富差距实质上仍然在拉大。一些地区甚至存在"文化沙漠化"的隐忧。

第四，文化产业的整体实力不强，公共文化服务能力不足，水平不高，难以满足广大群众日益增长的文化需要。特别是文化建设的创意不足，精品稀缺。例如，2013 年，中国生产故事片 638 部，其他影片 186 部，电视剧 441 部（15783 集），但是，能走向世界的不多，在世界影视舞台上叫座的更是寥寥无几。至于每年培养的大量硕士、博士，由于缺乏有效的学术质量管控机制，硕士、博士学位论文的质量不断降低。文化发展必须大胆创新，需要文化工作者创新文化理念、思维方式和工作方式，努力打造文化精品。

第五，文化"走出去"的内容和形式仍然比较单调，针对性不够强，影响力仍然不足，需要更加注重效果。相比中国其他对外贸易的快速发展，文化产品的出口明显处于劣势地位。在世界主流文化市场上，中国的文化产品格外稀少。出口类型主要集中在一些知识含量较低的文化产品，知识含量较高的自然和科学技术类文化产品非常少。文化产品出口企业整体实力不强，竞争力还比较缺乏。如从中国的版权、图书、期刊、报纸、音像电子出版物、电视节目等主要文化产品的进出口来看，2013 年，引进各种知识版权 18167 项，输出 10401 项；引进音像电子出版物 285070（盒、张），输出 34136（盒、张）；全年电视节目进口总额 58658 万元，出口总额 18166 万元。

第六，文化建设重管控、轻管理，体制机制不够灵活，与社会主义市场经济的快速发展尚不适应，与信息时代或全媒体时代的特点不相适应，也难以真正调动、发挥基层文化工作者以及广大人民群众参与文化建设的积极性。

四　当前中国文化建设的方向和出路

立足当代中国文化实践，针对当代中国文化建设的现状和存在的问题，我们认为，总体来看，中国文化建设的前景是光明的，但过程必然充满坎坷，需要踏踏实实地做好以下几方面的工作。

第一，进一步解放思想，更新观念，以先进的文化理念和文化理论引导中国文化建设，探索中国文化建设的方向和出路。在全球化、现代化背景下，一个独立的民族国家，特别是像中国这样历史悠久、拥有独特文化传统的社会主义大国，是不可能简单照搬世界上任何一种现成的文化发展模式的。中国特色社会主义文化建设是一项前无古人的开创性事业，既不能依傍古人，简单地"复兴传统"，也不能依傍外国，"全盘西化"；而只能以"我"为主，以自觉的文化态度、独立的自省精神和开放的创造精神，进行实实在在的建设。

第二，在以"我"为主的创建过程中，必须承认和确立广大人民群众的文化主体地位，保障广大人民群众的文化权力，紧紧依靠广大人民群众，放手让人民群众以主人翁的姿态投身文化建设，让蕴藏在广大人民群众中的文化创造性充分涌流。社会主义文化是"民族的、科学的、大众的"文化，广大人民群众"共建""共享"是根本特征。人民群众不仅是物质财富的创造者，也是精神文化的创造者，他们中间蕴藏着无限的创造力。人民群众的生活实践是文化创新之"源"，是文化发展生生不息的生命之所在。仅仅停留在书本或"小众"圈子中的文化，既缺乏实践基础，也缺乏生命力和活力。迈入"大狗叫，小狗也叫"的信息时代，如果仍然否定甚至剥夺大众的文化建设权力，拒绝承认大众文化也是社会主义文化的有机组织部分，是有悖历史潮流的。

第三，在理论研究方面，要立足中国文化传统和中国特色实践，创建中国特色社会主义文化体系。对于什么是先进文化，什么是文化建设的特点和规律，如何看待文化的普遍性和特殊性的关系，如何认识文化理论研究和文化实践的关系，等等，这些问题中都有一些理论瓶颈亟待突破。在文化建设的理论宣传方面，如何处理理论与实践之间的关系，让优秀的文化理论成果和文化产品打开市场，"抓住民众的心"，需要下功夫进行有针对性的探索。

第四，加大文化建设经费的投入力度，不断改善文化基础设施，从"硬件"方面缩小文化贫富差距，切实维护广大人民群众，特别是边远地区、弱势群体的基本文化权益。文化虽然看不见，摸不着，是一种"软实力"，但它需要以经济为基础，以"硬"实力作为支撑。也正因为如此，"村村通（广播、电视、网络）"，以及手机信号"全覆盖"等惠及广大农民的文化民生措施，功莫大焉。

第五，协调政府、民众和市场的力量，做大做强文化产业，提高公共文化服务水平，努力使文化建设的成果惠及广大人民群众，更好地满足广大人民群众不断发展的文化需求。特别是要围绕内容和形式创新，不断打造"文化精品"，提高文化产品的竞争力和影响力。

第六，创新文化传播模式，改善文化"走出去"的内容与形式，改善中国和中国人的形象，提升中国文化软实力。拓展对外文化传播的平台和载体，努力传播当代中国价值观念。提高对外文化交流水平，综合运用官方与民间相结合、群体与个人相结合的多种传播方式，展示中华文化魅力。大力发展文化产业，积极培育具有国际影响力的文化品牌，努力生产和提供更多高端文化产品和服务。

第七，必须认真研究现时代（信息时代或全媒体时代）的特点和文化建设的规律，正确处理政府和市场的关系，创新、完善文化管理体制机制，提高文化管理的科学性，为文化建设事业的健康发展注入活力，保驾护航。应该说，中国人民并不缺乏文化创造性和实干精神，关键在于如何进行引导和管理，令人民群众的创造力充分涌动。要进一步深化文化体制改革，改革以往政府"大包大揽"的单一文化生产和文化服务方式，破除各种体制和机制障碍，构建有利于文化创新、发展和繁荣的体制机制。

　　这里特别需要指出的是，文化建设不同于经济建设、政治建设、社会建设和生态建设，它有其自身的领域、特点和规律，需要根据这一领域的特点和规律进行建设，切不可急功近利，急于求成，更不可简单粗暴，包办代替，盲目而愚蠢地蛮干。事实证明，如果忽视文化建设的特点和规律，不仅难以达到相应的目的，而且可能导致事倍功半，甚至南辕北辙的结果。

解构文化决定论

韩东屏[*]

【摘　要】　在社会发展过程中，如果文化是重要的，文化决定论更应引起我们的关注。文化决定论有四种所指，即文化决定历史、文化决定文化、文化决定人格和文化决定制度。但是，根据文化是由人创造出来用于满足自己需求的工具的文化工具论诠释，这四种意义的文化决定论，有三种经不起推敲，另一种也只是部分正确，且不宜笼统冠以"文化决定论"之名。由于文化是个庞大系统，属于文化的东西太多，在分析解决问题时，所有"文化决定××"的思维方式或理路，都是不可取的。

【关键词】　文化　文化决定论　文化工具论　历史　人格　制度

为了促进社会发展，实现中华腾飞，文化受到国人及学界的持续高度重视。在此时代背景下，文化决定论这一分别在哲学、历史学、人类学、心理学、社会学、政治学、经济学和管理学等诸多学科中都有所涉及的思潮，理应引起我们更多的关注。然而，学界一直鲜有关于文化决定论的专门探讨，更没有系统探讨。

那么，文化决定论是怎么回事？是否有理？能帮我们解决哪些问题？

* 韩东屏（1955~），男，华中科技大学教授。

一 文化决定论种种

"文化决定论"是个含义较为复杂的概念，在学界计有四种所指。

其一是指文化决定历史的理论，其基本观点是历史就是文化发展史。这一意义的文化决定论，主要来自斯宾格勒的文化有机体理论。斯宾格勒认为，世界历史就是各种文化兴亡盛衰的过程，是人类各种文化的传记。而文化是活生生的有机体，具有青春、生长、成长、衰老的周期性特征，"它们和田野上的花一样无终极目的地生长着"。[①] 因此，世界历史及所有文化都是宿命的。此外，近年国内文化哲学界出现的那种试图从文化维度解释历史发展原因的理论建构，也可归入这种文化决定论的范围。

其二是指文化决定文化的理论，其基本观点是文化的发展变化由文化本身决定。这一意义的文化决定论的代表人物是博厄斯和怀特。博厄斯认为，一种文化的形成，一不是由地理环境决定的，二不是由经济决定的，三不是由人的生物特征决定的，在文化形成过程中起决定作用的恰恰是文化自身，文化现象只能通过文化现象来解释。简单地说，就是"文化决定了文化"。[②] 怀特也认为文化必须用文化本身来解释，并为此提出了各文化要素交互作用的理论。在他看来，文化是一条由工具、器皿、风格、信仰等要素组成的宽阔河流。在这一文化巨河中，各文化要素间自始至终存在持续不断的交互作用。在各文化要素相互作用的过程中，有些要素发生了变化，有些要素发生了变更，有一些要素则结合在一起，构成了新的综合、新的要素。陈腐落后的东西在这一过程中不断被淘汰，新的要素则不断补充进来。如此，文化就有了变化，有了发展。他还特地指出，发明、发现实际并非真正是人发明、发现的，它们仅仅

① 〔德〕斯宾格勒：《西方的没落》，齐世荣等译，商务印书馆，1963，第39页。
② 参见伲婷《文化特殊论的视角——〈人类学与现代生活〉书评》，《辽宁行政学院学报》2008年第7期。

是"在文化巨河中相互作用的各文化要素的一种新的结合或综合",比如牛顿物理学的三大定律和万有引力定律,乃是开普勒、布拉厄、伽利略等许多科学家研究成果的综合。①

其三是指文化决定人格的理论,其基本观点是人的性格和以性格为基础的行为模式是由文化决定的。这一意义的文化决定论主要由玛格丽特·米德建构。米德是人类学家,她通过对多个当代原始部落的实地调查得出这样的结论:人的性格、气质等心理特征和行为模式不是与生俱来的,也不是由生理结构及性别决定的,而是文化塑造的结果,是文化的产物,是特定社会的文化条件的反映。米德的这一结论,也得到了前述为"文化决定文化"立论的博厄斯的赞同:人类之所以有各种不同的行为模式,这不是由其生物特征决定的,而是由其各自独特的文化背景决定的,社会的刺激远比生物机制更有效。② 不同于文化人类学的路径,张东荪自我命名的"文化主义决定论",是从文化哲学的路径得出类似观点:由于文化有自我"变化本能,使其向丰富优美和谐的方面去发挥",因此,"文化出来了,个人反而为文化所熏染,所变易"。"文化是由人所创造的,迨文化起来以后,文化却又创造了人。"③ 饶有趣味的是,前述另一位为"文化决定文化"立论的怀特,在此与张东荪的说法相似,只是更加绝对,他强调,并不是人创造了文化,恰恰相反,是文化塑造了人。文化不仅是生物人向文化人转变的决定因素,而且决定了人类生活和人类行为的一切方面。④

其四是指文化决定制度的理论,其基本观点是社会或社会制度由文化决定。属于这一意义的文化决定论者人数最多。先是有马克斯·韦伯。他通过对西方宗教改革的考察,发现新教伦理观是近代西方资本主义制度形成的关键,尤其是加尔文改革后形成的禁欲主义天职观念成为资本

---

① 参见应雪林《怀特的文化决定论评析》,《浙江学刊》1998 年第 2 期。
② 参见张帆《人类学与社会心理学的结合:玛格丽特·米德之文化决定论综述》,《社会科学评论》2007 年第 3 期。
③ 江琳:《试析张东荪的"文化主义的决定论"》,《历史教学》2007 年第 7 期。
④ 参见应雪林《怀特的文化决定论评析》,《浙江学刊》1998 年第 2 期。

主义的精神基础，使清教徒具有一种合乎理性的组织资本和劳动的人文精神。由此推论，他认为传统中国社会之所以不能建立资本主义制度，是因为中国的儒家伦理教义与"近代资本主义精神"正好相反。① 继而有当代西方学者戴维·兰德斯、罗纳德·英格尔哈特和埃迪加·曼格尔等人。历史学家戴维·兰德斯在《国家的穷与富》中断言："如果说经济发展给我们什么启示，那就是文化乃举足轻重之因素。"罗纳德·英格尔哈特对 60 余个国家进行了价值观调查，结果发现，在基督教新教社会、东正教社会、儒学社会、伊斯兰社会等不同区域中，同样文化背景的共同体，其经济发展和社会状况有很大的相似性。这说明各国文化状况在很大程度上决定了其政治的状况。埃迪加·曼格尔更是提出了一个颇具世界影响力的响亮命题："文化乃制度之母"。②

最近则有国内某些赞同曼格尔"文化乃制度之母"命题的学者，如赵晓、孟凡驰、宋鲁郑等人，他们不仅常将"文化是制度之母"挂在嘴边，而且还分别为之提供了一些自己的论证。

上述四种意义的文化决定论，虽然理路和含义各不相同，但都是"文化决定××"的表述形式。这说明文化是这里的关键所在，如何解说"文化"至关重要。显然，我们只有先明确文化是什么，才能知道文化究竟能不能决定××，又是如何决定××的。然而，各种文化决定论者并非都对"文化"有明确的解释，这就使其立论有些含糊不清。而少数有明确解释的，是否有道理，也有待探讨。

二 文化的工具论诠释

中外学界有关文化的定义甚多，但有影响力的还是这五类：其一是将文化归结为生活方式；其二是将文化归结为人类活动本身；其三是将文化归结为人类活动的结果；其四是将文化归结为人类活动结果的质量

---

① 参见何东霞、何一鸣《文化与制度禍合：一个文献综述》，《学术研究》2006 年第 10 期。
② 此段内容来自祁述裕《文化乃制度之母》，《世界》2003 年 Z1 期。

与水平；其五是将文化归结为一套符号体系。

不难察觉，前两类文化定义都存在窄化文化外延的弊病，明显不可取。可以承认，人的行为方式和生活方式属于文化，但不能反过来说，文化就是人类的行为方式或生活方式。只要我们不否认中国的大运河、埃及的金字塔、印度的泰姬陵、意大利的古罗马斗兽场和各民族的历史典籍等都是人类文化遗产，或者否认了就会感到荒谬，就能立刻意识到这一点。有鉴于此，我赞成对文化采取了最为广义理解的第三类文化定义思路并做如此表述：文化是人类创造力的果实，它包括人所创造的一切，如食品、用具、机器、组织、社会、规则、语言、知识、科学、艺术、神话、信仰，等等，并且也包括人进行创造的方式方法，如技术、观念和思维方式之类。由于人的行为方式乃至生产生活方式总是由一定的规则（包括制度、习俗、道德）与一定的技术结合而成，因而人的行为方式或生产生活方式也属人类自己的创造，同样被包含在这个文化定义之中。

至于第四类文化定义思路，其实并不适宜定义文化，而只适合定义文明。"文明"是与"文化"最为相似的概念，经常被人们互换使用。但它们既然是两个词，我们就不妨对它们做个职能分工。如果说文化是人类创造力的果实，那文明则代表人类创造力所达到的高度或发展水平。于是"文明"成为与"野蛮"一词相反的概念，代表着人类或各个民族的创造力的进化程度和创造成果所达到的高度。

第五类文化定义确切说并不是对文化的定义，而是对不包括器物类人类创造物在内的狭义文化的定义。若非如此理解，它也会产生极大窄化文化概念的问题。

既然文化是人类创造力的果实，它就不是大自然直接赐予人类的东西，而是人自己创造的东西。创造是人的一种有觉识、有目的、有想象的活动。这个特点表明，那些由人于不经意间留在世界上的痕迹，如脚印、手印、划痕、废弃物之类，尽管也似乎是非自然之物，但并非文化。生产作为重复发生的创造或创造的批量化重复，其产品自然也属文化之物。

其实，从创造的维度定义文化，也符合文化的辞源意义。中国的"文化"一词，源自早期经典《易传》"观（关）乎人文，以化成天下"之句，意为天下由人文化成。因为其时"文"同"纹"，故天下即人的世界，形象地说，就是由人在大地上画出纹路而成。这就是说，文化，即文（纹）而化之，即用人力文饰自然，化成天下。英语"文化"一词由拉丁文转化而来，原意为人们对土地的耕耘、加工、改良。这一含义，同样象征性地凸显了文化是用人力文饰自然之意，是人的创造。马克思未直接定义文化，但他关于"社会就是自然的人化"的观点，①岂不也是"观乎人文，以化成天下"之意？

文化作为人创造的果实，有多种多样的形态。如果说人能够创造文化是由于人是唯一有自由自觉活动能力的主体，那人又究竟是为了什么要去耗神费力、不厌其烦地创造那么多形态不一的文化？

归根结底是人为了满足自身的需求，而"需求"是"需要"和"想要"的合称。如果人像石头一样没有任何需求，也就不会有任何创造。人的需求多种多样，因而人所创造的文化成果也多种多样，于是世上各种形态不一的文化成果，也就分别指向人的不同需求：粮食、果蔬、衣服、房屋、道路、车辆、船舶、飞机、避孕套等物质产品满足的是人的吃、穿、住、行、性等方面的需求；弓箭、镰刀、斧头、耕犁、锤子、机器等用具满足的是人为生活提供用品的物质生产的需求；习惯、风俗、道德、法律、纪律、政策等各种社会规则满足的是人适应环境、做事做人和建立秩序的需求；组织、社会满足的是人的安全、归宿、交往、合群以及增加自身力量和利益的需求；语言满足的是人相互表达、沟通的需求；游戏、文学、艺术满足的是人的娱乐、倾诉、审美的需求；教育满足的是个人学习知识与人类传承知识的需求；知识与科学满足的是人了解世界及自身的需求；技术满足的是人提高自身能力和改造世界的需求；哲学与宗教则是以不同的方式满足人对终极关怀的需求。至于禁忌、巫术、迷信、邪教之类似乎与人的需求相悖的人类创造物，在早期社会，

---

① 参见《马克思恩格斯全集》第44卷，人民出版社，2001，第428页。

满足的是能力低下的原始人幻想增大力量以应对神秘大自然的需求；在后来的社会，则逐渐变成了少数人为达到不可告人之目的的手段。正因为人的需求构成了人创造的动机，所以我们找不到任何一种人类创造物或文化成果竟然与人的需求无关。

由于文化源自人的需求又服务于人的需求，所以文化就是满足人需求的工具。虽然各种不同形态、不同品种的文化之具体功能千差万别，但它们都有这一共同点，就是均能满足人的需求，因而文化的基本功能就是满足人的需求。

既然文化是由人创造的满足人自身需求的工具，那么人自然就是文化的主体与目的，并对所有既存文化拥有不容置疑的主导权或支配取舍权。因此，绝不存在与人的需求无关的、神圣化的、本体化的文化，也没有本身就是最高目的的文化，更不能让人的发展或不断变化的需求去适应既有文化。相反，我们应将人作为文化的根本，并让文化通过不断创新去适应人的不断发展及其不断发展的需求。

由人创造的丰富多彩的文化，是个极其庞大的系统，它首先可形象地划分为"硬文化"和"软文化"两大部分。硬文化是指人类创造的各种实体性的有形产品，如食品、衣物、家具、房屋、斧头、弓箭、镰刀、车床、工厂等以实物形态出现的创造物均属硬文化。实体性的有形产品可谓器物，因而硬文化亦称"器物文化"。器物不是用于人的物质生活，就是用于人的物质生产，故器物文化又可再作生产器物文化与生活器物文化之分。软文化是指人类创造的各种非实体性的无形产品，有字语、宗教、哲学、科学、技术、文艺和规则这七种形态。由于这些形态的软文化都是用文字、语言、声音、数字、线条、图形、音符、色彩等符号构成的符号化系统，所以软文化亦称"符号文化"。符号文化是人用来传达信息的，满足的是人在精神方面的需求。由于在使用日常用语的很多情况下，人们所说的"文化"仅指符号文化，如"学习文化""张三有文化""李四文化水平高"，等等，因而"文化"这个概念也有狭义用法，符号文化即狭义文化。

根据符号文化所传达信息的不同性质，又可将符号文化分为五类：

以语言、文字、音符为外延的表意性文化；以科学、技术为外延的描述性文化；以哲学、宗教为外延的解玄性文化；以文学、艺术为外延的倾诉性文化；以习俗、道德和制度为外延的指令性文化。

表意性文化用于提供各种代表不同意思的固定符号，以构造规定为基本方法，即每个语言、音符、字母、文字、几何图形之类，都是人先将其构造出来，再规定其是何所指的固定符号。其余四种符号文化传达各自信息不可缺少的固定符号，否则它们就会因没有传达其信息的载体而无法传达信息。描述性文化用于弄清世界的真相，以经验实证为基本方法，所负载传达的信息是对各种事物的状况、形态、实质、变化、规律、历程的描述及预测，各门自然科学和社会科学是其典型形态；解玄性文化用于人的终极关怀，以思辨与虚构为基本方法，所负载传达的信息是对各类无法用经验实证方法研究的玄难问题或终极问题做出的解答，宗教神话是其初级形态，哲学是其高级形态；倾诉性文化用于抒发人的内心情感，以形象思维为基本方法，所负载传达的信息是对自然、社会、自我、他人、生活的体验与感想等，文学、音乐、美术之类是其典型形态；指令性文化用于构建社会秩序，以定规立制为基本方法，所负载传达的信息是什么正当、什么不正当，什么可做、什么不可做，等等，规则或规范是其一般形态，习俗、道德和制度是其典型形态。

三 用文化工具论审视文化决定论

以上我关于文化的"文化工具论"解释，自信其在整体或基本观点上是经得起仔细推敲和严格拷问的。如是，下面就可以以它为理论大前提，依次对四种不同意义的文化决定论进行一番是非对错的理性审视。

先来审视第一种意义即"文化决定历史"的文化决定论。

根据文化工具论的解释，无论是器物文化还是符号文化，都是人为了满足自己的需求而创造出的工具。既然如此，不论是各种具体的文化之物还是文化总体，都不可能是一个能自生自灭且其生灭与人无涉的"活生生的独立生命有机体"。事实也是如此，文化的所有变化均是对人的不断变化发展的需求的适应。不难发现，每一个具体类型的文化，在历史中都不是一成不变的。当它们从一种形态变为另一种形态，就发生了文化变迁。如从文言文到白话文是语言文化的变迁；从长袍马褂到西装革履是服饰文化的变迁；从轿子到轿车是交通文化的变迁；从驿站传书到电报电话是通信文化的变迁；从传统戏剧的式微到电影电视的兴起是娱乐文化的变迁；从私塾的消匿到学校的普及是教育文化的变迁；从自然经济到计划经济再到市场经济是生产文化的变迁；从君主制到共和制是政治文化的变迁；西方从中世纪宗教禁欲主义到高扬人性的文艺复兴是整个西方文化的变迁；日本从明治维新前全面学中国到明治维新后全面学西方，是整个日本民族文化的变迁。

文化之所以会发生变迁，在于文化报答力的衰减或丧失。

文化作为人为满足自己需求创造出来的工具，自然应该具有满足人需求的效用，而这种效用，就是文化作为工具对创造它的创造者即人的报答。一种文化满足人需求的效用大，它的报答力就大，反之则小。但这种效用或报答力无论是大是小，一般说来都不会是永恒不变的，而是逐渐衰减甚至消失于无的。文化报答力衰减和丧失的具体原因及形式虽不尽相同，但最终都与人的需求有关。其一是人的需求取向发生了变化或转移。如唐诗、宋词、元曲的交替，传统戏剧的由盛及衰，不同服饰的先后流行之类文化变迁，都是由需求取向的改变所导致的。其二是人有了更高的需求。如交通工具的变迁，是由更快、更省力、更舒服的要求推动的；住所的变迁，是由更舒适、更美观的要求推动的；制度的变迁，是由更适合人性的要求推动的。其三是人发现了能更有效满足自己需求的其他工具。如古代西方人之弃用羊皮书写文化，就是因为发现了中国的造纸术和印刷术；近代日本人的"脱亚入欧"，就是因为发现了比中国传统文化更利于富国强兵的西方文化。其四是人的多种需求的排序发生了位移。如我国从计划经济生产文化改为市场经济生产文化，就是优先效率的需求取代了优先公平的需求。总之，正是人的不断发展变化的需求导致既有文化对人的报答力的衰减与丧失，并构成文化变迁的根本动力。而这一点也再次凸显了文化是为人的需求服务的工具。

　　既然人的需求是会发展变化的，而任何一种文化之物最初都是由首创者按照自己的需要创造出来的，那就可知，文化之物的报答力总是对首创者来说显得最大，也总是在该文化之物诞生之时显得最大，而对越来越往后的时代或使用者来说，则势必会呈现报答力递减的趋势，其中道理不仅在于该工具会在使用的过程中逐渐暴露出创造者创造它时始料未及的缺陷，而且也在于该工具难以一直做到完全符合后来使用者的需求，于是后人也会按照自己的需求对该工具进行改造，或者创造出新的更适合自己的同类替代工具。

　　文化报答力的这种有限性规律，即文化报答力势必会由大变小、由强减弱乃至由有趋无的态势表明，任何一种人类创造物即文化之物都不会一劳永逸地满足人的任何一种需求，也不会在历史中永占优势地位或显要地位，当它们作为工具所具有的报答力随着时间的推移或世代的交替而日益衰减乃至消失于无，即再也不能有效地满足人的需求之时，便是它们的边缘化之日。此时，不论这些文化之物在历史上曾经如何辉煌，人们也不会继续重用它，有的则只能藏身于博物馆。

　　正因为各种具体形态的文化之物的变化发展和消亡，都在于人的需求的发展变化，所以，不仅文化生于人的需求，也死于人的需求，所谓文化"具有青春、生长、成长、衰老的周期性特征"，也不过是奠基于人的需求变化的文化报答力效力递减规律的表现而已。这就是说，被人创造出来并外在于人的文化虽有相对独立性，但其生生灭灭和一切发展变化，还是被人及其需求决定的。

　　此外，"历史就是文化发展史"的文化决定论的不合理性还在于：由于人对文化的创造和使用从来不是一次性的，而是总在时间的长河里不断地进行，这就意味着我们可以为文化修史，但这绝不意味着我们也可以用文化史来等同或替代世界史，否则就是将工具的历史当作人的历史。显然，不论是车船的历史还是诗歌的历史，都不等于人的历史。因为历史是人的活动，而人的活动并不全都是创造性活动，也不是任何人的活动或人的任何活动都能产生一个前所未有的创造物。事实上，人的大量反复出现的活动都是非创造性的活动，这些活动固然也会产生一定的结果，却不是新果，这些活动和由这些活动构成的各种事件，如在不同朝代或历史时期多次出现的造反、起义、示威、罢工、改革、革命、战争，等等，也是人类历史的一部分。何况，人的活动并非只有结果没有过程，人的历史也不能只记录活动结果而不记录活动过程。

用文化史等同人类历史不对，那种准备以文化哲学的名义从整体文化的维度出发探究人类历史发展之因的图谋也行不通。因为文化是个庞大的系统，属于文化的东西实在太多。由文化入手，不仅不能使问题越来越明晰，反而会使问题变得越来越复杂；不仅不能让历史动因露出真容，反而会让历史动因变得更加云遮雾障。

接着来说第二种意义，即"文化决定文化"的文化决定论。

与上同理，既然文化不可能是不受控于人的独立生命有机体，那么声称文化的发展变化是由文化本身决定的文化决定论，也注定只能是错误的。

再来看第三种意义，即"文化决定人格"的文化决定论。

根据文化工具论的解释，人是用文化作为工具来满足自己的各种需求的，因而每个人的生活都离不开各式各样的文化工具，文化也由此而成为人们的生活方式。但是，对于具体个人来说，由于绝大多数的工具即文化之物都不是由他本人创造的，而是由前人或他人创造的，所以他要想用这些工具来满足自己的需求，必须先学会使用这些工具的方法，于是每个时代的个人都要通过学习文化来掌握对工具的用法，而这个过程就是个人被"文化"或"文而化之"的过程。在这个意义上，可以说"是文化塑造了人"，但不能进而如怀特所说的"不是人创造了文化"。在人创造文化和文化塑造人这个人与文化的双向互动中，人是主体，占主导地位，而文化则是客体，要服务和服从于人。因为文化是被人创造的，并且要根据人的需求的发展变化而发展变化，所以文化对人的塑造，其实更是人对自己的塑造。这就是说，人对文化的决定作用，属于最基本的、始发性的决定作用，或曰第一层面的决定作用，而文化对人的决定作用，则属于非基本的、继发性的决定作用，即第二层面的决定作用。

即便是这种第二层面的决定作用，还是需要回答这两个问题：在文化对人的塑造中，是不是所有的文化之物都参与了塑造？并且所有文化之物起的是不是同等作用？怀特在此语焉不详，米德和博厄斯指认，能塑造人的性格和行为模式的文化，只是符号文化中的习俗、道德、制度、价值观念和宗教信仰这些东西，张东荪则说是"传说、制度、民俗、言语，甚至于时代精神，等等"。这两种说法虽有不同，但都提到了制度，并且都没深究其中哪种文化之物更为重要，从而也就都没能对第二个问题做出回答。由于事实上有违心行为的存在，或说人有时会做违心的行为，这说明人的性格和行为模式并不完全一致或总是一致，并不是有什么样的人格，就必有什么样的行为；也不是有什么样的行为，就必有什么样的人格。因此，对人格也有重要塑造作用的习俗、道德、价值观念和宗教信仰，在对行为模式的塑造中就不起决定作用。决定人的行为模式的，只能是制度。在对人的行为的导向方面，无论是习俗、道德还是价值观念甚至是宗教信仰这样的非正式规则，在强度上都比不上有合法暴力支持并拥有最多赏罚之物的制度。这是因为由习俗、道德构成的社会赏罚机制，不仅不能直接动用合法暴力，而且仅能以无形的名声和人情资源为赏罚之物。至于宗教性的社会赏罚机制，则完全是虚构的，只对少数真正的信徒有效。因此，当制度对人行为的导向与这些导向不相一致时，人们一般都会按制度的导向选择行为方式；因此，姑且不说人格是否由制度决定，至少绝大多数人的行为模式，是被制度最终决定的。

最后来看第四种意义即"文化决定制度"的文化决定论。

这一文化决定论的基本命题是"文化乃制度之母"，意为"文化是制度诞生之源"；"有什么样的文化，就必然有什么样的制度"；"如果文化不改变，制度就不可能改变"；"制度是由人根据文化来制定和执行的"；等等。可是，差不多所有以此命题展开论述的人，都没向我们清楚交代他们所说的文化究竟是什么。由于文化是个庞大的系统，即便他们说的文化是狭义文化即符号文化，也同样算得上庞大系统。并且，制度本来也属于符号文化的一种即指令文化。所以，"文化乃制度之母"是一个概念极其不清、逻辑十分混乱的说法。它无异于在说"猛兽是老虎之母"，不仅内含"老虎是老虎之母"般的同义反复，更有"狼、豹、熊、狮也都是老虎之母"式的荒谬。鉴于中西学界尤其是经济学和管理学界，普遍不恰当地将习俗、道德等非正式规则也视为制度的不同形态，而实际上，制度应仅为正式规则，即由组织制定的规则，①所以"文化乃制度之母"的命题在他们那里也等于说"习俗、道德、制度是习俗、道德、制度之母"。当然，其中也有人说得比较具体，将文化界定为一套价值体系或一套价值观念。但是，内含各种行为规定的制度岂不也是一套价值体系？当这套体系进入人的意识并被人认同，岂不也是一套价值观念？因而即便如此界定文化，仍然属于"制度乃制度之母"的同义反复。

为了支持"文化乃制度之母"的理念，赵晓提供了这样的理据："同样的外部正规制度，对于具有不同文化内核的人来说，其含义往往大不相同，人的行为选择也会大不同。"并以胡适没有选择自由恋爱而是顺从了母亲的包办婚姻为例加以佐证。可是，在胡适时代已有的自由婚姻制度，并不惩罚自愿包办婚姻的人，所以胡适婚姻遵从母亲意志，其实仍在制度所容许的范围之内，正所谓"法无禁止即可为"。在"法无禁止即可为"的正当行为域内，本来制度就允许人们有多种选择，因而人们不论从中做出的是哪种选择，都并不意味着制度的失效或失败。但是，在"杀人偿命"这种非正当行为域的禁令性制度安排面前，尽管人们的价值观念或"文化内核"各不相同，甚至大异其趣，又有几个人敢逆制度规定而动？而偶有冒犯此禁令的人，又岂是因为文化的不同？并且，在有效的诱导性制度面前，如"多劳多得，少劳少得，不劳不得"之类制度，尽管此处仍属于没有禁止性制度的正当行为域，但完全不理睬制度引导的人，比如不劳者，又能有几个？赵晓还说企业也是这样，在外部相同的制度环境中，"往往会做出大相径庭的选择。许多例证向我们表明，是企业文化而不是外在制度，在真正地决定着一个企业的行为选择和发展结果"。②但是，企业内部没有制度吗？企业文化不包

---

① 参见韩东屏《论制度的本质与开端》，《江汉论坛》2014年第8期。
② 赵晓：《文化是制度之母》，《董事会》2005年第8期。

括企业制度吗？企业的发展只能是企业所有人员共同行动的结果，而塑造他们行动方式的决定性因素，难道不是企业制度？至于各个企业的内部制度为何大相径庭，这与外部社会制度无关。因为社会制度只是从大的方面告诉企业哪些事情不能做（如不当竞争），哪些事情必须做（如依法纳税），哪些事情最好做（如技术创新），此外一切其他事情，包括如何制定企业自己的营销制度和人员管理制度，则任由企业自定。

罗纳德·英格尔哈特倒是没说"文化乃制度之母"，他的"同属一种文化背景的国家的经济发展和社会状况有很大的相似性，这说明各国文化状况在很大程度上决定了其政治的状况"这一结论，是以对诸多国家的价值观念调查为据得出的。可是这个调查结论仍然很成问题。一是所谓的"政治状况"其实也属于"文化状况"的一个部分，因而同属一种文化背景的国家会有同样的政治状况本不足为奇。二是即便"文化状况"不包含"政治状况"或"社会制度"，这个结论也非常容易被证伪。别的且不说，至少同样在历史上属于儒家文化社会的朝鲜，其当代经济发展和政治制度，就与其他儒家文化国家存在天壤之别。

与用庞大而含糊的文化概念解释社会制度的成因不同，也与用"价值体系"或"价值观念"这类不能和制度划清界限的概念解释社会制度的成因不同，韦伯是用价值观念中的"伦理观念"这一非常具体而明确的术语进行解释。不过，韦伯本人并没有将自己的解释命名为"文化决定论"，甚至也不排除经济、技术对制度演进的某种决定作用。不仅如此，他的解释也不属于有关各种社会制度成因的普遍性论述，而仅仅是关于资本主义社会制度成因的特殊性论述。[①] 即便如此，韦伯将"伦理观念"，确切地说，是"基督教新教的伦理观念"视为形成资本主义社会制度的关键因素，还是有待商榷的。

可以承认，伦理观念或道德观念确实与制度有密切关联，主要体现为任何一种制度，作为可做什么和不可做什么的价值规定，都总是要以

---

① 参见〔德〕马克斯·韦伯《新教伦理与资本主义精神》，于晓、陈维纲等译，上海三联书店，1987。

某种伦理道德为自己的价值来源或价值基础，并且它所体现的也正是这种伦理道德的价值取向。纵然如此，制度与伦理道德毕竟不是一回事，仍有本质和形式方面的种种差异。所以，没有谁能仅凭伦理观念就直接整出社会各领域的制度，也不是只要从一套伦理观念出发，无论由谁来整社会制度，其结果都完全一样。正因如此，一直以儒家伦理为正统的传统中国，其社会制度在历史中也是经常有变化甚至多次出现过大的改革；正因如此，当代同样是宣称崇尚自由、平等观念或民主观念的国家，却有不尽相同甚至大不相同的社会制度。

还有，日本和亚洲"四小龙"即韩国、新加坡、中国台湾和中国香港的情况也证伪了韦伯的解释。这些国家或地区的文化，都受到中国文化的深远影响，一致推崇儒家文化。按韦伯推论，它们都建立不了资本主义制度，可事实上各自还不是都在其内部确立了绩效显赫的资本主义制度？

何况，一个现实的社会之中，往往并不是只有一套伦理道德，而是既有主流道德，又有非主流道德。这时，能够衍生社会制度的道德会是哪种道德？人们通常都会以为是主流道德，但在有的时候，尤其是革命或改革年代，却为何恰恰不是主流道德？将这个疑问运用于韦伯的语境，就是在既有基督教伦理精神又有基督教新教伦理精神的时代，为什么倒是非主流的后者成为社会制度的价值基础？

以上所有都表明，韦伯的解释是非常片面的。同时再次表明，国内学者那种"有什么样的文化，就必然有什么样的制度"的断言也是极其草率而不能成立的。

如果伦理道德也不是制度之母，制度究竟从何而来？

无论是社会制度还是社会组织制度，作为由组织制定的规则，都是由组织中的人即制度安排者构思、设计、制定而成，而制度安排者在构思设计制定制度时，总是需要依据某种思想。这种思想，虽然必内含文化，但非文化总体；虽然必与伦理道德、价值观念相关，但不直接是它们。让人构思、设计、制定制度的思想，别无其他，只能是制度意识形态。制度意识形态是关于制度的一切成型见解，这些成型见解是理性思维的产物，包括制度常识、制度体验、制度经验、制度历史、制度理念和制度理论等成分。试问，若无这样的意识，制度安排者焉能制定出制度？是故真正堪称制度之母的，唯有制度意识形态。制度安排者的制度意识形态，可以来自他人的述说，也可以来自自己的运思，或者二者兼而有之。不论哪种情形，都能建构出制度。

经过以上审视可知，除了第三种文化决定论中米德关于人的性格由习俗、道德、制度、价值观念和宗教信仰塑造这一具体观点之外，其他四种文化决定论基本上都是说不通的。但米德的这个观点也不应该被冠以"文化决定论"之名，而应具体为"指令文化决定论"。实际上，不仅四种意义的文化决定论行不通，所有"文化决定××"的思维方式也都不可取，都不能为我们解决任何问题。因为属于文化的东西太多，在分析解决某个问题时，这样的思维方式要么等于什么都没说的同义反复，要么就是非但不能澄清问题，还会将问题搞得更加迷乱。

中共关于我国社会主要矛盾理论的几个里程碑式探索及其评价 (1956～2015)

贺祥林　王启妍**

【摘　要】　1956 年 9 月中共八大决议提出的"三个已经是"，实质上确立了我国当时是五种社会主要矛盾并存的理论路向。1982 年 9 月，中共十二大正式写进《中国共产党章程》且至今没有变的主导性表述，即我国社会的主要矛盾是人民日益增长的物质文化需要同落后的社会生产之间的矛盾，无疑是一个总体性的抽象归纳式表述，实质上可梳理为两种社会主要矛盾，并蕴含再作梳理的余地。进入 21 世纪后，中共这一主导性表述一度得到强化，但是并不否认社会主要矛盾的具体内容有变化，同时中共十分重视对其具体表现形式的探索，有一系列由抽象到具体的动态性把握我国社会主要矛盾的理论路向，这实质上是一总多分的具体演绎式。中共十八大以来，对于当前我国社会的主要矛盾进行了一系列既有新的具体演绎式又有新的抽象归纳式的探索。2015 年 1 月，中共中央总书记习近平在中

---

* 本文系作者承担的湖北大学当代中国主流文化研究项目"当代中国主流文化的前提探索与整体构建"（540 - 075031）阶段性成果。

** 贺祥林（1954～），男，湖北大学马克思主义学院教授；王启妍（1990～），女，湖北省襄阳市第三中学政治教师。

共中央政治局集体学习时提出，协调推进"四个全面"是当前党和国家事业发展中必须解决好的主要矛盾。这实质上是从具体演绎式到新的抽象归纳式的、全面与互动把握当前我国社会主要矛盾的理论路向。这一思想内容是极为重要与宝贵的，体现了中共与时俱进的理论品质和求真务实的科学精神，展现了治国理政的全新智慧。我们建议，从总体上即最高抽象意义上把我国社会主义初级阶段的社会主要矛盾，表述为人民日益增长的各种需要同社会各种生产的相对不足之间的矛盾，并以此坚持紧密结合中共协调推进"四个全面"的新探索，以抓"一总"揽"四个全面"，又以"四个全面"去挑"各中"并担"众小"，形成全面而辩证地掌握好各领域、各层次、各事物的社会主要矛盾的理论路向。这在理论上可以避免纷争，有助于把人们的思想统一到中共最新探索的内容上来，有利于人们在行动上形成推进党和国家事业发展的强大合力。

【关键词】　中共　主要矛盾　探索　评价　建议

一　中共关于我国社会主要矛盾理论的一并综合式探索及其评价（1956~1977）

中国共产党领导人民创立新中国之初，在过渡时期，社会主要矛盾为工人阶级和资产阶级之间、社会主义道路和资本主义道路之间的矛盾。这些矛盾基本解决之后，面对新的发展时期的社会主要矛盾及其主要任务，进行过一次著名的理论探索，即1956年9月中共八大关于政治报告决议的一并综合式表述："我们国内的主要矛盾，已经是人民对于建立先进的工业国的要求同落后的农业国的现实之间的矛盾，已经是人民对于经济文化迅速发展的需要同当前经济文化不能满足人民需要的状况之间的矛盾。这一矛盾的实质，在我国社会主义制度已经建立的情况下，也就是先进的社会主义制度同落后的社会生产力之间的矛盾。"决议同时提出："由于社会主义革命已经基本上完成，国家的主要任务已经由解放生产力变为保护和发展生产力。"① 这是以毛泽东同志为代表的中国共产党人的一次可贵理论探索,在当时被中共及学界称为中共八大最重要的理论贡献。

当然,也存在对其中一个表述的怀疑之见。毛泽东同志在中共八大闭幕不久,对决议中"这一矛盾的实质,在我国社会主义制度已经建立的情况下,也就是先进的社会主义制度同落后的社会生产力之间的矛盾"的表述持有怀疑,这也有其理由。因为这个表述"在决议的历次修改稿上都没有,九月二十七日凌晨大会主席团常委会通过的稿子上也没有,那是在大会闭幕式开会前临时加上的。急急忙忙地送毛泽东看过,就印发大会了"。② 在这个时间节点上,据胡乔木后来回忆:"这个问题是陈伯达提出的……陈伯达搬出了列宁的《落后的欧洲和先进的亚洲》这篇文章的一些话作为依据,说明先进的社会制度和落后的生产力之间的矛盾问题。然后我和陈伯达两个人去找毛主席,把修改的方案拿给他看,他琢磨了半天以后,同意了。他说,好,赶快去印。"③ 其实,毛泽东同志随后怀疑的只是这一表述,并不是对决议的其他几个表述持异议,当时中共核心领导成员对其他几个表述在认识上是高度一致的。后来毛泽东同志还有过这样的表示:"先进的社会制度与落后的生产力的矛盾,虽然这句话说的不够完善,但是得到了好处,并未发生毛病。"④

时至今日,我们的评价是,中共八大的这个决议在理论上的一个重要贡献,在于提出了我国新的发展时期的社会主要矛盾理论,具体而言就是一并综合式提出的"三个已经是"与"一个已经由",这就或显或隐地揭示了当时我国五种社会主要矛盾与相应的主要任务。在"三个已经是"中,第一个即"已经是人民对于建立先进的工业国的要求与落后

---

① 《建国以来重要文献选编》第 9 册,中央文献出版社,2011,第 293、301 页。
② 《毛泽东传 (1949—1976)》(上),中央文献出版社,2003,第 537 页。
③ 《毛泽东传 (1949—1976)》(上),中央文献出版社,2003,第 537 页。
④ 《毛泽东传 (1949—1976)》(上),中央文献出版社,2003,第 538 页。

的农业国的现实之间的矛盾"，其表明的主要矛盾之一即工业与农业（或第二产业与第一产业）之间的矛盾；第二个即"已经是人民对于经济文化迅速发展的需要同当前经济文化不能满足人民需要的状况之间的矛盾"，这是主要矛盾之二与之三，即人民经济需要同物质生产不能满足人民经济需要之间的矛盾，人民文化需要同精神生产不能满足人民文化需要之间的矛盾；第三个是"已经建立"起来的"先进的社会主义制度同落后的社会生产力之间的矛盾"，这是主要矛盾之四与之五，即经济制度先进与物质生产落后之间的矛盾，文化制度先进同精神生产落后之间的矛盾。"一个已经由"是"国家的主要任务已经由解放生产力变为保护和发展生产力"，这个主要任务是由上述五种社会主要矛盾决定的。这是在我国全面进入社会主义社会之际，中共关于我国社会主要矛盾理论的第一个里程碑式的探索，实质上确立了我国当时是五种社会主要矛盾并存的理论路向，这是先后从我国社会有机体的基础性、观念性、制度性三个构成层次上阐明的社会主要矛盾理论。我们依据马克思主义社会有机体理论的学理逻辑，对中共八大政治报告决议探索给出肯定性评价，是本着"具体的事物作具体的分析"得出的结论。不过，这里有一个表述上的疑点，就在于先进的社会制度与落后的社会生产力不可能是绝对性的先进或绝对性的落后，如果前者绝对性先进而后者绝对性落后，就会断裂而不会构成相互依存并且具有相互转化趋势的矛盾双方，而只能从相对性的比较先进与比较落后而言之，因为先进的社会制度必须表现为能够促进社会生产力发展，否则这种社会制度就不能称之为先进。不过，这次探索从总体上"得到了好处"，对实践经验进行了理性总结，而且对实践而言"并未发生毛病"。

然而，正当党和人民开启解决五种社会主要矛盾及其主要任务的航程之时，在东欧突发了波匈事件，在我国开展了反右派运动。中共八大决议关于我国社会主要矛盾理论的这个可贵探索及其具体实践，发生了众所周知的变化。这就是重提社会主义改造之前的过渡时期的社会主要矛盾理论，即1957年10月9日毛泽东同志在中共八届三中全会闭幕式上提出："无产阶级和资产阶级的矛盾，社会主义道路和资本主义道路的矛盾，毫无疑问，这是当前我国社会的主要矛盾。"① 而从程序上正式改变中共八大决议的论断，则是 1958 年 5 月的中共八届二次会议。1958年 5 月 5 日，刘少奇同志在党的八届二次会议的工作报告中指出："在社会主义社会建成以前，无产阶级同资产阶级的斗争，社会主义道路同资本主义道路的斗争，始终是我国内部的主要矛盾。"② 随后在 5 月 23 日，党的八届二次会议讨论通过了这个报告。这是在我国全面进入社会主义社会之后，中共关于我国社会主要矛盾理论的第二个里程碑式的探索，这是一个二维性和一并综合式的理论路向。它的影响持续到 1978 年，长达近 20 年。对此，中共和学界多有评说，笔者不再述评。

二　中共关于我国社会主要矛盾理论由抽象归纳式到具体演绎式的探索及其评价（1978～2011）

中国共产党于 1976 年 10 月粉碎"四人帮"之后，经过思想理论上的拨乱反正，特别是关于真理标准问题的讨论，于 1978 年 12 月在党的十一届三中全会上果断停止了"以阶级斗争为纲"的口号，实质上就是终止了简称为"两个阶级、两条道路"之间的矛盾是我国社会主要矛盾的理论。1979 年 1 月 18 日至 4 月 30 日，中共中央召开了有 500 余位理论工作者与会的理论务虚会，在讨论中提出了许多问题。邓小平同志受中共中央委托，在 3 月 30 日发表了题为"坚持四项基本原则"的重要讲话，其中回答理论界的一个疑问时指出："至于什么是目前时期的主要矛盾……由于三中全会决定把工作重点转移到社会主义现代化建设方面来，实际上已经解决了。我们的生产力发展水平很低，远远不能满足人民和国家的需要，这就是我们目前时期的主要矛盾，解决这个主要矛盾就是我们的中心任务。"③ 1981 年 6 月，中共十一届六中全会的决议明确

---

① 《毛泽东传（1949—1976）》（上），中央文献出版社，2003，第 720 页。
② 《建国以来重要文献选编》第 11 册，中央文献出版社，2011，第 249～250 页。
③ 《邓小平文选》第 2 卷，人民出版社，1994，第 182 页。

指出：“在社会主义改造基本完成以后，我国所要解决的主要矛盾，是人民日益增长的物质文化需要同落后的社会生产之间的矛盾。”① 这是自1956年社会主义改造完成25年之后，中共对我国社会主要矛盾理论的重新确立，于1982年9月中共十二大正式写进《中国共产党章程》，至今没有变的主导性表述就是：“我国社会的主要矛盾是人民日益增长的物质文化需要同落后的社会生产之间的矛盾。”② 随着1987年10月中共十五大报告正式系统地阐发关于我国社会主义初级阶段的理论，特别是确认这是在经济文化落后的中国建设社会主义现代化的不可逾越的历史阶段，并确定需要上百年的时间。中共由此开始把我国社会主要矛盾的理论纳入社会主义初级阶段这一社会历史时空视域。是以邓小平同志为代表的中国共产党人的可贵理论探索，这是中共关于我国社会主要矛盾理论的第三个里程碑式的探索。与中共八大决议的探索相比，我们的评价是，这无疑是一个抽象归纳式表述，从其显性来看，似乎是一种社会主要矛盾之论，从其隐性来看，通过分析实质上可梳理为两种社会主要矛盾之说：第一种就是人民日益增长的物质（或经济）需要同落后的物质生产之间的矛盾，第二种就是人民日益增长的文化（或精神）需要同落后的精神生产之间的矛盾。其中还蕴含再进行梳理的余地，从内在关联来看，通过分析其背后的制度问题（1956年的探索，虽然表述不够完善，但是明确论涉制度），实质上还可梳理出两种社会主要矛盾，即第三种就是物质生产力的发展要求同物质生产关系（即经济制度）之间不够适应的矛盾，第四种就是精神生产力的发展要求同精神生产关系（即文化制度）之间不相适应的矛盾。直言之，这里隐含的是“一总四分”的社会主要矛盾的理论路向。

我们还认为，这个表述是总体性的抽象归纳取向，但这里所涉及的矛盾双方不是两相对应式的抽象归纳，前一个方面的“物质文化需要”只是一个二级性的抽象归纳，后一个方面的“社会生产”则上升到一级

---

① 《三中全会以来重要文献选编》（下），中央文献出版社，2011，第168页。
② 《十二大以来重要文献选编》（上），中央文献出版社，2011，第54～55页。

性的抽象归纳。因此，如果在此减去"物质文化需要"这个二级性的抽象归纳，将其上升为"各种需要"这个一级性的抽象归纳，并规定"社会生产"这个一级性抽象的种类，即加上"各种"一词而充实为"社会各种生产"，如果减去"落后"一词和加上"相对不足"一词，就科学妥当得多，便是两相对应式的抽象归纳。因此，可以把我国社会主要矛盾改述为人民日益增长的各种需要同社会各种生产的相对不足之间的矛盾，形成一总多分的路向，然后再由这个一级性抽象走向二级性抽象，实质上就是要步入由抽象归纳到具体演绎的路向。这里"各种需要"的种类中既有物质需要，也有文化需要；既有生育需要，也有生态需要；既有政治需要，还有制度需要（这是关涉前面几种需要的一种中介性需要），等等。而"社会各种生产"的种类中既有物质生产，又有精神生产；既有人口生产，也有生态生产；既有政治生产，也有制度生产（这是关涉前面几种生产的一种中介性生产），等等。我们这是从抽象的、理性的宏阔视野而言的，但是我们进行两相对应式的一级性抽象归纳，即减去"物质文化"一词和加上"各种"一词，这里的需要就由"物质"与"文化"这两种需要拓展成上述多种需要，相应地在"社会生产"四个字中间加上"各种"一词，那么这里的社会各种生产就由"物质生产"与"文化生产"这两种生产拓展为上述多种生产，从而将其抽象表述为我国社会主要矛盾就是人民日益增长的各种需要同社会各种生产的相对不足之间的矛盾。① 这里的"相对不足"也是对应式的相对不足，一是"社会各种生产"对应于"各种需要"表现出来的相对不足，二是"社会各种生产"之间相比较表现出来的相对不足。就是说，它们不是同时生产不足，而是此起彼伏的，即它们内部也是一个不平衡的、动态的、相对不足的运动状况。与只用"落后"一词可能会产生绝对落后或总是落后的误读误解相比较，这就克服了形而上学的硬性或僵化式思维，从而彰显了辩证法的弹性或动态性思维。这一表述中蕴含的"需

---

① 参见贺祥林、王启妍《澄明社会基本矛盾与社会主要矛盾的宏阔视野》，《理论探讨》2015年第 1 期。

要"与"生产"都是全面而丰富的，从而在学理逻辑上也彰显圆融。这样从多口径、多维度来把握的"需要"与"生产"都是实际存在的真实内容，因而社会主要矛盾也就不只是一个或两个，而是多个，只不过如实反映它们的理论表达形式有些慢。进入21世纪之后，中共在这一理论跟进实际的过程中，则大有改观。

进入21世纪以来，中共关于我国社会主要矛盾理论的主导性表述一度得到强化。胡锦涛同志在中共十七大报告与中共十八大报告中分别指出："我国仍处于并将长期处于社会主义初级阶段的基本国情没有变，人民日益增长的物质文化需要同落后的社会生产之间的矛盾这一社会主要矛盾没有变"；① "我国仍处于并将长期处于社会主义初级阶段的基本国情没有变，人民日益增长的物质文化需要同落后的社会生产之间的矛盾这一社会主要矛盾没有变，我国是世界最大发展中国家的国际地位没有变。"② 但是这种主导性表述的强化（应当或者只能从抽象归纳式取向来加以理解），并不否认社会主要矛盾的具体内容有变化，以胡锦涛同志为代表的中国共产党人，从中共十六大到十八大之前，对其具体表现形式有一系列理论探索，实质上是一个由抽象到具体的动态性把握我国社会主要矛盾的理论路向。这里可分七步对党的十八大以前的理论探索做梳理与评价。

第一步是2003年12月15日胡锦涛同志在山东考察工作结束时的讲话。他指出："当前，征地补偿不到位、司法不公正、农民负担重、村级财务不公开等，是农民群众反映最为强烈的问题，也是造成一些地方农村干群关系紧张、影响农村社会稳定的主要矛盾。"③ 这是他首次明确地对社会主要矛盾作具体演绎式表述，而且专门讲到农村存在的四种社会主要矛盾，其中突出的是矛盾的主要方面，这些内容后来还反复讲过多次，至今仍是农村需要继续解决的四种社会主要矛盾问题。这是中共

---

① 《十七大以来重要文献选编》（上），中央文献出版社，2009，第11页。
② 《十八大以来重要文献选编》（上），中央文献出版社，2014，第12～13页。
③ 胡锦涛：《论构建社会主义和谐社会》，中央文献出版社，2013，第21页。

在论涉社会主要矛盾理论上的首次突破，即由原来的抽象归纳式步入具体演绎式。

第二步是 2004 年 9 月 19 日胡锦涛同志在中共十六届四中全会的讲话。他讲到"注重维护和实现社会公平"方面的问题时，提出"重点解决当前在土地征用、城镇拆迁、企业重组改制和破产过程中损害群众利益的问题"；他讲到"做好关心群众生产生活的工作"方面的问题时，提出"当前要重点做好以下几项工作"，即就业再就业工作，扶贫开发工作，农民进城务工就业的管理、培训和服务工作，解决群众看病难、上学难的工作，安全生产工作，重大传染性疾病的防治工作，以及当年遭遇的洪涝、干旱、地震、台风、泥石流等自然灾害的应对工作，等等。① 这里反复用到的"重点"与"当前"或"当前"与"重点"，其所指的具体内容及表现，就是我国城乡存在的一系列社会主要矛盾或矛盾的主要方面的问题，这表明具体演绎式的运用由农村扩展到了城市。

第三步是 2005 年 2 月 19 日胡锦涛同志在省部级主要领导干部提高构建社会主义和谐社会能力专题研讨班上的讲话。他讲了十个方面的问题，可以说广涉社会主要矛盾之论，这里仅就第九个方面中的某一点特作引述。他强调指出："目前，我国的生态环境形势相当严峻，一些地方环境污染问题相当严重。随着人口增多和人们生活水平的提高，经济社会发展与资源环境的矛盾还会更加突出。如果不能有效保护生态环境，不仅无法实现经济社会可持续发展，人民群众也无法喝上干净的水，呼吸上清洁的空气，吃上放心的食物，由此必然引发严重的社会问题。"② 这实质上讲的是当前阶段，在我国社会有机体的前提性构成层次上的社会主要矛盾，即人民日益增长的对良好生态环境的需要同生态环境严重恶化之间的矛盾，而且近十年来的经验表明该矛盾正日益突出，并将长期困扰我国社会有机体的有序、健康、持续运行。如果全面地看，这一讲话所涉及的十个方面的问题，可视其为对我国社会有机体从前提性、

① 《十六大以来重要文献选编》（中），中央文献出版社，2006，第 315～316 页。
② 《十六大以来重要文献选编》（中），中央文献出版社，2006，第 715～716 页。

基础性、上层性到观念性，即各构成层次整体运行过程中的社会主要矛盾的全方位探索与突破，这表明具体演绎式的运用范围有了更广的拓展。

第四步是 2007 年 10 月 15 日胡锦涛同志所作的中共十七大报告。报告有这样一段系统的概述："进入新世纪新阶段，我国发展呈现一系列新的阶段性特征，主要是：经济实力显著增强，同时生产力水平总体上还不高，自主创新能力还不强，长期形成的结构性矛盾和粗放型增长方式尚未根本改变；社会主义市场经济体制初步建立，同时影响发展的体制机制障碍依然存在，改革攻坚面临深层次矛盾和问题；人民生活总体上达到小康水平，同时收入分配差距拉大趋势还未根本扭转，城乡贫困人口和低收入人口还有相当数量，统筹兼顾各方面利益难度加大；协调发展取得显著成绩，同时农业基础薄弱、农村发展滞后的局面尚未改变，缩小城乡、区域发展差距和促进经济社会协调发展任务艰巨；社会主义民主政治不断发展、依法治国基本方略扎实贯彻，同时民主法制建设与扩大人民民主和经济社会发展的要求还不完全适应，政治体制改革需要继续深化；社会主义文化更加繁荣，同时人民精神文化需求日趋旺盛，人们思想活动的独立性、选择性、多变性、差异性明显增强，对发展社会主义先进文化提出了更高要求；社会活力显著增强，同时社会结构、社会组织形式、社会利益格局发生深刻变化，社会建设和管理面临诸多新课题；对外开放日益扩大，同时面临的国际竞争日趋激烈，发达国家在经济科技上占优势的压力长期存在，可以预见和难以预见的风险增多，统筹国内发展和对外开放要求更高。"① 这实质上是我国社会有机体自身与涉外的基本构成层次运行过程在新世纪、新阶段的八大方面，既总结了一系列抓社会主要矛盾或矛盾的主要方面的成就，又提出了一系列当前应当着力解决的社会主要矛盾或矛盾的主要方面及其主要任务。该报告还指出："当前我国发展的阶段性特征，是社会主义初级阶段基本国情在新世纪新阶段的具体表现。"② 我们的评价是，这里使用的"具体表

---

① 《十七大以来重要文献选编》（上），中央文献出版社，2009，第 10～11 页。
② 《十七大以来重要文献选编》（上），中央文献出版社，2009，第 11 页。

现"一词是可以同"社会主要矛盾"一词内在地联系起来的，因此这八大方面的具体内容，完全可以说就是我国社会主要矛盾或矛盾的主要方面在新世纪新阶段的具体表现。这是进入 21 世纪后，在中共的代表大会报告中，对社会主要矛盾理论在具体演绎式上的一个全方位突破，具有承先启后的理论功力。

第五步是 2008 年 12 月 18 日胡锦涛同志在纪念党的十一届三中全会召开三十周年大会的讲话。他首先指出我们"所肩负任务的艰巨性和繁重性世所罕见"，"所面临矛盾和问题的规模和复杂性世所罕见"，"所面对的困难和风险也世所罕见"，同时强调指出，我们"要妥善解决这些矛盾和问题、战胜这些困难和风险，就必须善于从千头万绪、纷繁复杂的事物和事物的普遍联系中抓住主要矛盾和矛盾的主要方面，同时又必须善于统筹协调、把握平衡，在事物的普遍发展中形成有利于突破主要矛盾和矛盾主要方面的合力，不断提高驾驭复杂局面、解决复杂问题能力，不断推动经济社会向前发展"。① 这是自改革开放以来，中共难得的一次从全局视野与 30 年的历史视域来谈"矛盾和问题的规模和复杂性"，特别是明确强调在"千头万绪、纷繁复杂"的对内对外众多事物中，"要抓住主要矛盾和矛盾的主要方面"，并要求在全局工作中力求"形成有利于突破主要矛盾和矛盾主要方面的合力"。因而这里所讲的"主要矛盾和矛盾的主要方面"，都不是一种或一个方面，而是多种或多个方面。在这里不只是从理论上强调，而且特别注重的是在实际上抓主要矛盾和矛盾的主要方面，并要求在抓多种主要矛盾和矛盾的主要方面时形成合力。

第六步是 2010 年 9 月 29 日胡锦涛同志在中共中央政治局集体学习时所作的题为"正确处理新时期人民内部矛盾"的讲话。他指出："由于我国改革发展稳定面临矛盾和问题的规模和复杂性世所罕见，人民内部各种具体利益矛盾难以避免地会经常地大量地表现出来。现阶段我国

---

① 《十七大以来重要文献选编》（上），中央文献出版社，2009，第 808 页。

人民内部矛盾归根到底是人民日益增长的物质文化需要同落后的社会生产之间的矛盾的反映。人类社会总是在矛盾运动中发展进步的，旧的矛盾不断得到解决，新的矛盾又不断产生，只是矛盾的具体内容、具体表现形式会有变化。"① 这是自将我国社会主要矛盾抽象归纳为一个表述以来，中共明确指出这一社会主要矛盾的"具体内容、具体表现形式会有变化"，而且十分明确地指出是以"人民内部各种具体利益矛盾"为具体内容与具体表现形式，并且"经常地大量地表现出来"。难得的是把这一抽象归纳的社会主要矛盾与"各种"并且是"大量"的人民内部具体利益矛盾紧密结合在一起，这一紧密结合饱含由抽象到具体来把握社会主要矛盾这个一总多分的学理逻辑，同样从学理逻辑而言，这是一个从分析到综合的过程，为探索社会主要矛盾理论的宏阔视野与"具体内容、具体表现形式"，指明了方向并拓宽了思路。

第七步是 2011 年 2 月 19 日胡锦涛同志的《在省部级主要领导干部社会管理及其创新专题研讨班上的讲话》。他语重心长地提出想分析一下我国社会管理领域存在的突出问题，并请大家一起来研究。笔者认为，他提出要分析与研究的突出问题，就是常发且多样的社会主要矛盾问题。其论涉的社会管理领域存在的突出问题，可分为三个层次。首先，他从宏观上列举了我国社会管理中的七大领域，即"人民内部矛盾多样多发"；"流动人口和特殊人群管理和服务问题突出"；"刑事犯罪高居不下"；"公共安全事故频发"；"非公有制经济组织、社会组织管理和服务问题突出"；"信息网络建设管理面临严峻挑战"；"外部势力千方百计插手"；其次，他从中观上分析与综合出 29 个方面的问题；再次，他从中观到微观将这 29 个方面的问题详细分解为更具细微性或多样性的具体内容与具体表现形式，既涉及人民内部矛盾，也涉及非人民内部矛盾，既涉及国内矛盾，也涉及国外势力插手挑动国内矛盾。② 可以说这是从我国社会管理视野来分析与研究当前阶段社会主要矛盾理论的宏阔篇章，

---

① 胡锦涛：《论构建社会主义和谐社会》，中央文献出版社，2013，第 200～201 页。
② 参见《十七大以来重要文献选编》（下），中央文献出版社，2013，第 141～145 页。

也指明了我国当前与今后一个时期内必须着手与着力解决的种种社会主
要矛盾或矛盾的主要方面及其相应的主要任务。

三　中共十八大以来关于我国社会主要矛盾理论
由具体演绎式到新的抽象归纳式的
探索及其评价（2012～2015）

如果人们具备了上述由抽象归纳式到具体演绎式来把握社会主要矛
盾理论的全新思路，就能够进一步全面系统地认清当前我国的种种社会
主要矛盾，特别是充分认识到解决种种社会主要矛盾的重要地位与重大
作用。中共十八大以来，以习近平同志为代表的中国共产党人，对于当
前我国社会的主要矛盾又进行了一系列可贵的理论探索，对此可分六步
来梳理与评价。

第一步是2012年11月胡锦涛同志在中共十八大上所作的报告。从
报告第一部分"过去五年的工作和十年的基本总结"来看，一是总结了
五年中我国胜利完成"十一五"规划与顺利实施"十二五"规划，在十
个领域的工作中所取得的新的重大成就，这可以说是党领导人民努力解
决我国各领域的社会主要矛盾所取得的成果；二是总结了工作中还存在
的许多不足，在前进道路上主要还有六大领域的困难和问题，这可以说
是党领导人民需要继续解决的我国各领域的社会主要矛盾问题；三是总
结了十年中我们在紧紧抓住重要战略机遇期，战胜一系列重大挑战上取
得的重大成就与重要经验，这可以说是党领导人民在解决我国重大社会
矛盾方面所取得的成果与经验。报告第二部分与第三部分，即"夺取中
国特色社会主义新胜利"与"全面建成小康社会和全面深化改革开放的
目标"，提出了全党、全国在新的历史阶段的战略目标与主要任务，其
中的全面建成小康社会的"五大目标"与全面深化改革的"五个加快"，
是从宏观上承先启后地去把握中观上的一系列互相对应的两大社会主要
矛盾。报告第四部分提出至第十二部分，党要领导并部署在新的历史阶
段应当努力去解决的我国社会基本矛盾特别是一系列社会主要矛盾。由

此，我们可以说，全党各级领导干部带领全国各族人民从事的各个领域、各个行业、各项本职工作，从中观至微观上天天进行的具体工作与应当完成的具体任务，都是不同岗位上的人在解决自己面对的社会主要矛盾或矛盾的主要方面与自己担当的社会主要任务，正是在各自着手与着力的工作与任务中实现了每个人各自的人生价值。而反过来从宏观上看，全党各级领导干部带领全国各族人民为夺取中国特色社会主义新胜利，为全面建成小康社会和全面深化改革目标的实现与任务的完成，就是以不断解决这些社会主要矛盾来推动的。当然其中的着力点是既要分头推进各自面对的社会主要矛盾的解决，又要善于统筹协调、把握平衡，由上而下地引导推动形成解决各种社会主要矛盾的合力。

第二步是 2013 年 11 月中共十八届三中全会的决定与习近平同志所做的说明。《中共中央关于全面深化改革若干重大问题的决定》指出："全面深化改革的总目标是完善和发展中国特色社会主义制度，推进国家治理体系和治理能力现代化，"同时提出"到 2020 年，在重要领域和关键环节改革上取得决定性成果，完成本决定提出的改革任务，形成系统完备、科学规范、运行有效的制度体系，使各方面制度更加成熟更加定型"。① 在这个制度体系的宏观视野中，有不同类型的制度，如经济制度、政治制度、文化制度等，而不同类型的制度又有基本制度（简称基制）、具体制度（简称体制）、规章制度（简称机制）三个层次之分，要在着眼于坚持和完善基本制度的前提下，着手与着力完善和发展一系列具体制度与规章制度这些繁重又复杂的任务，也都有一个必须认清与妥善解决在制度体系建设中的众多主要矛盾问题。习近平同志在关于这个决定的说明中进一步指出："当前，国内外环境都在发生极为广泛而深刻的变化，我国发展面临一系列突出矛盾和挑战，前进道路上还有不少困难和问题。比如，发展中不平衡、不协调、不可持续问题依然突出，科技创新能力不强，产业结构不合理，发展方式依然粗放，城乡区域发展差距和居民

---

① 《中国共产党第十八届中央委员会第三次全体会议文件汇编》，人民出版社，2013，第 10、23 页。

收入分配差距依然较大，社会矛盾明显增多，教育、就业、社会保障、医疗、住房、生态环境、食品药品安全、安全生产、社会治安、执法司法等关系群众切身利益的问题较多，部分群众生活困难，形式主义、官僚主义、享乐主义和奢靡之风问题突出，一些领域的消极腐败现象易发多发，反腐败斗争形势依然严峻，等等。解决这些问题，关键在于深化改革。"① 这就是当前我国需要在十大领域进行制度改革面临的主要矛盾及矛盾的主要方面的具体内容。而且，这些制度改革作为一种中介性的建设，是关涉作为社会有机体的前提性、基础性、上层性、观念性等各层次的国计民生与社风、党风等在内的众多社会主要矛盾的具体内容的。

第三步是2014年11月中共十八届四中全会的决定与习近平同志所做的说明。《中共中央关于全面推进依法治国若干重大问题的决定》指出："必须清醒看到，同党和国家事业发展要求相比，同人民群众期待相比，同推进国家治理体系和治理能力现代化目标相比，法治建设还存在许多不适应、不符合的问题，主要表现为：有的法律法规未能全面反映客观规律和人民意愿，针对性、可操作性不强，立法工作中部门化倾向、争权诿责现象较为突出，有法不依、执法不严、违法不究现象比较严重，执法体制权责脱节、多头执法、选择性执法现象仍然存在，执法司法不规范、不严格、不透明、不文明现象较为突出，群众对执法司法不公和腐败问题反映强烈；部分社会成员遵法信法守法用法、依法维权意识不强，一些国家工作人员特别是领导干部依法办事观念不强、能力不足，知法犯法、以言代法、以权压法、徇私枉法现象依然存在。这些问题，违背社会主义法治原则，损害人民群众利益，妨碍党和国家事业发展，必须下大力气加以解决。"② 这就是从宏观整体到三个中观上揭示了当前我国法治建设中的主要矛盾与矛盾的主要方面，同时指明了当前我国法治建设中的主要任务。习近平同志在关于这个决定的说明中进一

---

① 《中国共产党第十八届中央委员会第三次全体会议文件汇编》，人民出版社，2013，第86页。

② 《中国共产党第十八届中央委员会第四次全体会议文件汇编》，人民出版社，2014，第19～20页。

步指出了两个领域从中观到微观上的一些问题。他一方面指出："我们在立法领域面临着一些突出问题，比如，立法质量需要进一步提高，有的法律法规全面反映客观规律和人民意愿不够，解决实际问题有效性不足，针对性、可操作性不强；立法效率需要进一步提高。还有就是立法工作中部门化倾向、争权诿责现象较为突出，有的立法实际上成了一种利益博弈，不是久拖不决，就是制定的法律法规不大管用，一些地方利用法规实行地方保护主义，对全国形成统一开放、竞争有序的市场秩序造成障碍，损害国家法治统一。"[1] 他另一方面也指出："当前，司法领域存在的主要问题是，司法不公、司法公信力不高问题十分突出，一些司法人员作风不正、办案不廉，办金钱案、关系案、人情案，'吃了原告吃被告'，等等。司法不公的深层次原因在于司法体制不完善、司法职权配置和权力运行机制不科学、人权司法保障制度不健全。"[2] 他对这两个方面的说明，就是分别对当前我国法治建设中的立法领域与司法领域，在中观上的主要矛盾与矛盾的主要方面的揭示，并突出了法治建设的主要任务。相比较而言，司法领域比立法领域的主要矛盾还要突出。所以，党的十八届三中全会与四中全会的决定及其说明都将司法领域的改革作为法治建设的重点，三中全会的决定针对司法领域存在的突出问题提出了一系列改革措施，由此司法体制和运行机制改革正在有序进行，而四中全会的决定在此基础上对保障司法公正又进行了更深入的部署。比如，"为确保依法独立公开行使审判权与检察权，全会决定规定，建立领导干部干预司法活动、插手具体案件处理的记录、通报和责任追究制度；健全行政机关依法出庭应诉、支持法院受理行政案件、尊重并执行法院生效裁判的制度；建立健全司法人员履行法定责任保障机制，等等。"[3]

---

① 《中国共产党第十八届中央委员会第四次全体会议文件汇编》，人民出版社，2014，第83～84页。

② 《中国共产党第十八届中央委员会第四次全体会议文件汇编》，人民出版社，2014，第88页。

③ 《中国共产党第十八届中央委员会第四次全体会议文件汇编》，人民出版社，2014，第89页。

全会还决定为优化司法职权配置，为保障人民群众参与司法，为加强人权司法保障和加强对司法活动的监督等，提出了一系列重要改革措施。①这既明确了司法领域十分突出的种种主要矛盾，又提出了许多解决具体矛盾问题与完成主要任务的新措施，而且都是在微观上具体而又深入的创新，实属史无前例。

总体而言，从中共十八届三中全会到四中全会，同一个关键词就是制度建设，制度建设亦即中介性建设中的一系列主要矛盾与矛盾的主要方面的不断解决，都是覆盖全局的，因而对于解决全局性的主要矛盾与矛盾的主要方面而言，具有十分重要的地位，是其重要的制度保障。

第四步是 2014 年 12 月习近平同志主持召开的中央经济工作会议的精神。这是中共关于当前我国经济领域社会主要矛盾具体内容的最新探索。这次经济工作会议的关键术语就是经济发展"新常态"。这个术语是习近平总书记在 2014 年 5 月首次提出，他在 11 月 APEC 峰会期间对"新常态"的特点做了阐述，这次中央经济工作会议则是详释经济发展新常态的基本内涵。会议认为，科学认识当前形势，准确分析未来走势，必须历史地、辩证地认识我国经济发展的阶段性特征，准确把握经济发展新常态。这里的"当前形势"、"未来走势"和"阶段性特征"等术语蕴含着哲学意味的社会主要矛盾的时空视域，而"必须历史地、辩证地""准确把握经济发展新常态"的基本内涵，是从九个具体视角来加以厘定的。即一是"从消费需求看"，二是"从投资需求看"，三是"从出口和国际收支看"，四是"从生产能力与产业组织方式看"，五是"从生产要素相对优势看"，六是"从市场竞争特点看"，七是"从资源环境约束看"，八是"从经济风险积累和化解看"，九是"从资源配置模式和宏观调控方式看"。从这九个具体视角一一详释其具体内涵时，每确立一个具体视角，便以阐释其主要矛盾的具体内容为着力点，并且都采用"过去"与"现在"这两个术语来进行比较，让人们清晰明确地看到了其主要矛盾

---

① 参见《中国共产党第十八届中央委员会第四次全体会议文件汇编》，人民出版社，2014，第 42～48 页。

的趋势性变化，特别是以"必须"这个术语表述的具体内容，实质上就是指明了每个主要矛盾之后，紧接着强调其矛盾的主要方面是什么。譬如，会议指出的第四个具体视角是"从生产能力与产业组织方式看，过去供给不足是长期困扰我们的一个主要矛盾，现在传统产业供给能力大幅超出需要"，这就让人们清晰明确地看到了现在的主要矛盾的趋势性变化，紧接着以"必须"这个术语表述的内容，即"产业结构必须优化升级，企业兼并重组、生产相对集中不可避免，新兴产业、服务业、小微企业作用更加凸显，生产小型化、智能化、专业化将成为产业组织新特征"，就是指明了主要矛盾的趋势性变化，强调了矛盾的主要方面是"产业结构必须优化升级"，并随之指明了由此而来的"产业结构"及其"产业组织"的一系列新的变化特征。①

这次中央经济工作会议除分别厘定经济发展新常态的九个具体内容或九个主要矛盾的趋势性变化之外，又指出"这些趋势性变化说明，我国经济正在向形态更高级、分工更复杂、结构更合理的阶段演化，经济发展进入新常态"。由此强调"认识新常态，适应新常态，引领新常态，是当前和今后一个时期我国经济发展的大逻辑"。这里的"当前和今后一个时期"的"大逻辑"就是要去认识、适应、引领我国经济发展新常态中的多维度、多样性主要矛盾的趋势性变化。这次中央经济工作会议针对我国经济发展新常态，还分别提出了"八个更加注重"，即"要更加注重满足人民群众需要，更加注重市场和消费心理分析，更加注重引导社会预期，更加注重加强产权和知识产权保护，更加注重发挥企业家才能，更加注重加强教育和提升人力资本素质，更加注重建设生态文明，更加注重科技进步和全面创新"。会议提出了明年经济工作的"五大主要任务"，即"努力保持经济稳定增长"，"积极发现培育新增长点"，"加快转变农业发展方式"，"优化经济发展空间格局"，"加强保障和改善民生工作"。② 这里的"八个更加注重"，可以说是针对前述我国经济

① 参见《中央经济工作会议在北京举行》，《人民日报》2014年12月12日，第1版。
② 参见《中央经济工作会议在北京举行》，《人民日报》2014年12月12日，第1版。

发展新常态的九个具体内容或九个主要矛盾的趋势性变化，从微观走向中观强调了经济工作中要注重抓的八个矛盾的主要方面，这里的"五大主要任务"，可以说是针对一系列主要矛盾及矛盾的主要方面的趋势性变化，从中观走向宏观而相应提出的。

总体而言，这次中央经济工作会议围绕我国经济发展新常态，阐发了我国当前和今后一个时期经济领域从微观到宏观多维度、多样性的主要矛盾及其矛盾的主要方面的趋势性变化的理论，并且成为我国当前经济乃至社会发展的重要指针。

第五步是 2015 年 1 月 23 日习近平同志在中共中央政治局第二十次集体学习时的讲话。他在讲话中强调，要学习掌握辩证唯物主义四大基本原理和方法论。在讲到学习掌握事物矛盾运动的基本原理时，他首先强调了认识和化解矛盾在打开工作局面与推动事物发展中的重要地位与重大作用。他认为问题是事物矛盾的表现形式，强调增强问题意识、坚持问题导向，就是承认矛盾的普遍性、客观性，就是要善于把认识和化解矛盾作为打开工作局面的突破口。我们党领导人民干革命、搞建设、抓改革，从来都是为了解决中国的现实问题。对待矛盾的正确态度，应该是直面矛盾，并运用矛盾相辅相成的特性，在解决矛盾的过程中推动事物发展。他还承前启后地由矛盾的普遍性讲到矛盾的特殊性的重要表现，即主要矛盾问题。其讲话紧密贴近当前我国的重大实际，对当前我国社会主要矛盾问题专门做了两处特别重要的论述。

其一指出："我们强调不能简单以国内生产总值增长率论英雄，提出加快转变经济发展方式、调整经济结构，提出化解产能过剩，提出加强生态文明建设，等等，都是针对一些牵动面广、耦合性强的深层次矛盾的。面对复杂形势和繁重任务，首先要有全局观，对各种矛盾做到心中有数，同时又要优先解决主要矛盾和矛盾的主要方面，以此带动其他矛盾的解决。"① 在讲话中一方面列举了两个中观领域即经济建设领域

---

① 《坚持运用辩证唯物主义世界观方法论　提高解决我国改革发展基本问题本领》，《人民日报》2015 年 1 月 25 日，第 1 版。

（不单以经济增长率论英雄、转变经济发展方式、调整经济结构、化解产能过剩四个层面）和生态文明建设领域的主要矛盾和矛盾的主要方面，并强调在全局性的宏观领域对各种矛盾都要心中有数。另一方面则强调了必须优先解决主要矛盾和矛盾的主要方面，只有这样才能带动其他矛盾的解决，这就是有针对性地指明当前我国要优先抓住主要矛盾和矛盾的主要方面的重要地位与重大作用。

其二指出："我们提出要协调推进全面建成小康社会、全面深化改革、全面依法治国、全面从严治党，是当前党和国家事业发展中必须解决好的主要矛盾。我们既要注重总体谋划，又要注重牵住'牛鼻子'。在任何工作中，我们既要讲两点论，又要讲重点论，没有主次，不加区别，眉毛胡子一把抓，是做不好工作的。"① 在此一方面是十分明确地把协调推进"四个全面"确立为当前全党全国事业发展中必须解决好的社会主要矛盾，这是自1981年中共十一届六中全会决议关于我国社会主要矛盾的主导性表述34年以来的一个重大理论突破，这是中共关于我国社会主要矛盾理论的第四个里程碑式的探索，即把协调推进"四个全面"作为当前我国四大社会主要矛盾。另一方面是十分明确地从马克思主义哲学基本原理的理论高度把协调推进"四个全面"置入社会主要矛盾这一理论视域，这就同此前逐步阐发随后一并提出的"四个全面"有所不同，因而具有承前启后、继往开来的重大理论意义，将协调推进"四个全面"的战略思想提升到具有马克思主义世界观与方法论的重大指导意义的高度。同时，此处强调"既要注重总体谋划，又要注重牵住'牛鼻子'"，既可理解为包括协调推进"四个全面"这四大社会主要矛盾的总体谋划，又可理解为包括从宏观上牵住四大社会主要矛盾这"四个全面"的"牛鼻子"之后，进而又包括从这"四个全面"相对应地牵住一系列中型的社会主要矛盾的"牛鼻子"，还包括从中观上各相对应地从微观上牵住一系列更为小型的社会主要矛盾的"牛鼻子"。换句话说，

---

① 《坚持运用辩证唯物主义世界观方法论　提高解决我国改革发展基本问题本领》，《人民日报》2015年1月25日，第1版。

我们"面对复杂形势和繁重任务"，在全局观上"对各种矛盾"都要坚持有一个大、中、小的矛盾思维态势，并且要力求"心中有数"，同时都要优先牵住其中的大、中、小的社会主要矛盾和矛盾的主要方面。再换句话说，提出协调推进"四个全面"是在牵动面更广、耦合性更强的我国社会有机体的宏观整体上来开展各项工作，而"在任何工作中"都可分出大、中、小类型或范围的工作，其中由大至小都有一个"既要讲两点论，又要讲重点论"的问题，都有一个既要讲多领域、多层次、多事物、多方面的矛盾，又要优先解决好多领域、多层次、多事物中的社会主要矛盾和矛盾的主要方面问题。质言之，大、中、小的社会主要矛盾或两点论与重点论，都不是单一的而是复杂的。这是因为每一领域、每一层次、每一事物的矛盾，在其发展过程中的一定发展阶段上，其内部都是可以具体分析并牵住其主要矛盾与次要矛盾和矛盾的主要方面与矛盾的次要方面的。因而，"在任何工作中"如果不分主次，不加区分，面对具体事物和矛盾时眉毛胡子一把抓，是做不好具体工作的。

习近平同志在讲到学习掌握唯物辩证法的根本方法时强调指出："要学习掌握唯物辩证法的根本方法，不断增强辩证思维能力，提高驾驭复杂局面、处理复杂问题的本领。我们的事业越是向纵深发展，就越要不断增强辩证思维能力。当前，我国社会各种利益关系十分复杂，这就要求我们善于处理局部和全局、当前和长远、重点和非重点的关系，在权衡利弊中趋利避害、做出最为有利的战略抉择。全面深化改革，要突出改革的系统性、整体性、协同性，使改革成果更多更公平惠及全体人民。要反对形而上学的思想方法，看形势做工作不能盲人摸象、坐井观天、揠苗助长、削足适履、画蛇添足。要加强调查研究，坚持发展地而不是静止地、全面地而不是片面地、系统地而不是零散地、普遍联系地而不是单一孤立地观察事物，准确把握客观实际，真正掌握规律，妥善处理各种重大关系。"① 在此，他一方面从事物矛盾运动的基本原理转

---

① 《坚持运用辩证唯物主义世界观方法论　提高解决我国改革发展基本问题本领》，《人民日报》2015 年 1 月 25 日，第 1 版。

向唯物辩证法的根本方法这一更为广阔的辩证思维视野，其字里行间虽未明言明语论到前述社会主要矛盾问题，但仍未离开这个问题，而是从更为广阔的视野表明了一个具有更高理性层次的抽象归纳的思想。我们认为，这里讲到"我们的事业越是向纵深发展，就越要不断增强辩证思维能力"，就是针对前述协调推进"四个全面"这个"当前党和国家事业发展中必须解决好的主要矛盾"而言的。那么，我们对此应当不断增强的"辩证思维能力"是什么呢？这可以从他讲的三句话中来作对应分辨，然后给出一个更高理性层次的理论圆融。第一句话"当前，我国社会各种利益关系十分复杂"与第三句话"使改革成果更多更公平惠及全体人民"，蕴含着我们前面给出的表述，即当前我国社会主要矛盾就是人民日益增长的各种需要同社会各种生产的相对不足之间的矛盾。这两句话可以说就是为了优先解决这一具有更高理性层次的抽象归纳的社会主要矛盾而所思所为。而第二句话"这就要求我们善于处理局部和全局、当前和长远、重点和非重点的关系，在权衡利弊中趋利避害、做出最为有利的战略选择"，针对的是在"全局"性矛盾关系中，提出"当前的重点"是"在权衡利弊中""作出最为有利的战略抉择"，蕴含着优先解决当前我国人民日益增长的各种需要同社会各种生产的相对不足这一社会主要矛盾。这是当前党和国家高于一切的使命与重于泰山的责任，也是党和国家事业发展的战略任务与长治久安的战略选择。他另一方面从破与立的分辨对比中提出改进思想方法，即"要反对形而上学的思维方法，看形势做工作不能盲人摸象、坐井观天、揠苗助长、削足适履、画蛇添足"，这可以理解为对矛盾系统的认识与处理上的种种静止的、孤立的思想方法的批评，是要力求破除这些不良表现。而提出"要加强调查研究"，特别是要坚持"发展地""全面地""系统地""普遍联系地"准确把握客观实际，真正掌握规律，妥善处理各种重大关系，这可以理解为妥善处理或协调推进"四个全面"这四大社会主要矛盾，而这背后还有一个前面已述的总揽它们并且具有更高理性层次的社会主要矛盾。那么，怎样才能妥善处理四大社会主要矛盾的关系呢？

　　第六步是2015年2月2日习近平同志在中央党校开班的省部级主要

领导干部学习贯彻十八届四中全会精神全面推进依法治国专题研讨班上的讲话。其一，习近平精辟地阐明了协调推进"四个全面"这四大社会主要矛盾之间的辩证关系。他指出："党的十八大以来，党中央从坚持和发展中国特色社会主义全局出发，提出并形成了全面建成小康社会、全面深化改革、全面依法治国、全面从严治党的战略布局。这个战略布局，既有战略目标，也有战略举措，每一个'全面'都具有重大战略意义。全面建成小康社会是我们的战略目标，全面深化改革、全面依法治国、全面从严治党是三大战略举措。要把全面依法治国放在'四个全面'的战略布局中来把握，深刻认识全面依法治国同其他3个'全面'的关系，努力做到'四个全面'相辅相成、相互促进、相得益彰。"[①] 这是继提出并形成协调推进"四个全面"的战略布局思想，又将其确立为四大社会主要矛盾之后，再将这四大社会主要矛盾的辩证关系加以阐明，这里全方位地蕴含着对马克思主义的社会有机体理论的运用与发挥，集中体现了中共坚持和发展中国特色社会主义理论体系的最新成果，是一个承前启后的重大理论创新。

具体而言，这段重要论述对前面提出的牵动面更广、耦合性更强的"四个全面"的理解，可朝两个向度来全面升华。第一个向度是全面建成小康社会是四大社会主要矛盾之首，是战略目标性的社会主要矛盾，其战略目标即经济、政治、文化、社会、生态五位一体目标的实现过程，也可以理解为不断地优先解决好当前我国人民日益增长的各种需要同社会各种生产的相对不足的矛盾的过程。第二个向度是全面建成小康社会这一战略目标性的社会主要矛盾的解决，还有赖于全面深化改革、全面依法治国、全面从严治党这三个战略举措性的社会主要矛盾的协调推进。后三者是以服从并服务前者为己任的。前者的实现将充分体现并承载后三者的价值所在。这就体现出四大社会主要矛盾之间是一大价值目标与三大价值手段辩证统一、彼此互动的关系，是相辅相成、相互促进、相

---

① 《领导干部要做尊法学法守法用法的模范　带动全党全国共同全面推进依法治国》，《人民日报》2015年2月3日，第1版。

得益彰的。

其二，习近平特别强调各级领导干部在推进依法治国方面肩负着重要责任，全面依法治国必须抓住领导干部这个"关键少数"。他指出领导干部要做尊法、学法、守法、用法的模范，带动全党全国一起努力。一方面肯定我国社会主义法治建设取得了重大成就，其中各级领导干部在推进依法治国进程中发挥了重要作用，另一方面指出在现实生活中，一些领导干部的法治意识比较淡薄，有的存在有法不依、执法不严甚至徇私枉法等问题，影响了党和国家的形象和威信，损害了政治、经济、文化、社会、生态文明领域的正常秩序。他还特别强调所有领导干部都要警醒起来、行动起来，坚决纠正和解决法治不彰的问题，进而明确提出领导干部要起到"四个方面"的模范带头作用。① 我们认为，这些重要论述的字里行间，蕴含的就是抓住依法治国这个战略举措性的社会主要矛盾问题，要率先抓住领导干部这个"关键少数"，这就抓住了这一社会主要矛盾的主体层次的矛盾的主要方面，只有抓好了这一矛盾的主体层次的主要方面，才能带领带动全体党员与全国人民这一矛盾的主体层次的广大多数方面，而抓不好这个"关键少数"方面，就不能有力带领、有效带动广大多数方面，就会导致全面依法治国难以推进。因而各级领导干部的信念、决心、行动，特别是模范带头作用，对全面推进依法治国具有十分重要的意义。

其三，习近平指出中国共产党是中国特色社会主义事业的领导核心，处在总揽全局、协调各方的地位。社会主义法治必须坚持党的领导，党的领导必须依靠社会主义法治。法是党的主张和人民意愿的统一体现，党领导人民制定宪法法律，党领导人民实施宪法法律，党自身必须在宪法法律范围内活动，这就是党的领导力量的体现。党和法、党的领导和依法治国是高度统一的。我们就是在不折不扣贯彻以宪法为核心的依宪

---

① 参见《领导干部要做尊法学法守法用法的模范 带动全党全国共同全面推进依法治国》，《人民日报》2015年2月3日，第1版。

治国、依宪执政，我们依据的是中华人民共和国宪法。① 我们认为，这段重要论述，牵涉全面依法治国与全面从严治党这两大战略举措性的社会主要矛盾之间的辩证关系问题，把上下各方都在关注而又十分敏感的重大关系问题讲得清晰透彻。这里强调党和法、党的领导和依法治国是高度统一的，说明二者耦合性很强。这是针对所谓是党大还是法大的绝对对立思维或极端单一取向的一个有力回应。因此，只有坚持二者的高度统一与辩证运行，才能汇成一股巨大的合力，从而体现一种强大的伟力。这里强调的就是坚持党的领导这个领导核心和坚持依法治国这个运行核心的高度统一和辩证运行，就是不折不扣全面地、忠实地贯彻以宪法为核心的依宪治国、依宪执政，而依据的就是中华人民共和国宪法。这是针对所谓要在宪法中取消党的领导，只要一个中立的宪法这种单一宪治观或单一宪政观的有力回应。因此，只有坚持维护在宪法中确立的党的领导核心地位与坚持贯彻以宪法为运行核心的依宪治国、依宪执政，才是全面的、辩证的、可持续的宪治观或宪政观。这个宪治或宪政的运行过程，也就是耦合性很强的两大社会主要矛盾中的两个矛盾的主要方面的有机结合与高度统一的过程，这是被我国的实践不断证明的一个伟大政治创举，是中华民族对人类政治文明的一个伟大贡献。

其四，习近平还强调每个党政组织、每个领导干部必须服从和遵守宪法、法律，不能把党的领导作为个人以言代法、以权压法、徇私枉法的挡箭牌。权力是一把双刃剑，在法治轨道上行使可以造福人民，在法律之外行使则必然祸害国家和人民。② 我们认为，这段重要论述，仍然牵涉全面依法治国与全面从严治党这两大战略举措性的社会主要矛盾之间的辩证关系问题，而且是从正反两个侧面来论及它们的关系。这便启发我们，如果仅就全面从严治党这一战略举措性的社会主要矛盾而言，那么强调每个党政组织、每个领导干部及全体共产党员都必须服从和遵

---

① 参见《领导干部要做尊法学法守法用法的模范 带动全党全国共同全面推进依法治国》，《人民日报》2015 年 2 月 3 日，第 1 版。
② 参见《领导干部要做尊法学法守法用法的模范 带动全党全国共同全面推进依法治国》，《人民日报》2015 年 2 月 3 日，第 1 版。

守宪法、法律，既是全面依法治国的重要方面，又是全面从严治党的重要方面，这是耦合性很强的同一个重要方面，也是同一相关矛盾中的矛盾的主要方面。那么，再来强调每个党组织、每个党的领导干部及全体共产党员都必须服从和遵守党章党规，这就是纯粹意义上的全面从严治党的一个重要方面，这是严格党的组织、党的干部、全体党员的基本行为规范，也就是处理党内各种矛盾关系的主要依据或矛盾的主要方面。那么，在抓好全面从严治党这一战略举措性的社会主要矛盾的宏观系统中，还包括发生在党内的思想建设、组织建设、作风建设、反腐倡廉建设、制度建设等中观系统的党内主要矛盾，这些矛盾又由内而外地表现出一种经常又现实、重大又具体的主要矛盾，就是党同人民群众的关系这一矛盾关系。党和人民群众都非常形象地把这一矛盾关系比作舟和水的关系、鱼和水的关系、种子和土地的关系、血和肉的关系，而这一矛盾关系中的一个主要方面就是党的组织、党的干部、全体党员，为着力抓好这种主要矛盾和矛盾的主要方面，党已有很多具体理念与具体举措，但是只有始终坚持全心全意为人民服务的根本宗旨这个最根本的理念，始终坚持贯彻党的群众路线这个最根本的举措，才可带动坚持贯彻其他具体理念与具体举措。而在这个过程中，坚持不懈开展反腐败斗争更是全面从严治党在当前阶段的迫切任务。由于反腐败斗争牵涉许多复杂的具体矛盾，因而是处理许多复杂具体矛盾过程中的一个交集性的矛盾的主要方面。因此，只要有腐败现象，就必须率先查办，从严处理，以便事物复杂矛盾的其他方面得到解决，从而使党和国家的事业得以健康顺利、可持续地发展。

四　文明取向的结语与抽象取向的建议

本文选择了自我国全面进入社会主义社会以来的 1956 年 9 月中共八大决议开始，至 2015 年 2 月中共中央总书记习近平同志的重要讲话精神，就中共在近 60 年的时间内关于我国社会主要矛盾理论的几个里程碑式的探索，进行了梳理，给出了评价。本文回避了对简称为"两个阶级、两条道路"之间的矛盾是我国社会主要矛盾的同样是里程碑式的理论探索及其评价。之所以如此选择，其一在于，其中有三个里程碑式的理论探索，为我国社会主要矛盾的提出与解决提供了程度不同但又全面深刻的正面经验。其二在于，此前我国学界对第一个与第三个里程碑式的理论探索，几乎都简单地评价为只是一种或两种社会主要矛盾，我们则遵循马克思主义哲学的一系列方法论原则，得出前一个是揭示了当时我国五种社会主要矛盾的多维性结论，后一个是确立了当时我国由一总二分或四分到具体演绎式社会主要矛盾的动态性结论。其三在于，当下我国学界对中共最新的第四个里程碑式理论探索的认知，一时还显得迟滞，近期报刊已发表的学习研究习近平同志关于协调推进"四个全面"重大战略布局思想的文稿，无一例外地忽视或轻视了习近平同志已经十分明确地将协调推进"四个全面"确立为"当前党和国家事业发展中必须解决好的主要矛盾"，① 我们则得出这是把协调推进"四个全面"作为当前我国四大社会主要矛盾的全面性与互动性结论，认为这是一个重大的理论突破，并且具有重要的指导意义。

哲学是时代精神的精华，是文明的活的灵魂。就中共几个里程碑式的理论探索而言，其中三个都是从马克思主义哲学中国化的社会主要矛盾这一理论视域，对我国全面进入社会主义社会的时代精神的精华与文明的活的灵魂在其初级阶段的不同时期乃至不同时段的正确反映或不断反思。而这里回避的第二个里程碑式的理论探索，则是对我国全面进入社会主义社会的时代精神的精华与文明的活的灵魂的一个主观偏识与理论误判。

第一个里程碑式的理论探索，其提出"已经是人民对于建立先进的工业国的要求同落后的农业国的现实之间的矛盾"，实质上是要把我国的古代农业与近代工业跨越式推进到现代工农业的水平，促使这两大产业一并走进现代文明的境地。其提出"已经是人民对于经济文化迅速发展的需要

---

① 人们对此当然需要用一定时间来学习研究并理解认同，但是可能因为长期形成的社会主要矛盾只有一种或两种的简单之见，而忽视了这一理论探索。

同当前经济文化不能满足人民需要的状况之间的矛盾"，实质上是要把我国的物质文明和精神文明一并推进到现代文明的境地。其提出"先进的社会主义制度同落后的社会生产力之间的矛盾"，实质上是要把我国的制度文明推进到现代文明的境地，以此作为促进我国的工农业即物质文明和精神文明达于现代文明的制度保障。

第三个里程碑式的理论探索，其由抽象归纳式提出"是人民日益增长的物质文化需要同落后的社会生产之间的矛盾"，到具体演绎式的"一总多分"的社会主要矛盾路向，实质上是要把我国的物质文明、精神文明和制度文明一并推进到现代文明的新境地。虽然这一探索的表述中不见制度建设或制度改革之类的词语，但是这时已经发现，原来所称的"先进的社会主义制度"，后来逐步暴露出不适合物质生产要求与精神生产要求的种种弊端，因而必须对制度进行改革。由此在提出"两个文明""两手抓、两手都要硬"等口号的同时，即在既注重抓住这两个"牛鼻子"的同时，也注重抓住改革这个"牛鼻子"。实质上这后一手也很硬，并自始就明确把改革作为社会主义制度的自我完善与自我发展的根本途径，也可说实际上是把改革作为一种社会主要矛盾来抓，其大刀阔斧的改革为世所罕见，使我国社会主义制度文明建设步入新境地。

第四个里程碑式的理论探索，其由具体演绎式到新的抽象归纳式，提出协调推进"四个全面"是当前我国四大社会主要矛盾，这既与前两个里程碑式探索的有益经验与理论结晶一脉相承，又与新的历史阶段、新的历史条件相结合并拓宽、拓深，其实质内容是前所未有的"四个全面"的叠加覆盖。就"第一个全面"的内容——全面建成小康社会而言，包括经济、政治、文化、社会、生态五位一体的战略目标，这是当前我国社会主要矛盾之首或称我国社会文明演进的巨大引擎系统，是具有战略目标性的一大社会主要矛盾。就"第二个全面"与"第三个全面"的内容——全面深化改革与全面依法治国而言，是为配合我国经济、政治、文化、社会、生态五位一体的战略目标而确立的当前我国两大社会主要矛盾，是具有战略举措性的社会主要矛盾或称为我国社会文明演进提供的重要中介系统，如相应配合进行的经济体制、政治体制、文化体制、社会体制、生态体制的全面深化改革和相应配套在经济、政治、文化、社会、生态领域的全面依法治国，实质上都属于全面深化制度文明建设。这是因为，全面深化改革的总目标是完善和发展中国特色社会主义制度，推进国家治理体系和治理能力现代化，既定任务是形成系统完备、科学规范、运行有效的制度体系，使各方面制度更加成熟、更加定型，而把全面依法治国与全面深化改革并列，是要不断地把各方面更加成熟、更加定型的制度以法律形式确立起来，以此全面推进依法治国，彼此协调推进国家治理体系和治理能力现代化，从而共同为全面建成小康社会提供根本的制度保障。就"第四个全面"的内容——全面从严治党而言，就是以全面挑起对全面建成小康社会、全面深化改革、全面依法治国这三个全面的领导重任。质言之，就是强调必须以中国共产党为领导核心，进而提出必须全面从严治党的战略目标与任务，由此将其确立为当前我国特别重大的战略举措性社会主要矛盾，如果从这一特别重要的战略地位与战略作用上来全面从严治党，把执政党自身建设好，这就成为一个关键性的社会主要矛盾或称我国社会文明演进的领导核心系统。因此，就要特别强调从中央到地方直至基层各级党组织、各级领导干部与全体党员，在全面从严治党的过程中成为真正的先锋队，从而为全面建成小康社会、全面深化改革、全面依法治国提供根本的政治保证。

综观中共三次正确的里程碑式的理论探索，其中有两个共性：一是饱含着把唯物辩证法与历史辩证法紧密结合起来和社会有机体理论的学理依据，二是饱含运用分析与综合、归纳和演绎、由抽象上升到具体、历史和逻辑的一致性等辩证逻辑思维的方法论启迪。最新的里程碑式的理论探索，突出显示了三大鲜明特性：全面性（或整体性）、协同性（或互动性）、可持续性（或发展性）。这是一次前所未有的探索，其思想内容极为重要和极为宝贵，体现了中共与时俱进的理论追求和求真务实的科学精神，展现了治国理政的全新智慧。

社会实践的发展永无止境，社会文明的演进永无止境，社会主要矛盾理论的探索永无止境。通过梳理中共三次正确的里程碑式的理论探索及其评价，基于其一路走来的实践经验及合理结晶，无一不是对我国全面进入社会主义初级阶段的社会主要矛盾在不同时期的有益探索。我们从最高抽象的意义上来界定社会主要矛盾的探索，在前面的评价中已经反复表达了一种看法，在结束本文之际，则要将这种看法转换成建议。

我们建议，从总体上即最高抽象意义上把我国整个社会主义初级阶段的社会主要矛盾表述为人民日益增长的各种需要同社会各种生产的相对不足之间的矛盾。这样表述，是从社会有机体的宏阔视野和广义的社会生产来着眼，其管控的时间较长、空间较大。① 并以此坚持紧密结合中共从宏观上把协调推进"四个全面"确立为当前我国四大社会主要矛盾的新探索，同时紧密结合中共自 2003 年至 2014 年十余年来从中观与微观上对当前我国社会主要矛盾的一系列探索，特别是要紧密结合这些大、中、小的社会主要矛盾运行的具体实践。坚持这"三个紧密结合"，也就是要以抓"一总"揽"四个全面"，又以"四个全面"去挑"各中"并担"众小"，形成全面而辩证地掌握各领域、各层次、各事物的社会主要矛盾的理论路向。这在理论上可以避免纷争，能够对"补充论"与"转变论"作出理论圆融，② 有助于把人们的思想统一到中共最

---

① 参见贺祥林、王启妍《澄明社会基本矛盾与社会主要矛盾的宏阔视野》，《理论探讨》2015 年第 1 期。

② 近年有些学者针对本文所称的中共第三个里程碑式探索的那个表述，发表了各种不同意见。第一种意见是以高尚全为代表的"补充论"，其在坚持中共原有表述的基础上，主张"我国在经济社会发展中面临的一个主要矛盾是：公共需求的全面、快速增长与公共产品供应严重不足的矛盾"，认为这是社会主义社会的主要矛盾在改革发展新阶段的突出反映，参见高尚全《关于建设公共服务型政府的思考》，《人民日报》2005 年 10 月 7 日，迟福林等也持相似主张，参见迟福林《我国社会矛盾的变化与再分配》，《经济参考报》2005 年 12 月 17 日；第二种"补充论"意见是，杨迎春主张"我国社会的主要矛盾已经是人民日益增长的物质文化需要和当家做主的要求同落后的社会生产和落后的民主政治之间的矛盾"，参见杨迎春《社会主要矛盾认识新探》，《肇庆学院学报》2003 年第 3 期；第三种"补充论"意见是，黄铸主张当前我国有两个主要矛盾，除一个是中共原有表述，另一个就是"经济社会发展同人口资源、环境压力之间的矛盾"，"是在抓好发展这第一要务过程中逐渐发展和凸显起来的，将是长期主导我国发展的主要矛盾"，参见黄铸《解决制约我国发展的主要矛盾》，《人民日报》2006 年 3 月 31 日；前三种均为"补充论"，第四种为"转变论"，以杨鹏为代表，主张"中国社会的主要矛盾正在悄然发生根本性的转变……我认为是：公众日益增长的公共品需求同公共品供给短缺低效之间的矛盾"，参见杨鹏《中国社会当前的主要矛盾是什么？》，《中国青年报》2005 年 11 月 16 日；等等。

新的这个里程碑式的探索中来，特别是以其清晰分明的思路去辩证地、有分工地操作，更是有利于人们在行动上优先解决好这些社会主要矛盾和矛盾的主要方面，同时带动其他非主要矛盾的解决，形成推进党和国家事业发展的强大合力。

这个建议的学理乃至现实依据在于，这个"一总"的界定是最高即一级抽象意义上的界定，"四个全面"则是二级抽象意义上的界定，它相对"一总"又是具体的界定，"四个全面"中的每一个全面都是宏观领域，又都包括各种中观领域，各种中观领域还包括众多微观领域，形成许多具体领域、具体层次直至具体事物的社会主要矛盾。换句话说，相对"一总"这个最高级的抽象意义上的界定而言，"四个全面"无论是从宏观到中观直至微观，都存在各领域、各层次、各事物的社会主要矛盾的一系列具体表现，这是当前我国社会实践的发展、社会文明的演进中不以人们的意志为转移的客观实在。正如马克思在阐明由抽象上升到具体这一辩证逻辑思维方法时，在深入论涉具体的内容所指出的，"具体之所以具体，因为它是许多规定的综合，因而是多样性的统一。因此它在思维中表现为综合的过程，表现为结果，而不是表现为起点，虽然它是现实的起点，因而也是直观和表象的起点。在第一条道路上，完整的表象蒸发为抽象的规定；在第二条道路上，抽象的规定在思维行程中导致具体的再现"①。列宁也曾指出："从生动的直观到抽象的思维，并从抽象的思维到实践，这就是认识真理、认识客观实在的辩证途径。"②

我们之所以在就我国整个社会主义初级阶段的社会主要矛盾给出这个建议性表述之际，还要强调坚持从基于实践的感性具体（直观）上升到抽象思维，再从抽象思维上升到思维具体这种辩证的转换或互动的方法论。这一方面是取向抽象思维的必然性与必要性或重要性，如果没有这个取向就会有缺憾，就会缺少战略性、宏观性思维。诚如列宁所言：

① 《马克思恩格斯文集》第 8 卷，人民出版社，2009，第 25 页。
② 《列宁全集》第 55 卷，人民出版社，1990，第 142 页。

"思维从具体的东西上升到抽象的东西时，不是离开——如果它是正确的……——真理，而是接近真理。物质的抽象，自然规律的抽象，价值的抽象等等，一句话，一切科学的（正确的、郑重的、不是荒唐的）抽象，都更深刻、更正确、更完全地反映自然。"① 另一方面是取向具体思维的偶然性与必要性或更为重要的具体性，如果没有这个取向便会有缺憾，就会缺少战役性、中观性特别是微观性思维。诚如毛泽东所言："马克思主义的最本质的东西，马克思主义的活的灵魂，就在于具体地分析具体的情况。"② 这两个方面是统一而不可分割的，抽象寓于具体之中，具体体现抽象，必然也寓于偶然之中，偶然体现必然。然而，这里还隐藏着一个真谛，就是言与行的关系问题，当人们确认我国整个社会主义初级阶段的社会主要矛盾是"一总"与"四个全面"这两个层级的抽象界定时，都是抓住了真理或真谛，但是真理要具体化，仅仅停留在这两个层级的抽象界定上止步不前，或只是对此抽象空喊空谈，不去接近接触具体事物的天气、地气与人气，不去实行具体事物的客体与主体的互动，是无济于具体事物的，只有既明白这个总体上的"一总"的整体思维与宏观上的"四个全面"的面型思维，又深明那些中观上与微观上的体型思维即具体思维，才能够摆脱单向度的空喊空谈，不断深入具体，通过调查研究而不断接近接触具体事物的天气、地气与人气，努力实行具体事物的客体与主体的互动，这就会有济于具体事物。理论工作者与实际工作者的共同使命在于，言与行要在互动中一致起来，在思想上明白了抓"一总"揽"四个全面"之后，不可停止或沉醉于空谈，行动上应深入、具体地去着眼于、着力于中观与微观上的社会主要矛盾的辨识与解决，以此来体现在抓"一总"揽"四个全面"这个总体上与宏观上的社会主要矛盾的具体实践中，总是时时处处踏石留印、抓铁有痕。

我们期盼，在关于我国整个社会主义初级阶段的社会主要矛盾理

---

① 《列宁全集》第 55 卷，人民出版社，1990，第 142 页。
② 《毛泽东选集》第 1 卷，人民出版社，1991，第 312 页。

论问题上，不要固守僵持只有一种或两种矛盾等简单之见，能够告别旧思维、旧常态，把思维视野转换到抓"一总"揽"四个全面"，特别是去挑"各中"并担"众小"这种新思维、新常态上来。我们希望，学界能对此问题进行讨论与争鸣，更望同行对我们的粗浅之见给予评论或批评。

2014 年中国当代古都城市的
文化发展报告

——以古都西安为例

强以华　朱芳芳[*]

【摘　要】　2014 年是西安市全面深入文化体制改革的第二年，西安市作为国家级历史文化古都名城的代表之一，在相关领导与相关专家学者、党员与群众的共同努力下，始终立足自身传统历史文化积淀，以党中央、国务院文化发展战略方向为建设指南，以政府为建设主导，以公益性文化单位为建设骨干，以公共政府财政为建设保障，在文化服务体系建设、文化产品建设和文化服务供给等方面都取得了丰富的成果，但也存在一些问题需要进一步解决。

【关键词】　西安　古都　文化发展

西安，古称"长安"，陕西省省会、副省级城市，地处关中平原中部，北临渭河，南依秦岭，是陕西省政治、经济、文化中心，辖 10 区 3

* 强以华，博士，湖北大学哲学学院教授，博士生导师，湖北大学高等人文研究生院世界文化发展研究中心主任、研究员，主要研究方向为伦理学、西方哲学与世界文化；朱芳芳，湖北大学哲学学院马克思主义哲学专业研究生。

县，总面积 10108 平方公里，城市建成区面积 369 平方公里，根据西安市统计局 2014 年统计数据，常住人口 862.75 万人，户籍人口 815.29 万人。西安是举世闻名的世界四大文明古都之一，居中国古都之首，先后有十三个王朝在此建都（学界也有十四朝与十七朝古都论说），有着 3100 多年的建城史和 1200 多年的建都史，是中国历史上建都时间最长、建都朝代最多、影响力最大的都城，也是丝绸之路的起点，享有"天然历史博物馆"的美称。历史上列国往往是以自己的都城所在作为中心区域，创造代表一个时代或者一个国家的最高水平的文化。同时，古都特有的传统历史文化也对其所在地区当今的社会生产和文化建设起到深远影响。下面我们主要对 2014 年西安市文化建设及发展状况做一个比较全面的分析，并就其发展建设中存在的问题提出几点理论层面上的指导建议。

一　西安市文化建设的主要成效及成果

"十一五"时期，西安的城市价值得到有效兑现，城市实力、活力和魅力迅速提升，是改革开放以来经济社会发展最好最快的时期，是城市面貌变化最大的时期，是城乡居民得到实惠最多的时期，是改革开放推进最快的时期，城市影响力和知名度迅速提升，进入了建设国际化大都市的新阶段。在"十一五"建设的稳固基础上，西安市政府认真贯彻落实党中央、国务院关于文化改革发展的重大部署，结合自身实际情况，形成以三大核心区为主体的文化产业发展布局。进一步建设和完善以盛唐文化为特色的曲江文化产业核心区，稳步推进恢复历史文化古城风貌，形成历史文化氛围浓厚的皇城文化产业聚集区。以秦兵马俑、秦始皇陵、唐华清池等世界著名历史文化古迹为主体，加快形成旅游观光产品与休闲度假产品互补的临潼大旅游文化产业区格局。"十二五"时期，西安市公共文化服务体系进一步完善。建成 8 个区县文化馆、6 个区县图书馆和 79 个街道、乡镇标准文化服务站，完成 1696 个村的"广播电视村村通"工程，基本形成覆盖全市城乡的公共文化服务网络。2014 年西安市共征集文化产业重点建设项目 30 个，总投资近 18 亿元。①

1. 群众文化建设稳步发展

（1）群众文化活动朝气蓬勃。统计显示，西安群众艺术馆、文化馆（站）活动情况相对呈平稳增长趋势，2014 年，西安群众艺术馆、文化馆（站）机构比 2013 年增加 1 个；参观展览的人数比 2013 年增加 25 千人次；举办训练班的班次比 2013 年增加 256 个；训练班结业人数比 2013 年增加 1 千人次；各类理论研讨和讲座参加人次比 2013 年增加 9 千人次；虽然在总体效益上，2014 年西安群众艺术馆、文化馆（站）年收入比 2013 减少 11845 千元，但是总的来说，群众文化活动支出经费减少，2014 年西安群众艺术馆、文化馆（站）支出比 2013 减少 8658 千元（见表 1）。

表 1　2012～2014 年西安群众艺术馆、文化馆（站）活动情况

指标	2012 年	2013 年	2014 年
机构数（个）	197	198	199
举办展览个数（个）	652	658	627
展览参观人次（千人次）	416	301	326
组织文艺活动次数（次）	3273	4114	3617
文艺活动参加人次（千人次）	1377	1633	1576
举办训练班班次（个）	1798	1616	1872
训练班结业人次（千人次）	143	155	156
组织各类理论研讨和讲座次数（次）	78	122	254
各类理论研讨和讲座参加人次（千人次）	14	19	28
本年收入（千元）	88475	101365	89520
本年支出（千元）	84522	93485	84827

资料来源：西安市统计局网站、《西安市统计年鉴》（2012～2014 年）。

（2）群众文化事业维持稳定发展。"十二五"期间，西安市大力发展公益性文化事业，在财政方面加大对文化设施的投入，其中重点规划

---

① 参见西安市政府网站、《西安市国民经济和社会发展第十二个五年规划纲要》。

向基层社区、农村和少数民族聚居区倾斜，"十二五"规划战略目标是实现区县有文化馆、图书馆，乡镇有文化站，村有文化室的文化场馆网络格局，并建成农家书屋2462个。统计显示，西安群众文化事业机构三年内没有出现大幅度的增长，基本维持稳定发展态势。但是2014年文化站比2013年增加1个；农村文化室建设上，2014年比2013年减少275个（见表2）。

表2　2012～2014年西安群众文化事业机构

项目（个）	2012 年	2013 年	2014 年
群众艺术馆	2	2	2
文化馆	14	14	14
文化站	181	181	182
农村文化室	2652	2652	2377

资料来源：西安市统计局网站、《西安市统计年鉴》（2012～2014年）。

2. 广播影视及电视台文化事业欣欣向荣

（1）广播台及节目制作稳步发展。截至2014年，西安市广播台及节目制作总体建设和时长维持在一个相对稳定的水平，2014年省、地级广播电视台2座，县级广播电视台6座，中短波、调频发射台57套，节目套数20套，总量与2013年和2012年相比持平。统计显示，2014年广播台及节目制作全年播出时间为143873（时：分），比2013年全年播出时间138278（时：分）增加5595（时：分）；2014年广播节目综合人口覆盖率为99.49（%），比2013年广播节目综合人口覆盖率99.47（%）增长0.02个百分点。广播节目虽然总体制作水平下滑，但是综艺类和广播剧类节目数量增长迅速。2014年综艺类广播节目时长为27148（时：分），比2013年综艺类广播节目时长24516（时：分）增加2632（时：分）；2014年广播剧类广播节目时长为3712（时：分），比2013年广播剧类广播节目时长3083（时：分）增加629（时：分）（见表3）。

表 3　2012 ~ 2014 年西安市广播台及节目制作情况

指　　标	2012 年	2013 年	2014 年
省、地级广播电台（座）	1		
省、地级广播电视台（座）	1	2	2
县级广播电视台（座）	6	6	6
中短波、调频发射台（套）	59	57	57
节目套数（套）	20	20	20
全年播出时间（时：分）	129856	138278	143873
广播节目综合人口覆盖率（%）	99.45	99.47	99.49
制作广播节目（时：分）	104300	106554	104459
#新闻资讯类	14025	14355	13208
专题服务类	21891	30181	26884
综艺类	28096	24516	27148
广播剧类	1720	3083	3712
广告类	19547	20552	18465
其他类	19021	13867	15042

资料来源：西安市统计局网站、《西安市统计年鉴》（2012 ~ 2014 年）。

（2）影视机构不断健全。不同于传统文化对人的深远影响和缓慢的渗透力，快销文化的内涵就是快速消费文化，它更多注重的是即时的娱乐性和观赏性，尤其是快销文化的代表电影与电视，更是以其强大旺盛的生命力走在了文化建设的前沿。2014 年电影放映单位机构数比 2013 年增加 8 个，增长 4.9%；2014 年电影放映单位人员数比 2013 年增加 126 人，增长 7.97%；2014 年电影院机构数比 2013 年增加 8 个，增长 25%；电影院人员数比 2013 年增加 126 人，增长 9.21%（见表 4）。

表 4　2012 ~ 2014 年西安市电影放映单位、电影院
机构数和人员数

项　　目		2012 年	2013 年	2014 年
电影放映单位	机构数（个）	157	163	171
	人员数（人）	1340	1580	1706

续表

项　目		2012 年	2013 年	2014 年
电影院	机构数（个）	26	32	40
	人员数（人）	113	1368	1494

资料来源：西安市统计局网站，《西安市统计年鉴》（2012～2014 年）。

（3）电视台工程建设稳步推进。通过多年来的电视台工程建设，在"十二五"期间，西安全市已基本建成覆盖城乡的广播电视"村村通"工程，完成全市 709 个 20 户以下自然村广播电视"村村通"建设任务，全市受众覆盖面不断扩大。2014 年西安市电视台及节目制作全年播出时间为 143000（时：分），比 2013 年增加 2073（时：分）；目前全市电视节目综合人口覆盖率为 98.96%，比 2013 年增加 0.12 个百分点；有线电视覆盖用户 216.55 万户，比 2013 年增加 9.07 万户；2014 年制作专题服务类节目 8289（时：分），比 2013 年增加 538（时：分）；有线电视广播干线网总长度为 37551 公里，比 2013 年增加 425 公里；有线电视入户率为 88.20%，比 2013 年增加 1.58 个百分点（见表 5）。

表 5　2012～2014 年西安市电视台及节目制作情况

指　标	2012 年	2013 年	2014 年
电视台（座）	1		
发射台及转播台（座）	11	11	11
无线电视节目（套）	6	6	6
有线电视节目（套）	16	16	16
全年播出时间（时：分）	137936	140927	143000
电视节目综合人口覆盖率（%）	98.83	98.84	98.96
制作电视节目（时：分）	30091	46614	35182
#新闻资讯类（时：分）	11169	13360	11797
专题服务类	7689	7751	8289
综艺类	5458	6508	5014
广播剧类	113	1820	110
广告类	3663	8066	3491
其他类	1997	9109	6479

续表

指　　标	2012 年	2013 年	2014 年
有线电视覆盖用户（万户）	188.71	207.48	216.55
有线广播电视干线网总长度（公里）	62494	37126	37551
有线电视入户率（％）	80.53	86.62	88.20

资料来源：西安市统计局网站，《西安市统计年鉴》（2012～2014 年）。

3. 图书馆事业快速发展

"十二五"期间，西安市以提升国际大都市的文化辐射力和影响力，打造城市标志性工程为战略指南，以高起点、大手笔规划建设为行动纲要，加大公共财政对文化设施的投入。统计显示，2014 年西安市图书馆总藏量比 2013 年增加 938.4 千册件，其中电子图书总藏量 1300 千册；2014 年书刊文献外借人次比 2013 年增加 122 千人次；书刊文献外借册次比 2013 年增加 297 千册次；县级以上公共图书馆购书经费比 2013 年增加 191.4 万元（见表 6）。

表 6　2012～2014 年西安图书馆事业发展情况

指　　标	2012 年	2013 年	2014 年
图书馆总藏量（千册件）	6123	6646.6	7585
#电子图书（千册）			1300
书刊文献外借人次（千人次）	907	898	1020
书刊文献外借册次（千册次）	2356	2320	2617
县级以上公共图书馆购书经费（万元）	1399	1404.6	1596

资料来源：西安市统计局网站，《西安市统计年鉴》（2012～2014 年）。

4. 文化遗产保护工作成果丰硕

（1）文物机构从业人员持续增加。截至 2014 年底，文物保护机构从业人员总计 4530 人，比 2013 年文物保护机构从业人员 4129 人，增加了 401 人；文物藏品实际数量不断增加，2014 年文物藏品实际数量为 1181978 件，比 2013 年文物藏品实际数量 988838 件增加了 193140 件；其中 2014 年文物藏品一级品 5499 件，比 2013 年增加 29 件；2014 年博物馆参观人员达 23816 千人次，比 2013 年博物馆参观人员 18785 千人次增加了 5031 千人次（见表7）。

表7　2012～2014 年西安市文物保护业基本情况

指　标	2012 年	2013 年	2014 年
机构（个）	140	156	156
人员（人）	3788	4129	4530
文物藏品实际数量（件）	864030	988838	1181978
文物藏品一级品（件）	5407	5470	5499
举办陈列展览次数（次）	394	504	332
参观人员（千人次）	14420	18785	23816

资料来源：西安市统计局网站，《西安市统计年鉴》（2012～2014 年）。

（2）非物质文化遗产保护工作全面推进。伴随经济的高速发展，现实需要精神文明的建设跟上经济建设的步伐。西安是个历史悠久、文化灿烂的文明古都，面对非物质文化遗产逐渐被人们淡忘的现实，政府全面采取措施抢救非物质文化遗产以保护民族文化。据了解，西安市全市已公布了 3 批市级非物质文化遗产名录共 97 个项目，其中 1 个入选联合国教科文组织公布的人类非物质文化遗产名录，7 个入选国家级名录，65 个入选省级名录。2014 年第四批市级非物质文化遗产名录公布，全市市级非物质文化遗产名录达 150 项。此外，西安市还命名了 134 名市级非物质文化遗产代表性项目传承人，其中 51 名入选省级代表性传承人名录，6 名入选国家级代表性传承人名录。每年资助代表性 134 名传承人开展传习活动，资助 20 多个区县建立展厅、传习所，为传承人传习活动搭建平台。为进一步宣传推广西安的传统历史文化，每年相关政府单位及组织在国家文化遗产日以及春节期间举办非物质文化遗产展演展示活动，宣传非物质文化遗产保护成果。

二　西安市文化建设的主要经验

1. 加强组织领导建设，保证文化事业发展

在认真贯彻落实党的十八届三中、四中全会精神的基础上，经过几

届领导班子的不懈努力，近年来，西安市先后完成了《西安市国民经济和社会发展第十二个五年规划纲要》《西安市文化产业发展规划》《西安市旅游发展总体规划（2013～2020）》的编制以及鼓励文化产业创造、生产和发展的若干文件，努力夯实文化发展基础，积极营造文化发展环境。市及各区县先后建立了文化产业发展目标、规划和展销会，并以第七届中国西部文化产业博览会为契机，组织相关人员参观学习和考察，与各地区负责人交流经验、交换建议。组队参加了第三届苏州文创博览会，借鉴发达地区发展文化产业的先进经验。截至 2014 年西安市新增文化企业达 510 家。

2. 推进文化体制革新，突破文化发展瓶颈

为推动文化发展，应对发展瓶颈和困难，西安市成立了文化体制改革专项小组，并且每年召开市文化体制改革重点任务专项工作会议，在会上认真听取工作进展汇报，研究解决办法，安排部署下一阶段工作。面对改革，进一步在思想上转变观念，在工作上创新手段、加大力度，在部门间加强配合，严格按照改革要求和标准，积极、稳定、全面、有效地推进西安市文化管理体制改革工作，确保按期完成各项改革任务。通过召开市文化体制改革重点任务专项工作会议，及时监控由市文广新局、市发改委、市财政局、曲江新区管委会等六家牵头单位牵头的文化体制改革任务推进情况、商议解决存在的问题，交流完成任务的具体措施和宝贵经验。在文化体制改革创新的保驾护航下，2014 年西安市文化事业蓬勃发展，全面深入推进西安文化成果"走出去"。2014 年，西安市指导完成了多部大戏的创作、演出以及原创剧目剧本的策划研讨，积极打造舞台艺术精品。

3. 构建项目活动，推动文化事业发展

文化项目建设是文化事业发展的强力平台，也是让理论走进生活的桥梁，在《西安市国民经济和社会发展第十二个五年规划纲要》的部署统筹下，西安市着力建设文化产业重点工程，截至 2014 年西安市共征集文化产业重点建设项目 30 个，总投资近 18 亿元。同时积极实施开放带动战略，整合设立 4.05 亿元丝绸之路经济带建设专项资金，支持企业开拓丝路沿线国家市场和重点建设项目。以文化项目建设为平台，找准时机，积极大力开展深入民心、影响深远、契合时代主旋律的文化活动，其中主要有：歌剧《张骞》进京参加"庆祝中华人民共和国成立 65 周年优秀剧目展演"，西安文理学院赴港参加"丝路竹韵——大西北音乐文化之旅"音乐会，大唐西市博物馆赴吉尔吉斯斯坦举办"陕西皮影展"，在新西兰举办"西安文化旅游周"，进一步展示古都西安的文化魅力。

三 存在的困难和问题

2014 年，由于受国内外宏观经济影响，西安市总体经济效益增速有所回落，文化产业压力逐渐加大，增加速度持续放缓，达到统计局有统计数据以来的最低点，文化投入、文化消费、公共文化服务等面临低谷。

1. 文化财政投入有所放缓，制约了文化产业的增速

从财政投入看，2014 年全市地方财政一般预算支出中，文化体育和传媒类支出为 15.99 亿元，在财政一般预算支出中占 2.0%，同比下降 23.2%，比 2013 年下降 0.9 个百分点（见图 1）。全社会固定资产投资中文化产业固定资产投资占 3.6%，且存在大幅波动，稳定性欠佳。负增长和占比下降的情况，都是 2010 年以来首次出现。由于服务业增加值增速放缓且持续低于 GDP 增速，与 GDP 和第三产业比，文化产业在增速方面的领先优势地位显著下降，2014 年增速仅高于 GDP 增速 0.7 个百分点，高于第三产业增加值增速 1.6 个百分点（注：受第三次全国经济普查数据修订影响，陕西省统计局尚未反馈核实修订的 2013 年、2014 年文化及相关产业增加值）。

2. 艺术事业机构和人数发展有所下滑

近三年来，由于受到快销文化，如电影电视行业和移动互联网的冲击，以及艺术表演成本增加的影响，西安市艺术表演事业呈缓慢递减趋势。2014 年西安市艺术表演团体演出场次为 5451 千场次，比 2013 年减少

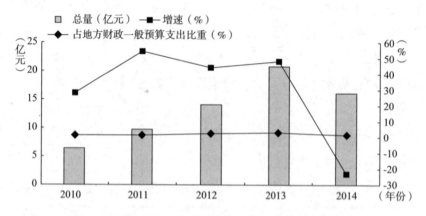

图 1　2010 年以来全市财政文化体育和传媒类支出情况

资料来源：陕西省统计局，2014 年西安文化产业统计监测报告。

778 千场次；2014 西安市国内演出场次为 5190 次，比 2013 年减少 1071 次；2013 年西安市艺术表演观众达 9175 千人次，比 2012 年增加 715 千人次，但是，2014 年西安市艺术表演观众达 5978 千人次，比 2013 年减少 3197 千人次。从近三年西安市艺术表演事业的发展情况看，虽然艺术表演团体演出场次保持了一个较高的水平，但是整体上呈现下滑趋势（见表 8）。

表 8　2012 ~ 2014 年西安市艺术表演事业发展情况

指　　标	2012 年	2013 年	2014 年
艺术表演团体演出场次（千场次）	6564	6229	5451
国内演出场次（次）	6335	6261	5190
艺术表演观众（千人次）	8460	9175	5978

资料来源：西安市统计局网站，《西安市统计年鉴》（2012 ~ 2014 年）。

3. 城乡文化消费仍存在一定差距

扩大内需、刺激消费成为发展方向，以消费取代投资成为需求主体，这些都是新常态下经济发展的重要特征。近年来，在政策与经济的双重保障下，尽管西安全市城乡居民文化消费差距在逐渐缩小，但城乡收入差距依然较大，直接导致农村文化消费活跃度略低，文化消费的内驱力尚未有效发挥。西安作为省会城市，交通便利，高校众多，城区集中了大量文化消费资源，不仅城镇居民人均教育文化娱乐消费支出的绝对量显著高于农村居民人均教育文化娱乐支出水平，而且占消费性支出的比重也高于农村。2014 年，全市城镇居民人均教育文化娱乐服务支出为 2632 元，农村居民人均教育文化娱乐服务支出为 894 元（见表 9）。从消费数量上看，前者是后者的 2.9 倍，并且首次小于 3 倍。从占消费性支出的比重看，两者相差 2.3 个百分点，差距比上年缩小。虽然数量上的差距有所缩小，但城乡差距仍然比较明显。

表 9　2013～2014 年西安市城乡居民文化消费情况

指　　　标	2013 年	2014 年
城镇居民人均教育文化娱乐服务支出（元）	3379	2632
占消费性支出比重（%）	14.2	12.6
农村居民人均教育文化娱乐服务支出（元）	927	894
占消费性支出比重（%）	10.6	10.3
城乡居民人均教育文化娱乐支出比重（以农村为 1）	3.6	2.9
城乡居民人均消费性支出（以农村为 1）	2.6	2.4
城乡居民人均收入比（以农村为 1）	2.7	2.4

注：由于城乡住户调查一体化改革，2014 年居民消费支出指标与上年口径不同。

资料来源：陕西省统计局，2014 年西安文化产业统计监测报告。

四　对西安市文化建设的建议

中华民族灿烂辉煌的文化源远流长。经过对中国古都城市的考察，我们发现除北京、南京等几个城市外，其他古都的发展水平或者停滞不前，或者下滑回落。面对历史变迁与经济格局转变的双重考验，作为古都城市的代表，西安应当着力抓好以下三个方面的工作，趋其利，避其害，实现文化的持续发展。

1. 打造西安"古都"品牌文化，进一步营造文化产业发展的良好氛围

深入挖掘本土历史文化资源，通过后期多维立体加工，对于可直接实现经济效益转化的历史文化资源，需要加强前期修护和保护；对于不可直接实现经济效益的历史文化资源，要广泛争取社会群众意见，瞄准经济发展风向，借鉴国内外文化资源产业化的发展模式，切实将文化资源高效、高质量转化为特色文化生产力、核心文化竞争力和深远文化影响力，将西安"古都"品牌文化做大、做实、做强。同时要依托西安深厚的历史文化底蕴，在西安城市配套硬件设施建设和软件设施建设方面突出城市个性，以"古都"文化建设为核心，综合运用现代化科学技术，呈现"千年古都"的历史朝代文明，彰显古都特色。

2. 加大政策扶持，稳定财政投入

文化产业建设发展问题不仅是经济问题，也是社会问题，文化产业的发展与其他相关产业有着不可分割的密切关系，这样的前提定位，首先，决定了政府作为统筹规划这个隐形之手在文化产业建设与发展中的引导作用。西安市各级政府要抓住国家文化建设战略发展契机，充分发挥自身政治优势和地域优势，革新观念，增强服务意识，及时出台政策，加大对城市文化产业发展的政策支持；与此同时，还要制定并完善相关法律法规制度，为文化建设体制改革提供良好的运行机制和环境，为文化建设政策实施提供规范的管理和良好的秩序，为广大人民共享文化发展成果等各个方面提供强有力的制度保障。其次，决定了政府在财政方面要加强资金支持，稳定财政投入。确保财政对文化建设的投入达到同步文化发展成果的指标要求，有效保障文化活动、文化管理和文化服务经费。可以通过建立文化产业发展基金，采取一般文化建设项目支持和重点文化建设项目支持相结合的原则，建立多元化资金贴补和投资方式，引用资产评估和信用担保体系等多种资金投入方式，解决西安文化产业发展资金短缺困境，为文化建设发展提供坚实的经济后盾，促进古都文化产业繁荣发展。

3. 继续优化文化产业结构，推动文化产业创新

进一步优化全市文化产业结构，完善文化产业建设链条，形成聚集效应，促成全市文化产业的发展合力。推动文化龙头企业建设，壮大旅游业，培育文化战略投资者和骨干企业，加大优质文明资源整合力度，实施一批重大文化产业项目，打造具有国际大都市水准的文化中心，全面提升西安文化产业发展水平。全面完成多种形式的经营性文化单位转企改制，鼓励和支持非公有资本以多种形式进入文化领域，逐步形成多种所有制共同发展的大文化格局。在人才培育、人才引进方面，加大西安本地文化人才的培育和国内外高端综合人才的引进工作。积极利用互联网移动传播平台，增强与大学生创业的纽带关系，吸纳中小型文化企业改制创新经验，实现文化产业领域的创新，并且亟须加大对文化创意产业的重视，凸显新时代文化建设模式中的科技优势。

4. 统筹城乡发展，凝聚文化消费驱动力

西安要打造东方"古都"文化产业中心和文化消费中心，就必须加强对文化消费的重视，尤其是对农村文化消费的重视。第一，要增强西安文化形象宣传力度，调整文化产品销售价格，建立复合化、一体化、多元化消费产业链，满足不同层次和不同消费主体的需求。第二，要逐渐培养和引导消费主体对于文化产品的消费习惯，提高消费者对西安历史文化的认同感和忠诚度，凝聚形成地域文化消费驱动力。第三，对于拉动农村文化建设，重点需要加强公共文化设施建设，全面提升公共文化服务水平，还要注重文化生产建设和文化消费市场的主体培育。政府要支持各类文化企业向农村发展，切实在政策上和经济上给予大力支持，加大对各类农村文化制造业和文化产品批零业的关注，同时文化部门要积极挖掘乡村文化发展潜力和开发文化发展增长点。在培育乡村文化服务业创造力和竞争力的同时，要紧紧抓住《中国制造2025》带来的时代机遇，进一步夯实农村文化制造业基础，实现由中央城区文化辐射周边农村文化的文化贸易网络，由周边农村文化集聚中央城区文化的文化宣传网络，互通有无、互惠互利，扩大文化产品的传播范围和影响力。保证在西安古都文化建设中，实现农村文化建设能赶超、城区文化建设创新高的积极增长趋势。

从雅玩到大众艺术消费

——中国书画市场的创新模式

蔡莉芬　曾　莹*

【摘　要】　随着中国经济的不断壮大，中国艺术品市场的成交额稳居世界第二，从成交额来看书画的成交量占据艺术品市场的半壁江山，中国书画产业从未像今天这样备受关注。从小众体的"雅玩"到大众化的艺术消费，中国艺术品市场正面临着文化大发展、大繁荣的"十字路口"，重视并研究中国书画市场的发展规律，不断挖掘书画艺术的精神价值，探求可行性高的商业模式，中国书画市场才能健康稳步发展。

【关键词】　雅玩　艺术消费　书画市场　艺术品电商　艺术授权

目前，我们没有详细的历史资料来准确地说明中国书画市场形成的时间。关于绘画的相关文字记载始于东汉末年，这一时期的绘画交易并不发达，绘画的表现形式多以壁画出现。隋唐时代，卷轴的兴起很快带动了书画艺术的交易，随着唐朝经济和文化的高速发展，中国书画市场的号角才算真正吹起。宋朝是艺术全面发展的阶段，宋画已成为一块金字招牌。元代是中国文人画大发展时期，文人不再消极避世而是积极参与书画市场的交易。明、清两朝是中国艺术品市场发展的高峰，特别是

---

* 蔡莉芬、曾莹，黄鹤楼书画社。

书画交易量增大。民国时期已经形成规范化的书画市场，明码标价。"文化大革命"期间，政府不允许私下交易，这个时期是近丁年来书画价格最便宜的阶段，也符合当时国民的总体收入水平。改革开放后，20世纪80年代的书画市场已经有明显的增长，90年代，近现代书画作品和国际接轨，拍卖在我国兴起，书画市场呈现质的提高。2000年之后，书画市场呈现喷井式发展，市场的火爆程度使人疯狂，过亿元的书画拍卖令人瞠目结舌，以实业为基础的国内新藏家出现，积极推动了书画市场的发展。

从2012年下半年至今，由于书画市场的泡沫破裂，书画市场进入了持续的低迷期。中国书画市场从小众的"雅玩"或"秘玩"到如今的万众瞩目，诸多从业者都在焦急地等待书画市场的寒冬早日过去，可是机会永远都是留给有准备的人，随着"互联网＋"时代的来临，一股强有力的春风正滋润着中国艺术品市场的低谷。

一　关于艺术品电商

据文化部主编的《2013中国艺术品市场年度报告》（以下简称《年度报告》）显示，艺术品网上交易在2013年得到了迅速发展，据不完全统计，2013年国内艺术品网上交易额达到30亿元。

十几年前，嘉德在线和赵勇在线的成功是我国艺术品电商的标志，积累了众多的新老藏家。Hihey（哈嘿）艺术网于2011年4月18日上线，以在线拍卖起家，号称中国最大的艺术品电商，首轮获得中国民生银行和中信证券的投资，已完成深创投的B轮融资，估值高达1亿美元，拥有最亮眼的艺术投资机构。2014年9月，由北京保利拍卖的执行董事赵旭先生创办的艺典中国正式上线，打造了专业的艺术品交易平台，保利拍卖、艺典中国联合淘宝拍卖举办了"傅抱石——傅氏书画作品专场"，引起广泛关注，整场成交额达到276万元，此次网拍成为中国艺术品电商的标志性事件。据不完全统计，到2014年，中国艺术品电商已经超过2000家，快速增长的节奏引起了投资界和业内人士的广泛关注。

近几年的艺术品电商迅猛发展，艺术品不再只是为企业和高净值人群服务，更是为庞大的中产阶级服务。《年度报告》显示，企业用于艺术品收藏或投资的资金规模近 600 亿元，企业收藏在 2013 年保持增长而且成为十分重要的购买力量。2014 年胡润发布的《2013 高净值人群另类投资白皮书》显示，中国高净值人群（个人资产在 600 万元以上的人群）进行另类投资的比例约为 56%，其中艺术品投资占 64%。据中国社会科学院统计，中国中产阶级正以每年 1% 的速度增长，意味着每年净增 700 多万人，而调查显示，90% 的中产阶层都有购买艺术品的意愿。欧洲艺术基金会发布的《TEFAF 2014 全球艺术品市场》显示，我国中产阶级家庭所占比例已达 39%，高于美国 32% 的比例。所以我们认为艺术品电商的商业模式满足了我国中产阶级对艺术消费的强大需求，它将进一步推动艺术品市场从投资收藏方式转向为大众艺术消费，艺术品消费将会呈现持续增长的趋势。

这两部分高潜力人群的数量持续增长，必然会带来艺术品需求的不断增加，也意味着艺术品的"雅玩"色彩已悄然淡化，大众化的艺术消费时代已经到来。

二　关于艺术授权

艺术授权是授权者将代理作品的著作权等授予被授权者，被授权者按合同规定从事生产、销售和服务，并向授权者支付相应的权利金。[①]艺术授权主要经营种类包含纪念品、创意产品、定制商品、艺术设计品、画作复制品、文化创意产品等。艺术授权产业的发展主要还是依靠国内经济大发展的良好趋势、艺术市场的多元化发展以及文化创意设计不断推动前进。同时艺术消费逐步迈向大众化，艺术衍生品更让艺术接地气，价格也更亲民。

---

① 参见文化部文化市场司《2013 中国艺术品市场年度报告》，人民美术出版社，2014，第 49 页。

《年度报告》称，据欧洲艺术基金会测算，2013 年中国内地的艺术衍生品市场潜力在 300 亿美元以上，国内仅有北京故宫博物院和上海博物馆的衍生品产值超过 500 万元，对比美国大都会博物馆 5 亿～7 亿元和英国 TATE 博物馆 3 亿～5 亿元的年销售额，还相差甚远，这证明国内的艺术授权市场刚起步不久。

2014 年，北京故宫博物院对《雍正行乐图》动态照片进行了艺术衍生品的开发，受到广泛欢迎。台北"故宫博物院"的胶带"朕知道了"售量惊人，还有关于《富春山居图》的数十种艺术授权产品，满足了各个阶层对其收藏的愿望，艺术品就这样"飞入寻常百姓家"。

更加值得关注的是艺术授权与艺术电商的紧密结合，国际授权业协会的数据显示，2012 年中国线上购物达到 1900 亿美元，预计到 2020 年网上购物将增长约 3 倍，高达 6000 亿美元。位于北京 798 的尤伦斯当代艺术中心，艺术衍生品的网上年销售额占营业收入的 55%。我们可以预测，将有越来越多的艺术机构开展艺术授权和艺术电商的融合，不断刺激国内大众的艺术消费能力。

2014 年，西湖国际艺术衍生品产业博览会组委会发布的《中国艺术衍生品产业发展报告（2013）》估算，中国艺术衍生品的总体市场空间应该在 2000 亿元，但实际上仅开发了其中的 10%，未来的发展潜力巨大。其指出中国艺术品授权及其衍生品产业的发展将进入爆发期，即便如此，中国艺术衍生品产业发展的现状与规模还是与市场需求及其潜力相距甚远。中国艺术授权产业链还没完全打通，行业还处于发展中的起步阶段，尚无支持艺术授权产业的政策出台，政府对艺术授权产业还没有清楚的认知，行业知识产权的法律还不够完善，创意人才的队伍还不够强大。然而随着中国艺术品市场的正常化发展，市场对艺术授权品的需求巨大，艺术授权产业会逐步壮大。

三 对于中国书画市场未来十年的展望

在中国经济持续健康稳步发展的情况下，中国的书画市场会继续发展，天价的书画作品还会继续出现，一线书画家的精品价格依然十分坚挺，即使价格高达上千万元一尺都照样被市场买单，企业和高净值人群对他们的作品倍加肯定。未来大部分书画交易会在互联网上进行，互联网会推动书画市场的蓬勃发展，书画市场的网络交易平台会层出不穷，大众化的艺术消费必将成为趋势。中国艺术授权产业将会备受重视，艺术授权以知识产权为核心的业务会有多元化的发展，艺术衍生品会深入日常生活，艺术会无处不在。今后十年，我们将共同见证中国书画市场的发展，我们也会期待书画市场更加辉煌。

从纸书时代迈向数字时代：
对传统出版业融合发展的思考

周　琼　杨一男[*]

【摘　要】　伴随着媒体融合成为国家战略，我国的传统出版业已经进入
全面融合与一体发展的新阶段。近年来，国内传统出版机构加大数字
出版创新力度，着力打造数字出版平台，全方位、立体式的数字出版
平台迅速崛起，出版业数字化转型发展态势强劲。但是，同国际上的
一些著名出版集团相比，我国出版业的数字化转型还存在不小的差
距：一是对数字化转型的认识与定位尚不清晰；二是商业模式不够清
晰，数字平台搭建尚显稚嫩；三是既懂出版又懂数字技术的复合型专
业人才缺乏；四是数字出版缺乏统一的技术标准和格式。推动传统出
版和新兴出版融合发展，把传统出版的影响力拓展到网络空间，既是
落实中央战略决策的要求，也是出版业巩固壮大宣传思想文化阵地和
自身生存发展的迫切需要。为了加快我国出版业数字化转型，缩小我
国与发达国家存在的差距，我们需要进行正确的路径选择：首先，要
立足内容产业、整合出版资源；其次，要强化互联网思维，积极推进
理念创新，以及管理体制、经营机制创新和生产方式创新；最后，在

* 周琼，社会科学文献出版社社会政法分社副社长；杨一男，中央民族大学少数民族语言文
学系硕士。

当下图书出版业人才紧缺的情况下，出版机构要依靠自己的力量加大对既懂出版又懂数字技术的复合型专业人才培养的力度。

【关键词】 媒体融合　数字出版　出版业数字化转型　内容产业

党的十八大以来，中央高度重视传统媒体与新媒体的融合发展。2014年8月18日，中央全面深化改革领导小组第四次会议正式审议通过了《关于推动传统媒体和新兴媒体融合发展的指导意见》，对新形势下如何推动媒体融合发展提出了明确要求，强调要推动传统媒体和新兴媒体在内容、渠道、平台、经营、管理等方面的深度融合，建成几家拥有强大实力和传播力、公信力、影响力的新型媒体集团，形成立体多样、融合发展的现代传播体系。

这份文件的出台表明，媒体融合正式成为国家战略，同时也预示着传统出版业进入了全面融合与一体发展的新阶段。它将电视、报纸、广播等传统媒体，与互联网、手机、手持智能终端等新兴媒体传播渠道有效结合起来，资源共享，集中处理，衍生出不同形式的信息产品，并通过不同的平台传播给受众。这种新型组合作业模式已经成为国际传媒业的新潮流，在市场需求和全球大潮流的驱动下，这种融合的趋势还在进一步加剧。

一　媒体融合发展的现状分析：挑战、问题与趋势

面对新形势的变化，近年来，国内传统出版机构加快融合发展转型，加大数字出版创新力度，着力打造数字出版平台，全方位、立体式的数字出版平台迅速崛起，并取得了较好的经济效益和社会效益。目前，大数据、云计算、移动互联网、二维码等信息技术已经成为传统出版业的主流技术，物联网、人工智能等智能化信息服务技术在出版领域也逐渐兴起，传统出版业融合发展路径更加清晰，步伐更加稳健。据国家新闻出版广电总局2015年7月公布的《2014年新闻出版产业分析报告》，2014年我国数字出版实现营业收入3387.7亿元，较上年增长33.4%，

占全行业营业收入的 17%，提高了 3.1 个百分点，增速在新闻出版各产业类别中继续名列前茅，总体经济规模超过出版物发行，跃居行业第二。①

当前，尽管我国传统出版与新兴出版融合发展进一步深入，但同国际上著名的出版集团如爱思维尔、斯普林格、培生集团等相比，我国出版业的数字化转型依旧表现逊色，主要表现在出版定位、商业模式、信息资源建设和人才运用等方面。

一是对数字化转型的认识与定位尚不清晰。大部分传统出版机构对数字出版的理解还停留在建网站、电子书等初级阶段，虽然也设置了诸如微博、微信、手机 APP 等数字化终端平台，却仅以广告的形式，将出版文宣简单移植到信息终端上，而更加深入读者的互动环节，精心组织读者参与的读书会、茶话会或专业演讲等活动，甚至与图书出版相关的趣味竞赛、电子游戏等多元多样的服务形式十分罕见，更缺乏既体现新媒体特点又有创意的主题营销活动。一些传统出版企业即使推出了官方微信公众号，但在业内外的影响依然是雷声大雨点小，与国内知名的微信公众号动辄几百万的粉丝数量相比，实在不值一提。很多出版机构的总编、行政领导仍旧难以放开胸襟、扩展思路，固守重视纸媒、轻视新媒的老一套业务思路，认不清"眼球经济"驱使下崭新的传播氛围，以及"走出象牙塔"践行学术资源普及化、出版特色信息大众化的新型定位模式。

二是商业模式不够清晰，数字平台搭建尚显稚嫩。"我国传统出版社的盈利模式较低级，即大批量生产纸媒产品，销售量决定盈利。而数字化出版则更具多元性和灵活性，这让传统出版社一时难以适应。"近几年来，我国纸质产品的出版发行仍旧呈持续增长的趋势，相比之下，传统出版业似乎更愿意回到熟悉的"老传统"中去，对于新型数字出版的商业模式尚没有一个清晰、深刻的认知与了解。与发展数字出版的技术性企业如中文在线、清华同方知网、方正阿帕比、万方数据等相比，

---

① 参见《2014 年新闻出版产业分析报告》（摘要），《中国出版》2015 年第 15 期。

传统出版业尚未真正深入发展数字出版业务，数字化水平远低于数字出版企业。一些出版社发展数字出版业务还停留在把纸质书转换为电子书的阶段，并未开展深层次的开发。还有一些出版社把自己的部分内容版权或者全部版权出售给技术提供商，只获取很少的利润甚至零利润。即使有自主知识产权的产品，由于并未掌握技术主动权，部分技术仍需要外包给技术公司。在这种模式下，传统出版企业处于被动地位。

由于缺乏成熟的商业模式，传统出版企业在数字出版方面的利润不容乐观。如在新三板上市的北教文化传媒股份有限公司是北京出版集团旗下企业，其主要产品为教育类图书和在线教育产品，但是 2015 年上半年主要营业收入仍然是图书业务（主要是教辅类及课外阅读类图书），在 2015 年上半年的 1.10 亿元营收中，图书收入为 1.07 亿元，占到了整个收入的 97%，在线教育产品的收入微乎其微。① 即使是中信出版社，2014 年其数字出版的业务收入也不容乐观，远不及传统纸质书出版的利润。"去年 3300 多万，今年可以翻倍。"②

三是既懂出版又懂数字技术的复合型专业人才缺乏。现代企业的竞争归根结底是人才的竞争，发展数字出版需要一大批复合型人才，既要懂得选题策划、编辑加工等传统出版业务，也要懂得数字技术及其经营管理，目前，这种既拥有传统业务能力，又能够娴熟运用数字化技术解决实际问题的复合型人才非常缺乏。据中国出版科学研究所课题组预测：至 2020 年，我国新闻出版业从业人数应约占全国总就业人数的 1.5%，即人才队伍的总数量应达到 1000 万人次，按这种发展趋势测算，数字化高端人才理应占到近四成，即 400 万人次。然而，目前我国数字型人才总数尚不及 30 万人，如果以每年新增 10 万人的速度累计，到 2020 年数字化高端人才的总人数也不及百万人。实际上，"目前绝大多数传统出版单位都存在人才紧缺的问题，很大程度上影响数字化转型的进度"。③

---

① 参见洪珏娟《新三板出版企业经营业绩报告》，《出版商务周报》2015 年 11 月 26 日。

② 熊少翀：《买书不赚钱怎么办？中信出版挂牌新三板后首读"前途"》，《界面》2015 年 12 月 4 日。

③ 田路路：《传统出版向数字出版转型的策略探析》，《新闻世界》2014 年第 1 期。

　　四是数字出版缺乏统一的技术标准和格式。目前我国数字出版产品格式众多，没有统一的技术标准。读者在阅读电子文献时经常需要另购服务器，从而大大降低他们对数据库的利用兴趣。如中国知网、万方数据库、人大复印资料库、深圳文献港等数据库提供的学术资源，在内容上重复率颇高，有的还需要耗时费力的"文献传递"，能够下载到对自己有帮助且完整的文献资源殊为不易。还有的资源库开发非常简单，不能实现知识体系的关联，而且加密技术也不够成熟。

二　当前传统出版业融合发展的路径选择

　　推动传统出版和新兴出版融合发展，把传统出版的影响力拓展到网络空间，既是落实中央战略决策的要求，也是出版业巩固壮大宣传思想文化阵地和自身生存发展的迫切需要。原国家新闻出版总署书记蒋建国用四句话概括了融合发展的含义，即立足传统出版，发挥内容优势，运用先进技术，走向网络空间。这就说明，融合发展的核心含义是以传统出版为根基，既非新兴出版取代传统出版，也非传统出版自身蜕变为新兴出版的简单转换，而是实现传统出版和新兴出版在内容资源、技术应用、平台终端、人才队伍的共享融通，实现传统出版和新兴出版的并行并重、优势互补、取长补短。

　　首先，要立足内容产业、整合出版资源。无论技术怎样变化，出版作为内容提供商的角色永远不会变化，只是提供的方式发生变化而已，内容创新永远是出版业的核心竞争力。尽管信息技术的发展，带来了内容产品表现形式的多元化，内容传播方式的碎片化、即时化、精确化，而且传播渠道和生产方式也发生了巨大的变化，但不变的是，优质内容始终是吸引读者、留住读者的核心竞争力。传统出版业应充分发挥内容优势，努力为社会大众提供优质内容资源和精神食粮。归根结底，数字出版虽因信息技术和互联网技术的兴起而长足发展，但与传统出版业同属文化产业的本质属性并未改变，"与传统出版一同承担与传播优秀文化的责任与使命"。

　　其次，强化互联网思维，积极推进理念创新，以及管理体制、经营机制创新和生产方式创新。图书产业是创新产业，这要求出版人不仅要有创新的意识，更要把创新作为实践的重要手段。传统的出版做一个选题一次开发，做完一本书就结束了，无非是精装书、平装书、线装书、口袋书等形式的变化。而在融合出版的时代，即使单一选题的开发也发生了变化。要适应新兴媒体即时和海量传播、平等和互动交流的特点，改变单向传播、受众被动接受的方式，并引入用户观念，强调用户体验，处处考虑不同受众群体的需求的普遍性和特殊性，将过去那种独占甚至霸占内容生产的架子完全放下，设身处地地为受众着想。同时，还要充分运用大数据和云计算，借助商业网站的技术和平台，扩大移动终端的覆盖面。

　　最后，在当下图书出版业人才紧缺的情形下，拥有一双能辨识人才的慧眼应是出版社领导必须具备的。兼顾传统出版和新媒体应用的复合型人才固然是首选目标，但也不能强求新时代出版工作者均是多面的"万能手"，只要特定人员在某一方面有专长，均应成为出版社因势利导重点培养的未来骨干。需要强调的是，这里的专长绝非指文字编辑一项业务，而是包括多媒体设计、网站制作、市场营销、法律、文宣、广告、策划等在内的多元业务范畴。另外，对于优秀行政人员的吸引，也是融合发展的必备条件。

　　当前我们所处的时代必将和造纸术、活字印刷以及蒸汽机发明的时代一起，成为整个出版史上最具深远意义的时期。出版业是一个既有资源转变空间大，核心人才引进转型潜力大，自孵化创业环境优越的优势产业，在这个瞬息万变的数字化时代，传统出版业要大力拓展新型数字产品的生产，加快数字化转型升级，将传统出版的专业优势和内容资源优势延伸到新兴出版，拓展新业态，构建全新的出版平台，同时，逐步形成一些较为成熟的商业模式，打造系列化、品牌化的数字产品，在"用人"与"人脉"上得到多方位、多渠道的有力支持，才可能在竞争日益激烈的新兴图书市场中立于不败之地。

天台宗"三谛圆融"思想研究

徐　瑾　陈思凯*

【摘　要】 "三谛圆融"之"空谛"谓世间万物都是因缘和合而生,诸法空无自性;"假谛"谓诸法宛然而有,随缘示现假相假名;"中谛"谓诸法亦假亦空,既非虚无之"空"亦非坚实之"有",一念心中即空即假即中。其"假"谛示现众生心非心,见闻觉知心非心,一念不生心非心;"空"乃真谛,示现真实如来藏之妙有,示现真如之空相空性;"中"谛示现认识真如须从外缘起,示现外缘内摄之中道,示现真如之究竟中道性。唯有"中"谛方能明了二者之圆融无碍,即修习佛菩提道须在假中不断除烦恼而证菩提,也唯有如此方能不落入断灭见,方能明了"空"谛之实相。

【关键词】 三谛圆融　空　假　中

在佛教传入东土并逐渐中国化的过程中,第一个最具特色的对佛教本土化以及对后世佛学发展产生了巨大影响的宗派是由智者大师创立的,以"天台三大部"(《法华玄义》、《法华文句》和《摩诃止观》)为主要经典的"天台宗",其最具特色的学说即著名的"三谛圆融"。

什么是"三谛圆融"呢?天台初祖慧文在修习《摩诃般若波罗蜜多

---

* 徐瑾(1976~),男,湖北蕲春人,湖北大学哲学学院副教授,湖北省道德与文明研究中心研究员。陈思凯(1992~),男,江西东乡人,湖北大学哲学学院2014级研究生。

心经》、《大智度论》和《中观论》时，领悟到既可以通过渐修，也可以通过顿悟达到一心之中同时关照空、假、中三谛的"一心三观"的境界，并将此理论传授于慧思，然后再传于智者。智者大师把"一心三观"的修法加以发挥就成了"三谛圆融"的教法和观法，智者大师认为空、假、中三谛原本就是一体的圆融，说到底就是人们一念之中的三个不同的方面。在一念之中偏着于"空"是真谛，偏着于"假"是俗谛，偏着于"中"是中谛，但不论偏着于什么地方都不行，因为中、假、空三谛本来是无碍自在的，一念也本来是无碍自在的，因假而有空，因空而有假，因空假而有中，有中必有空假。三者在时间上、空间上并行，在心念中同一。所以不仅一念具有三千，而且一念具有三谛，即所谓"三谛具足，只在一心……即空、即假、即中……三谛不同而只一念"（《摩诃止观》）。

如何进入理解"三谛圆融"所说的"空""假""中"三谛的深刻内涵呢？

"假"谛绝不仅仅是看破世间万物都是因缘和合的幻相，更重要的是看破自身见闻觉知意识心的虚幻，是谓"一切众生心非心，是名为心"，"见闻觉知心"非心，"一念不生心"亦非心。此亦是《楞严经》卷一所云"此非我心，当名何等。佛告阿难。此是前尘虚妄相想，惑汝真性"之意。所以者何？《金刚经》云"诸心皆为非心，是名为心"，也就是说众生所见之心都是妄心，并不是真心，只是假名为心。因为一切欲界的有情众生，都同时具有真心与妄心，并不是只有真心，也不是只有妄心，也就是说所有有情众生都是真、妄两心和合并行的。二者区别的根本在于一个是无常之心，也就是我们通常所有的见闻觉知的心，另一个是无始无终、恒常实有的真心。佛陀传经的目的在于使众生超脱生死轮回，获得解脱，显然这种超脱是从一种有限（非常必灭）的存在向一种无限（恒常不灭）的存在通过修行证悟达到的转化。由是，仅仅是名为心的"见闻觉知心"（及一念不生心）非真心的原因乃是它依旧处于有限存在之中，不能"遍一切时，遍一切处，遍一切界，遍一切地"。换言之，不能"常"。

所谓不能"遍一切时"，乃是指见闻觉知心不能在任何时候都存在而不断灭，比如说在熟睡时、昏迷时、修定至一念不生时乃至死亡时，这个见闻觉知的心都是断灭了的，因为处在这种状态下的人不能用眼、耳、鼻、舌、身、意去觉知外界。既然它会间断，这就表示它不可能是"真如缘起"的能生万法的真心，是"名为心"，是妄心，是意识心。所谓不能"遍一切处"，是说见闻觉知心不能够遍于十二处（六根与六尘）存在。为什么说见闻觉知心不能遍于十二处呢？以"眼见色"为例，表面上看是眼根接触了色尘，实际上是虽然眼根接触了色尘，但并不是眼根能看见色尘，而是在眼根接触色尘之后"眼识"看见的。换句话说，见闻觉知心是由于眼根接触了色尘才出现的，它既不在眼根之内，也不在色尘之内，而是在眼根与色尘接触的地方出现，这便表示能见的心——眼识——不遍眼根与色尘。同样的道理，能听的一念心既不存在于耳根之内，也不存在于声尘之内，而只是在耳根接触声尘之处生起。如此一来就很清楚了：眼识见色、耳识闻声……乃至意识——觉知心——了了分明的了知六尘法都是在"根尘触处"所生起的，都不是遍于十二处的。所谓不能"遍一切界"，就是说妄心不能遍于十八界。如上所述，六识并不是恒常不变的，对于人来说，人有眼、耳、鼻、舌、身五扶尘根以及胜义根（即大脑），眼、耳、鼻、舌、身接触世间万法，并由胜义根见闻觉知，但是胜义根一旦损坏（如严重脑震荡成为植物人），这时即使扶尘根接触了外界，见闻觉知心也不能现起。同样的道理，如果失明或失聪，或者说五根全部损坏而胜义根完好，见闻觉知性同样不能现起，这就表明了见闻觉知心的生起一定要有五根和五尘的接触、意根和法尘的接触。如此而言，既然见闻觉知心是借六根六尘而了知诸法，只能在根与尘接触的地方现起，那么它当然就不是遍在六根六尘里面，当然就不遍于十八界了。所谓不能"遍一切地"，是指在欲界、色界、无色界三界中见闻觉知心虽然次第断灭，但是即便修习禅定到了很深的境界，比如说四空定时，它依然是"有"，依然不能明了遍及所有界的"空性"。这即是《楞严经》卷一所云"纵灭一切见闻觉知，内守幽闲，犹为法尘分别影事"，即使在定中能够做到无见闻觉知，但出定后见闻觉知复起，所以这只是境界分段入出，仅仅是意识境界而已。为什么说它依然是三界之中的"有"呢？所谓"欲界有"，是指在五尘中见闻觉知的心、处处作主的心的"有"，是指能了知、领受肉欲的意识觉知心的"有"；所谓"色界有"，是指一念不生的觉知心、作主的心的"有"；所谓"无色界有"，也是指这个一念不生的心，但是特指的是离开了色法（没有了知色尘的眼识心，没有了知声尘的耳识心，也没有觉知触的身识），只剩下长住于定境法尘中的极细微的了知心的"有"。总而言之，一切见闻觉知心都是断灭之心，都是有限非常之心，唯有明了"假"中密意，方能体悟"空"谛究竟。

"空"谛寓意者何？谓真如实有，谓真如空相空性。由上面对"假"谛的分析我们看出既然见闻觉知心不是真心，那么真心究竟是什么？或者问，到底有没有真心？如果认为见闻觉知心就是真心，就是真如的话，那么在见闻觉知心断灭之时，如上所述，在熟睡时，在昏迷时，在手术需要全身麻醉时，为什么人的色身不朽坏？因为作为真心的见闻觉知心一旦断灭，显然色身应当俱灭（比如见闻觉知之心在人死亡时完全断灭，则肉身朽坏）。同样的道理，处于定中境界"一念不生"时的心，此时见闻觉知不复现起，为什么色身不仅不朽坏，而且入定之心能够出定？因为打坐进入定中时，见闻觉知心已断，即不存在。此时若加以针刺刀割，或遇暴雷巨声，应当不知，应当不能重新现起见闻觉知心，因其已断灭故，但是打坐入定之人却能凭借一微细引磬声而出定。从这个角度来说，见闻觉知之心是表面的意识之心，但这个意识之心的背后还有一个真心，正如我们的意识心在思维的时候，我们可以反观到支撑"思维"本身的那个东西，即心之本体（真如佛性）。

既然真如实有，那么为什么又叫"空"呢？因为世间万物都是"有"，世间所有人执着的都是"有"，而对一切有的东西的执着都无法见到真如自性，所以佛祖施设一个假名叫"空"，以引导众生从"有"的执着中走出来。所以真如自性又叫作"空性"，但这个"空性"并非什么都没有的断灭空、顽空，而是真如的性质，正如大圆宝镜可以照天照地，但了无执着黏滞一样，因为大圆宝镜自身的性质是"空"。因此这里所说的"空"就是空相，即非物质色法的存在。《心经》里面讲"诸法空相"就是这个意思，一切法，包括外在的山河大地、虚空宇宙，内在的见闻觉知都不是永恒的，都是要朽坏的，修行人所要做的就是从这些相中觉知内在的真如佛性，这也是《金刚经》所讲"一切有为法，如梦幻泡影，如露亦如电，应作如是观"的意思，要对一切有为之法作如是观照，最后达到"应无所住而生其心"。所以说，既然有真实的体性就表示它是有性、有法的，为什么还要叫作空性？因为这是相对于三界的"有"，或者说相对于世俗之人所能理解的"有"来说的，由于众生都贪恋三界的有，所以只好把这个真实心叫作空性，即以空为名，是名为空，非空。需要警惕的是断灭见，因为"我法二空"是破除我执，并不是说真如不存在，如果偏执一切法空者，即是邪见。因为断灭空不认为真如存在，人死如灯灭，无灵魂无因果，则表现在行为上就是肆无忌惮、损人利己，整个社会也会陷入道德沦丧之中，这正是《涅盘经》里所说"不畏后世，无恶不作"的意思。

"中"谛的意思谓认识真如须从外缘起，示现外缘内摄之中道，示现真如的究竟中道性。为什么说认识真如须从外缘起，似乎这一点和四大皆空的修行相矛盾。其实不然，如果只是修行到断灭一切外缘也无法认识真如，因为无有外缘去体悟真如之性。为什么这样说呢？如果修行中心一味向外攀缘，犹如缘木求鱼，心外求法，了不可得。但是"中"谛同时也示现我们不能因为这个向外攀缘的心不是真如，就把它完全舍弃，就完全断灭外缘，一味将心思内摄，将自己长久住于定境之中，变成一念不生。因为这个见闻觉知的攀缘心是参禅的工具，是打破无始无明的工具，我们应当用这个逐渐断除妄想、有分别的心去寻觅无分别的真心。为什么这样说呢？因为如果想见到真心，就必须在因缘所生，即真如配合名色所生之一切法中方能得见，必须依靠见闻觉知心于五蕴中寻觅另一非见闻觉知之真如；如果进入无心定中，反而寻不着真心，因为三界诸法，在生住异灭过程中皆是真如空性在其中运作。因缘生一切法，虽然不就是真如，但也不异于真如，所以离开真如空性之因及名色缘所生之一切法，便不能见真如，不能见因缘之因。因而"中"谛的含义就是说，认识真如须从外缘起，但要保持外缘与内摄的中道，即于见闻觉知之中依旧保持自性之了了分明（而不是断灭一切法），如此方能悟境不退，佛性时时在前，这也就是慧能大师所说的"念念不离自性"的道理。因此一切佛子皆不应向五蕴之外求真实心，也不应向虚空中求真实心，这便是《坛经·般若品》里慧能所说"佛法在世间，不离世间觉；离世觅菩提，恰如求兔角"的道理。

"中"谛预示着真如的究竟中道之性。一般人在谈到什么是"中道"时往往说：心要保持一种中庸的状态，不要落在有的一边，也不要落在无的一边；不要过于执着，也不要过于消极；不要贪，也不要厌，要两边都不偏颇，这就是中道。但这只是想象中的所谓中道，为什么呢？因为凡夫的"心"如果只是名为心，非真心，则一切中道、中观犹如缘木求鱼，了不可得。试问对于见闻觉知的意识心来说，依照中道行事如何可能？因为见闻觉知乃至一念不生的意识心都是有限的、有生有灭的心，当《心经》中说到"不垢不净，不增不减，不生不灭"时，妄心是不能真正理解这其中道理的，所以通常我们所说的中道都不是究竟中道，都只是妄心对什么是"中道"的一种想象、一种猜想，即便是亲见佛性者告诉我们什么是中道，妄心也不可能亲证领悟，或有解悟者，亦不得其中真意。究竟中道指的是真如的自性，不管见闻觉知心是否在分别、妄想，是否认定中道是绝对道理，中道的法性都是如此存在的。也就是说，真如永远都不会落在两边，当觉知心起了贪嗔的时候，真如仍然不落于贪或嗔、贪或离的一边，仍然住在不落两边的境界中。中道指的是不落一边，无一切执着；若执着于"中道"本身，这亦落于一边，不是中道；既然立此中道之法，则是法有，有亦是一边。所以中道之法实非有非无、非一非异、非断非常、非垢非净、非来非去。也唯有真如空性方得名为中道，而不是虚空、顽空、断灭空、缘起空等假空所能理解。而且，正是因为在"贪嗔"（"假"谛需要堪破的当下）之中有"无贪嗔"（"空"谛所隐示的），所以觉知心就可以在贪嗔（"外缘"）去反观自己（"内摄"），另有一个真心不贪不嗔（"中"谛的真意）。如是方能去觉知真心的中道性。

真如的究竟中道性也说明了真正的中道是要去"亲证"的，而不是意识心的理解。如果不是去观照，不是去证实，而是试图通过见闻觉知心的修行去达到一种中道的境界，即便在定中能够达到这种境界也只是"始起"的法，而不是"本有"的法。换言之，这种通过见闻觉知心修来的中道境界，是一种不究竟的"有生"的、还是要断灭的法。这种没有证得自身佛性，无法现前观察其空性的中观，始终都是意识心的中观，是臆想的中观。而真正的究竟的中道是指一切有情众生本来就住在"非有无明亦非无无明"的境界中，本来就是"非有贪厌亦非无贪厌"，这种中道的正理是一个本来就存在的事实，是法界中本来就存在的现象，不是经由修行去获得的，而只是经由修学禅法而证实真如的"本来如是"。这也是为什么说"中"谛是中道第一义的原因，由此它通过外缘与内摄的中道、通过真如的究竟中道性隐示了"三谛圆融"所蕴含的佛学正道的真谛。当然，"理须顿悟，事需渐修"，修行本身也是一个必须精进不止的过程。

就"三谛圆融"于佛法正义而言，所有佛教经典都只是语言、文字，假名为佛法，真实的佛法不是那三藏十二部经所说的文字法——这便是"假"，真实的佛法是经、律、论里面所指示的真如佛性，那才是正法——这便是"空"，是"真"，但是证得真如必须依靠善知识，必须依靠对这三藏十二部经的领悟——这便是"中"。这也是《金刚经》里所说"知我说法如筏喻者，法尚应舍，何况非法"的意思。虽然时下去圣日远，人心浮躁，然于佛法正道若能坚守信心，深入经典，去除慢心，增长智慧，则于此末法时期依然能够有所成就。

论霍布斯政治学说中的内外之分

张雨凝[*]

张雨凝[*]

【摘　要】　现代契约论国家在某种程度上都是霍布斯利维坦的后裔，不论授权代表众人意志的最终是一个人、少数人还是多数人。放弃自然状态的自然权利，通过授权代表产生政治正当权利的思路被现代国家学说完整地继承了下来。现代主权国家在霍布斯式的有朽上帝逐渐蜕变为马克斯·韦伯式的去人格化的科层体制的权力机器过程中，首要的工作是将基督教去政治化为公民宗教。但就在霍布斯以为成功完成这一艰巨任务之时，也深深埋下了利维坦土崩瓦解的祸根，并且为后世一切契约论国家的建立留下了道德隐患。笔者认为，原因恰恰在于霍布斯的契约国家以区分公共理性和私人理性的内外之分构建而成，摧毁宗教的神圣性之后，内外之分却将庞大利维坦的根基建立在最脆弱易变的沙土之上，他忽略了一个最重要的人性事实——人的内心是不可见的。

【关键词】　利维坦　现代国家　个人主义　内外之分　公民宗教

　　施米特在分析利维坦死亡的时候认为，霍布斯作为现代自由主义的开端，其确立的利维坦这个庞大的国家机器体系化的理论学说，成为现代自然科学及其技术中立化理想的先驱。"其中立化的作用在于，国家

---

* 张雨凝（1990~），女，天津人，湖北大学哲学学院 2014 级研究生。

的种种法律要独立于任何内容实质性的、宗教的或者法律的真理和正义，而且只是因国事决定的实际确定才有效力的命令准则。"① 所以，国家的主权权威为了避免人们在宗教、道德和真理意义上陷入"前政治"状态下的争论不休，造成国家主权解体的隐患，故而用中立化的机械体系将这些讨论束之高阁。

霍布斯的内外之分，在于把国家的公共理性与臣民的私人理性相对。② 施米特认为内外之分埋下了利维坦死亡的种子。国家的公共理性不仅有权决定什么是真的奇迹，主权者作为上帝的代理人在对于《圣经》解释和认信的问题上同样拥有权力，但保留私人信仰的自由却留下了无穷隐患："在此处一统宗教和政治之主权权力的登峰造极处，那若非如此便完整无缺而且无可匹敌的统一体中出现了断裂。……内在信仰和外在认信之间的差别正是从这里进入了《利维坦》的政治体系。霍布斯将奇迹和神迹的问题说成是相对于'私人'理性的'公共'理性的事务；但基于普遍的思想自由，个别人在内心信或者不信，则任由他们据其私人理性自己决定，而且任由他们在心中保留自己的判断。一旦涉及信仰的公开认信，私人判断便无效，就要由主权者来决定信与不信。"③

在霍布斯这里，个人在自保的欲望作用下构建起一系列个人权利，组成国家的人首先被设想为剥离了各种社会义务的自然人，由这样的个人组成国家之后，人在自然状态下的道德状况并不因有了国家就会变得更好。内外之分这粒死亡的种子也许并非只在奇迹和信仰的宗教问题中才暴露出来，仿佛在宗教问题上，霍布斯才开出个人主义的保留条件，允许为人的私人理性和信仰留下一点喘息的空间。如果私人理性和国家公共理性真的是现代自由主义国家的根本张力的话，奇迹和认信问题这个文本上的缺口就只是一个浅表的发现之处，而非根本原因，根深蒂固的个人主义在建立国家之时就应该会遭遇不可避免的困难。

---

① 〔德〕施米特：《霍布斯国家学说中的利维坦》，应星、朱雁冰译，华东师范大学出版社，2008，第81页。以下简称《霍布斯国家学说中的利维坦》。
② 参见《霍布斯国家学说中的利维坦》，第92页。
③ 参见《霍布斯国家学说中的利维坦》，第93页。

本文试图做的工作，是先从宗教理论的奇迹和认信问题入手分析宗教问题内外之分的思路，再考察霍布斯政治体系中的各个部分是否为这一问题提供文本内在的理由和说明。

一　霍布斯宗教部分的内外之分

内外之分是在《利维坦》第 37 章论奇迹的时候提出的。霍布斯宗教理论的所有基础其实是人的自然理性。在《论公民》和《利维坦》开始讨论宗教部分理论的时候，霍布斯都是以自然法为切入点来讨论神律和主权者世俗权威之间的张力问题，以此来引入宗教问题的讨论，因为如果一个人既是臣民又是基督徒，对于神法的服从要优先于服从世俗法律。霍布斯认为神权和主权、神律和法律如果并存，就等于同一群臣民有两个主权者，必然导致国家主权的分裂和内乱。

一个国家只能有一个主权者，权力一元论最终要落实到世俗主权者的统治。所以，首要的问题就是搞清楚神律是什么。① 但是，作为神律的自然法只在人的内心的良知法庭起作用，这是上帝直接管辖而主权者不能触及的地方，自然法源自上帝的权威，既是普遍的法律②又是神律，③ 神律就是上帝之言，是通过《圣经》来启示的。于是霍布斯认为有三种途径知道上帝晓谕的神律，一是自然理性的指令，二是启示，三是对于先知的信仰。④ 其中，自然理性是每个人信仰的根据，上帝的自然王国根据上帝对人自然理性的指令建立起国家的依据，即普遍的自然法。它的前提是人的有限力量对于由上帝的无限权力建立起的统治关系的服从。

---

① 参见〔英〕霍布斯《论公民》，应星、冯克利译，贵州人民出版社，2002，第 163 页。下简称《论公民》。
② 参见〔英〕霍布斯《利维坦》，黎思复、黎廷弼译，商务印书馆，1986，第 261 页。下简称《利维坦》。
③ 参见《利维坦》，第 474 页。
④ 参见《利维坦》，第 277 页；《论公民》第 15 章，第 164～165 页。

其他两种途径即启示和对先知的信仰的根据都不是人自己，而是对他人的依赖和信从关系。但启示是上帝对于个别人说的，本身不能成为普遍法律。它没有提供统治关系的稳定基础。所以上帝的另一个国家是宗教权威信仰的先知国。所以，非自然理性国家的模式集中在奇迹和宗教权威的讨论上。霍布斯在确立了自然理性是信仰基础之后，首先用自然理性去否定奇迹，进而通过重新描述上帝和人的契约来重新确定权威。

1. 公共敬拜和私人敬拜的内外之分

首先，在自然理性建立起的上帝的自然王国中，内外之分以公共敬拜和私人敬拜的方式出现。在《利维坦》第31章和《论公民》第15章中，霍布斯说自然理性建立上帝之国的基础在于人们对上帝不可抗拒的力量的服从。上帝的自然王国基于上帝对人的无条件的应允，统治者的全能是自然的，不是人为创生的。在确认了上帝的主权存在之后，霍布斯对于自然理性即神律做了定义，除了神所规定的人与人之间的自然义务，还有一部分义务体现为人对于上帝的崇敬之道。我们通过尊崇让上帝知道这一点是可以给我们带来好处的。这好处是隐微的，因为这是个人和上帝之间的事情，不足为外人道。由于上帝的全能，哪怕人的尊崇不用语言和行为表现，只要实在在其心中激起了尊崇的感情，上帝就能知道。

如果崇拜这个外在行动作为内在尊崇的标记，就会有一个他人同意的问题。一旦涉及他人，就有确立崇拜形式的标准问题。这就意味着，这一点可能跟自然状态的莫衷一是一样，人们一方面争论不休，另一方面需要一个公共的裁断去判定。

其次，崇拜行为除了出自自发的感情，还可以出自命令。出自命令表示崇拜就意味着对命令者的服从，承认命令者的权力。在命令之下进行的崇拜和自发崇拜迥然有别，因为这一层人可以作伪。如果没有一个统一人格的意志来规定的话，永远无法凭借任何一个人的自发崇拜行为来判定什么是真正表示崇拜的方式。但是，这种统一意志如何形成？

其实，人的自然理性对上帝的外在崇拜是有规定的，最重要的规定是我们崇拜上帝的行为就是遵守自然法。这是每个人的理性都被指明了的自然法，所以既然国家可以类比成一个人，自然理性便规定了崇拜行为的一致性。就是说人们应该在自然理性基础上达成一致。把按自己认可的崇拜方式去崇拜的行为的权利转移给国家，于是公共崇拜的一致性就建立起来了，和前面契约建立国家的思路如出一辙。进而，国家不仅在民法意义上决定人们的行为，在神法上，也得到神圣权利的转让。主权者不仅在人与人之间有绝对的权威，在人与上帝之间，其权威也得到确立。与先知国不同，主权者在上帝的自然国的权威完全是依赖人对上帝的自然法即自然理性的统治关系确立起来的，在这里内外之分的私人敬拜和公共敬拜的冲突是为了描述自然状态下，与其说人们都有信仰，不如说没有人承认任何人的信仰。

于是关键在于为什么有了自然法，人和上帝的信仰关系还是需要主权者呢？是因为，个人的推理容易出错，人们在大多数情况下意见冲突，而且每个人都可以根据他自己的理性说他的行为是崇拜上帝的行为，是神所喜悦的。建立国家之前信仰需要私人理性去裁断，一旦建立国家就要服从公共理性，但不是再次创立公共理性，霍布斯认为已经建立世俗国家的公共理性也要成为信仰的仲裁者。因为国家只能有一个人格，所以敬拜上帝只能有一种方式，主权已经被建立起来了，上帝对人的绝对统治被转移到了对主权者服从的理所当然。《圣经》中说"服从上帝比服从人要好"，霍布斯说在按约建立的国家是这样，但在自然国家不是，因为服从上帝跟服从人是一样的。

2. 对于内心信仰和外在认信的内外之分

分析至此，上帝和主权者的关系才是霍布斯宗教理论的重点。在基督教国家中，上帝和人的关系被放在了次要的地位，上帝和人的关系必须借助一个上帝的代理人来承担上帝对于人的统治。上帝对于人的统治就是上帝对于人的传谕之道除了前面自然理性的方式即先知预言方式。但这种传谕是上帝对人的个人行为，"当上帝对人传谕时，要不是直接传示，便是通过另一个曾经直接听过他谕旨的人转达。上帝怎样直接对人传谕，听到过传示的人是完全能理解的；但另一人能怎样理解这一点则纵使不是不可能知道，也是很难知道的。……这人如果是我的主权者，他便可以强制我服从，使我不用行动或言辞表示我不相信他的话，但却不能让我不按理性驱使我的方式去思想。要是一个没有这种权力管辖我的人那样声言的话，他就没有什么东西能强使我相信或服从"。① 这段特意强调了个人理性对于启示传谕就是先知合法性的怀疑。只有在服从主权者层面才是可以由人的理性确定的，至于先知依靠什么方式成为上帝统治人间的代理人，理性始终不能确定。所以先知应该在主权者信仰统治权威建立起来之前的层面起作用，而在那里人们才需要一个真先知确立起主权者的地位。先知的标准在于将传布上帝已经确立的教义和显示可以立即实现的奇迹两者结合起来，奇迹除非马上应验，否则便无以判断是奇迹，说明奇迹以后不会发生就可以放心地用《圣经》解释上帝的教义了。霍布斯以自然理性解释《圣经》的工作就是把信仰变成服从，把自然宗教变成主权者权威之下的公民宗教的过程。他的工作重心有两个，一个是主权，另一个是教权。

首先，只有主权者才能解释《圣经》，如果说《圣经》有权威成为律法的话，只有通过主权者的权威在法律意义上确认，人才有义务去服从。② 而服从基于人的自然理性去理解《圣经》。这样的话，《圣经》解释传统和教会对于《圣经》解释的权威就被断掉了。然后霍布斯否定了圣灵、天使和神感是非物质实体的说法。通过把实体等同于物体，取消了非物质实体的存在基础，剩下的便可用想象来解释了。我们的自然理性无法确定圣灵是否是上帝的性质。除了对于上帝的尊敬什么也不表示。③ 如施特劳斯所说，通过对灵、天使非物质存在的批判奠定了权力一元论的基础，④ 上帝的国就是现世的、按约建立起的国。在第二次摩西与上帝重订的约中，上帝要求摩西和其子民明确承认对上帝的服从，服从由人们同意和信约建立起来一个属于上帝的特殊的祭司国，⑤ 在祭

---

① 《利维坦》，第291页。
② 参见《利维坦》，第296页。
③ 参见《利维坦》，第311～313页。
④ 参见〔美〕施特劳斯《霍布斯的宗教批判》，杨丽等译，华夏出版社，2012，第99～115页。
⑤ 参见《利维坦》，第323页。

司国中先知要是绕过祭司直接从上帝获得启示的话，祭司的权力就不整全了。所以主权者既是上帝的代理人又具有主权权威，先知没有可能再绕过主权者代理上帝之言。人和上帝的关系只有通过主权者。奇迹没有现实作用，奇迹只被用来证明主权者是上帝代理人才是有用的。[①] 确定了主权权威以后就不需要奇迹了。

3. 公共理性与私人理性之分

在谈论奇迹的时候，霍布斯提出了公共理性和私人理性之分："我们听到的或在书上看到的奇迹究竟是确有其事、还是凭口或凭笔编出来的，用一句明白的话来说，现在的问题在于这种记载究竟是真实的还是谎言。关于这一点，我们不能每一个人都运用自己的理性或良知去判断，而要运用公众的理性，也就是要运用上帝的最高代理人的理性去判断。"

前述，霍布斯已经把主权者作为上帝代理人的权威建立起来了，这里霍布斯强调一个人除了在主权服从公共理性层面之外，指出个人内心思想的自由，这种自由具体指的是人有一个思想上的自由，根据好处决定是否相信奇迹。主权者的权威没有办法代人的思想去做这样的决定，也没有办法禁止人们不去做这样的考虑。在此基础上，人的思想要依靠什么引导呢？霍布斯进一步对永生和永罚做了重新规定，根本上取消来世的精神王国和世俗王国的对立，[②] 在基督重临之前教导的任务就在教会手中。而教会要构成同一体需要有公共人格，[③] 有了公共人格"才有权具有意志、宣告事项、发布命令、受人服从、制定法律或做出任何其他行为"。[④] 这个公共人格就是主权者。教会的合法性是主权者通过公共人格授予的，不仅教会、教堂，一切法团、公民集会的合法性都是这个通过主权者人格代表的授权的思路建立起来的，再没有独立于国家权威的宗教政府。

---

① 参见《利维坦》，第 348 页。
② 参见《利维坦》，第 360～361 页。
③ 参见《利维坦》，第 373 页。
④ 《利维坦》，第 373 页。

二　内外之分的根本原因

霍布斯在《利维坦》第 42 章中分析教权问题。在基督受难以后，使徒教会的使命、传教行为和他们选择教导的方式不是靠教牧人员和使徒自己有权去施行，合法性全在主权者身上。基督使徒虽有使命，但在今世无权发号施令。这样公民宗教就建立起来了，统治者只有一个，教会与国家之间、法律与信仰之间不会再因此发生内战。霍布斯把信仰降到了最低。信仰获救的全部就是承认耶稣是基督，这是内在的，即使主权者不信也不能夺走。这个内在信仰之所以不可予夺，霍布斯给出了直接原因："上帝未曾直接降谕的人，就应当从他们的主权者那里接受上帝正式的命令……因此，在每一个国家中，凡属没有得到相反的超自然启示的人，便应当在外表行为和明证宗教信仰方面服从自己主权者的法律；至于人们内在的思想和信仰则不是人间的统治者所能知道的（因为唯有上帝能知道人的心灵），而且既不能随意支配，也不是法律所造成的结果，而是未表露的意志与上帝的权力所造成的结果，因之便不属于义务的范围。"[1] 主权者立法所规约人的是外在认信，是表现出来的外在行动。法律不能涵盖人未表露之处，所以这个内外之分实际上把人的内在信仰最小化，挤到未表露为行动的意图中去。但若主权者用法律规定我们不能信基督，还能否获救？

在此问题上霍布斯不但没有取消内外之分，反而更进一步突出了二者的对立："我的答复是：这种禁止是没有用的，……口头的宣布只是表面的，正像我们表示服从的其他姿态一样；假定在基督教体系的国家里有任何臣民内心里相信伊斯兰教，而他的主权者却命令他到基督教的教会里去做礼拜，否则处以死刑；那么他是不是认为这伊斯兰教徒良心上有义务为这一原因而死，而不应当服从他那依法君临天下的君主的命令呢？他如果说这人应当死，那他就是授权给所有的平民，不论自己的

---

[1] 《利维坦》，第 382 页。

宗教真假如何，都可以为了维护自己的宗教而不服从君主。"①

霍布斯对于内外之分的答案很清楚地表明，在肯定内外之分的基础上，勿论主权者对信仰的外在行为的规定是错误的，哪怕主权者完全没有信仰也要服从主权者。这其实把服从国家主权者和服从内心信仰的对立和内外之分的对立推向极端。在内心的信仰与外在的言语行动之间的断裂的事实上，甚至撒谎也是被允许的。

对内外之分的分析有一点可以表明，之所以主权者没办法触及私人信仰和思想，原因在于，这所谓的信仰宽容归根结底只是霍布斯为自己信仰的怀疑论和不可知论找了个说法，② 这不必然成立，因为霍布斯不需要为自己的信仰找这样的说法，也可以把主权者在按约建立基督王国层面的权威建立起来，建立公民宗教，完成世俗与精神权力的统一。真正的问题在于内外之分触及了这样一个问题，当臣民言行可以算作主权者的行为而不是出自自己的行为，如果这个内外之分默认了在信仰上与主权者的意志不一样是可以被允许的，这看起来与前面建立国家时的授权代表理论自相矛盾。至此所有内外之分的困难都集中在了霍布斯的人格代表授权理论。

总结一下前面的分析，内外之分的困难不是内心信仰思想自由成为一种主权者许可的权利被保留下来，而是法律触及不到之处。如何从人的自然人性层面人为创造出对抗自然的尽可能稳定的国家基础，答案是通过授权代表机制建立契约国家。

三 自然法中内外之分的困难

主权权威的建立依据人们共同寻求保护而订立契约的意志，在这一

---

① 《利维坦》，第 373 页。
② 参见 Michael Oakeshott, *Hobbes on Civil Association*, Liberty Fund Press, 2000, p. 57。《利维坦》："'至于说人内在的思想和信仰，是人世的统治者无法顾及的（因为只有上帝懂得心灵），它们不是自愿的，也不是法律的结果，而是上帝未显露的意志及权力的结果；因此，是不受义务制约的。'霍布斯正是把他的宽容构建在这个阴暗的怀疑论学说的基础上的。"

点上可以有一个共同基础的意志达成。建立国家需要两点，一是自然法作为和平的道路指示出和平生活和建立国家的需求，但这是不够的。因为信约没有武力就是一纸空文，^① 建立国家还需要有保证履约的公共权力。契约只靠言辞根本没有威慑力，让人履约的是对违反契约后果的恐惧，所以公共权力必须建立起来。但是在公共权力没有建立起来之前，先行履约的人就意味着冒最大的危险，因为人们承诺放弃权利只是外在言辞，内在意图随时有可能不履约，避免成为别人自我保存的牺牲品。而彼此的不信任是根据其理性对自我保存的目的做出合理判断所无可非议的。先行履约的困难令人恐惧，但先行履约的困难造成没有人去履约的困难更令人恐惧。恐惧的激情是相同的。比起契约失效，人们更加恐惧没有契约。在此基础上人们才有了达成一致的基础——出于人们一种共同的意志。意志是经过人深思熟虑的最后的欲望，订立契约只有出于人们的意志，放弃权利在很大程度上说才是可能的。在履约这一步，一定要有第三自然法：所订契约必须履约。以此来保障人们在承诺放弃权利的时候，行动上也真的放弃权利。可是自然法却未必在外在行为上起作用，"自然法在内心范畴中是有约束力的。也就是说，它们只要出现时便对一种欲望有约束力。但在外部范畴中，也就是把它们付诸行动时，就不永远如此"。^②

"在内心范畴中发生约束力的任何自然法，不仅可能由于与之相违的事实而遭到破坏，当与之相符的事实被人认为相违时也可能由于这相符的事实而遭到破坏。因为人在这种情形下的行为虽然和该法相符，但他的目的则与之相违；当约束是内心范畴的约束时，这便是破坏其约束。自然法是永恒不变的。……而实现了自然法的人就是正义的。"^③

自然法的约束力体现在对不断产生欲望有规定的能力，但从前述人性理论可知，欲望属于内心活动，是人努力趋向引起它的东西的时候产

---

① 参见《利维坦》，第 128 页。
② 《利维坦》，第 108～109 页。
③ 《利维坦》，第 108 页。

生的。自然法的作用若是只在于约束人的内在欲望，而不是外在行动的话，人仍可以选择不按照内在欲望进行外在行动，只有在有强大的公共权力保证人人都按自然法行动的时候，自然法才能发挥它的作用。自然法的困难就是如此体现内外之分的根本困境的。公共权力建立的目的是一种威慑，人在内心层面的欲望千差万别，建立国家不可信任这样的东西，只有建立一个对人们外在行动有直接性作用的强大权力，才能引起人们共同的恐惧。在不断生灭又不可信任的欲望里面，人们左右权衡形成一个最终也是共同的欲望，即达成契约的意志。然后这个意志提供了人们放弃权利的动机，放弃权利的过程也是公共人格形成的过程。霍布斯以这条思路说明，基于人性内在层面，对于外在行动的强大权力的创制才能对人内心起到强的约束。指望人的内在层面做公共生活的主导，后果只能是自然状态，自然状态的人都是内心的思想按照自己的理性直接落实到外在行动的自然人，由内而外的道路直接走是走不通的。只有对外在层面的共同恐惧这种相同的激情使人们在内心层面也有一个公共的基础，对外在的公共生活的建构才是可能的。但这样，人就必须转换一个身份，在放弃权利的同时变成被代表的"人为人"进入国家。

四　授权代表理论与现代国家的根本困难

成为一个代理人就意味着代表其他人的言语和行为，他就是一个人造人，"代表就是扮演或代表他自己或其他人。代表某人就是承当他的人格或以他的名义行事"。① 关键在于代表人的言行是授权人承认给他以代表自己人格的名义行事，没有授权人的承认，代表关系就不能建立起来。建立起来的标志就是形成单一人格。

授权代表理论创立国家是"把大家所有的权力和力量付托给某一个人或一个能通过多数的意见把大家的意志化为一个意志的多人组成的集体。这就等于是说，指定一个人或一个由多人组成的集体来代表他们的

---

① 《利维坦》，第123页。

人格，……全体真正统一于唯一人格之中；……像这样统一在一个人格之中的一群人就称为国家，在拉丁文中称为城邦。这就是伟大的利维坦（Leviathan）的诞生……用一个定义来说，这就是一大群人相互订立信约、每人都对它的行为授权，以便使它能按其认为有利于大家的和平与共同防卫的方式运用全体的力量和手段的一个人格。承当这一人格的人就称为主权者，并被说成是具有主权，其余的每一个人都是他的臣民"。①

利维坦的创立不是同意和协调，因为同意和协调势必基于个人理性，个人理性判断在是否放弃权利履行契约方面是靠不住的。统一人格的意涵霍布斯说得很清楚是统一意志，放弃的是干涉它行动的力量和权利，包括其中的一切行动。在有了公共人格之后，一切行动以及行动的权利的合法性都是公共人格所确定的。但是问题在于，这个公共人格不是一个精神上的存在（卢梭的公共意志还没有落实到每个人内在层面，康德才将此真正完成），而是一个权力的存在，需要实际由一个主权者去承担。

这里面有两个困难，一个是除了这个公共人格，如果主权者是人，必定还有自己的自然人格。自然人格没有道德意涵，自然人格包含了适合国家的公共理性起作用的部分，也包含了不适合的部分。而一个国家的主权权威需要有这个承担双重人格的人才能凝聚起来。这里遭遇了自然和人为之间的根本张力。当国家机器的灵魂由一个有双重人格的主权者越来越变成一套由工具理性建构起来的法制体制的时候，主权者的双重人格对个人的凝聚力和威慑力不可避免地遭到中立化体制的弱化。另一个是主权者是意志的产物，通过授权代表的机制建立权威，授权代表本身就是把人的自然人身份转换成人为的身份的机制，创立国家的时候，自然人性中有一个共同的基础即强烈的恐惧，但是有了国家以后，恐惧就消散了。可是当人在一次性的授权代表机制中承诺放弃权利的时候，只是终止了人们按照自己私人理性千差万别的善自相裁断，自然法落实于市民法也终究没有树立起一个国家公共的善，而是以一个放弃权利终

① 《利维坦》，第 138 页。

止判断的一次性代表机制把人的言行限定在服从的义务中。如果这个机制起作用的话，那内外之分就是彻底的。因为它成功地在每个人心中除了自然人性层面都树立了一个公共人格的标准，在霍布斯这里是对违背主权权力惩罚后果的恐惧，在康德那里是对理性先天统一意志的服从。由于惧怕惩罚后果，每个人都会选择戴上一张共同的面具，表演一出主权者想看的戏，面具下的千万张脸是内心无法作伪的表情。所幸人的意图是不可知的，主权者看不到这个面具下面的政治喜剧。尤其是在公民宗教建立以后，人对于非神圣性的政治构建出来的信仰表示服从也更加重了欺骗的合理性。还有什么自然的客观的善可以要求我们在内在思想与外在言行都可以趋向它，可以在我们内外不一的时候审判我们呢？

结　语

可以理解政治从外在行动构建共同生活的原则的确比从人的内在更加容易，这是自马基雅维利开创的政治传统的现实性。在这一传统开创之前，政治在古典视域中是公民积极参与公共事务的权利，甚至有着与人日常生活状态血肉相连的现实性。内在善的目的和外在公共生活的目的是一致的，所以人才能跟城邦的命运息息相关。如果说主权授权代表机制把现代个体和参与公共事务的政治生活隔开了，那么现代的人是生活在政治中，不是政治地生活。政治生活的现实性从古典的政治实践的现实性，被现代国家机制重新确定为权利的现实性。在霍布斯这里，人的内在层面不仅被代表机制和政治生活的公共善隔断了，也和自身的外在言行隔断了。一个退缩到如此不为人知的领域多大意义上还能容有善的存在？当人说我授权于一个代理人，我的行为都由他去承担的时候，转移出去的不只是权利，还有一个人是自己行为后果的承担者的责任。纵有内在善也找不到它的承担者，更不要说通过外在行为把它实践出来。内外之分这个断裂的事实本身就取消了公共善的可能性。自由主义把这个断裂正式确立为权利之后，已经是渐行渐远了。卢梭、康德的做法是想在每个人的内在层面确立公共人格的一面，康德尤其强调这个公共的一面是一个人身上高于自然人性中易变的欲望、不可靠的一面，正式提出要求在这个层面一定要有道德对抗自然人性，一定要在外在行动中发见。人要在行动上是道德的。

但是上述都没有取消人性中自然层面和外在可被统一化人格层面上的区分。公共善落实在政治层面只有正义，道德意涵被剔除之后，只能在内心层面让各种失去了生存根基善的影子争吵不休。所以对于国家权威来说，与其忍受个人这样不可克服的领域存在（该领域完全不可知、无法测度管辖，从而使国家权威起作用），又不可能树立一个公共善真正在人内在层面去起化人之性，不如把自然人性以人为的法律方式确立为天赋权利，再通过权利去规约人的思想，让内心不稳定的东西通过法律方式在国家管制之下实现出来。国家就这样试图成全了自然人性，提供一个共同生活的基础，让人的自然更加美好地往其天赋的方向发展。实际上，利用自然权利去自由追求幸福都是在主权者看得见的法律行为之中，为一套强的权力体制所许可。它肯定人的自然权利，强调天赋自由，却把真正自然的东西变成了人为权力体系的开端，这样省却了很多麻烦。因为当外在权力管制机构在人内心层面把真正自然之物确定为天赋权利，人人都是独立平等运用权利追求幸福的权利主体时，它不但肯定人的各种内在欲求、信仰、思想、被人为确定的自然权利，而且肯定这些同等重要。不再有任何一种真正独立于国家权威所认可的善能存在于国家看不见的地方，能在公共生活的人的内心深处真正起作用，自然的客观的善变成了人为确定的自然权利之后，人就再也不能回到自然。

如果苏格拉底的赴死是一场不需要哭泣的悲剧的话，面对霍布斯开创的现代国家的喜剧，谁又能笑得出来？

图书在版编目（CIP）数据

文化发展论丛. 中国卷. 2015/江畅主编. —北京：社会科学
文献出版社，2016.5
ISBN 978 - 7 - 5097 - 8922 - 3

Ⅰ.①文…　Ⅱ.①江…　Ⅲ.①文化发展 - 文集②文化发展 -
中国 - 文集　Ⅳ.①G0 - 53②K203 - 53

中国版本图书馆 CIP 数据核字（2016）第 056904 号

文化发展论丛（中国卷）2015

主　　编/江　畅

出 版 人/谢寿光
项目统筹/周　琼
责任编辑/徐成志　周　琼

出　　版/社会科学文献出版社·社会政法分社（010）59367156
　　　　　地址：北京市北三环中路甲 29 号院华龙大厦　邮编：100029
　　　　　网址：www. ssap. com. cn
发　　行/市场营销中心（010）59367081　59367018
印　　装/三河市尚艺印装有限公司
规　　格/开 本：787mm × 1092mm　1/16
　　　　　印 张：21.5　字 数：313 千字
版　　次/2016 年 5 月第 1 版　2016 年 5 月第 1 次印刷
书　　号/ISBN 978 - 7 - 5097 - 8922 - 3
定　　价/98.00 元